성장하는 리더의
핵심가치

성장하는 리더의
핵심가치

딕 디보스 지음 | 김한석 옮김

DICK DeVOS

아름다운사회
Beautiful Society

사진 : Photo by Cristina Gottardi on Unsplash
https://unsplash.com/photos/vpaPOHCcmYM

성장하는 리더의
핵심가치
C o n t e n t s

제1장	자유를 지지하기 위한 여덟개의 기둥

제럴드 포드 (Gerald R. Ford)
38대 미국 대통령

　무서운 전쟁과 어두운 억압의 한 세기를 마감한 이후 세계는 더 이상 장벽과 이념의 대립으로 분열되어 있지 않습니다. 사람들은 처음으로 새로운 자유의 메시지를 기대하며 미국을 바라보고 있고 핵의 긴장에서 벗어난 동유럽, 아시아 그리고 아프리카 국가로부터 자유의 바람이 불고 있습니다.

　만약 내가 믿고 있듯이 미국이 세계의 선교사 역할을 수행해야 한다면, 자유는 우리의 찬양이 되어야 합니다. 투표로 내 권리를 주장할 수 있는 자유, 종교의 자유, 표현의 자유, 타인의 생각에 도전할 수 있는 자유, 새로운 변화를 요구할 수 있는 자유, 그리고 그러한 요구에 저항 할 수 있는 자유 등 모든 사람들이 자유를 이야기하고 원하지만 그 해석은 개개인에 따라 다를 수 있습니다. 자유는 누군가에게는 정부의 탄압으로부터의 해방일 수 있고 다른 사람에게는 작은 희망을 추구할 권리일 수도 있습니다.

이제 세상은 냉전의 시대가 요구하던 군사적 리더십이 아닌 도덕적 리더십을 원하고 있습니다. 급변하는 시대의 질서와 세력은 더 이상 전쟁터에서 만들어지지 않기에 우리의 삶 속에서 변하지 않는 가치들을 추구하는 것이 필요합니다. 기술적인 진보와 함께 급변하는 시대 속에서 정보력만큼이나 중요한 것이 정신적인 영감이라고 할 수 있습니다.

왜 자유경쟁 사회에서는 통제력이 분산되기를 원할까요? 아마도 집중된 권력을 불신하기 때문이기도 하지만 한편으로는 다소 평범해 보이는 사람들 안에 숨겨진 무한한 잠재력에 대한 믿음이 있기 때문입니다. 사람들은 열심히 일하고 보다 나은 삶을 추구하며 사회로부터 받은 것 이상을 기여합니다. 일부는 공직에서 그리고 대다수는 시민으로서 공공의 책임과 역할을 담당합니다.

많은 리더들은 우리가 누리는 자유가 정치적으로 쟁취하는 것이 아니라 하나님이 주신 선물이라는 믿음 위에 새로운 미래에 대한 비전을 품고 살아가고 있습니다. 자유롭게 각자의 신념에 따라 꿈을 추구하는 것이 경제적 문제를 해결하는 동시에 역사를 바꿀 수 있다는 것을 알고 있기 때문입니다.

딕 디보스(Dick DeVos)가 바로 그런 꿈을 가진 사람입니다. 저는 그가 어렸을 때부터 여름방학이 되면 미시간(Michigan) 주 에이다(Ada)에 있는 아버지의 작은 비누공장에서 일을 도와주던 시절부터 그를 알고 지냈습니다. 어른이 되면서 그도 자연스럽게 가족사업의 일원으로서 자리매김하며 사업적 감각과 긍정적 사고를 키워 나갔습니다. 오늘날 암웨이(Amway)는 가족이 운영하는 회사로서는 미국에서 가장 큰 회사 중 하나가 되었으며 사회공헌 기업의 성공사례로서 좋은 본보기가 되고 있고 제가 에이다에서 처음 만난 그 청년은 이제 전 세계에 진출해 수십억 달러의 매출을 올리는 세계적인 기업가가 되었습니다.

딕은 남편과 아버지로서, 국제적 기업의 대표로서, 지역사회 리더로서, 그리고 최근에는 세계적인 경제인, 정치가로서도 성공을 거두었습니다. 이 모든 배경은 그가 자유의 나라(Land of the Free) 미국에서 자유의 정의를 재정립할 충분한 자격이 있다는 것을 의미합니다. '착한 사람은 항상 꼴찌를 한다.(Nice guys finish last)'는 미국 속담이 있습니다. 딕은 자신의 삶 속에서 그리고 이 책을 통해 이러한 다소 냉소적인 생각에 질문을 던집니다.

내가 알고 있는 어떤 회사보다 암웨이는 직원들의 도덕성을 강조하는 회사입니다. 또한, 딕 디보스는 우리의 재능이 결국 사회에 속한 것임을 잘 인식하고 있으며 성공을 물질적 기준으로만 판단하는 실수를 절대 범하지 않습니다. 그에게 있어 성공한 인생의 척도는 소유의 크기가 아닌 나눔의 크기입니다.

의심의 여지없이 딕에게는 좋은 기회들이 찾아왔고 그 기회들로 인해 지금의 위치에 도달했지만 이 모든 결과는 결국 그의 배경이 아닌 성품 때문이었습니다. 그는 비전을 가진 사람이면서 동시에 과거의 자신을 돌아볼 줄 아는 사람입니다. 한마디 말과 악수만으로도 계약을 할 수 있는 믿음의 사람이었습니다. 신뢰가 사라진 이 시대에 딕은 이 나라를 건국한 조상들이 정부가 군림하는 사회가 아닌 평범한 시민이 주인이 되는 사회를 만들고자 했던 뜻을 일깨워줍니다.

성장하는 리더의 핵심가치

그는 우리 사회가 중요한 근본을 유지하면서도 낡은 허물을 벗어버릴 수 있는 허황되지 않은 방법을 제시합니다. 자유로운 정부는 무정부가 아닙니다. 미국은 자율성에 기초해 세워진 나라입니다. 자유를 염원하는 개개인이 스스로를 규제할 수 있어야 개인, 경제, 시회, 정치이 지율성이 보장될 수 있습니다.

딕은 대담하고 독창적인 방법으로 정직, 자기절제, 주도성, 인류애 등의 가치가 어떻게 자유와 자유기업 제도의 기초가 되는지 설명하며 우리 사회가 다음 세대에게 더 많은 기회를 보장할 것임을 확신하고 있습니다.

지금으로부터 170년 전, 매사추세츠(Massachusetts) 퀸시(Quincy)에 살던 한 노신사가 버지니아(Virginia) 주 산 꼭대기에 살던 친구에게 편지를 썼습니다. 80세였던 존 애덤스(John Adams)는 당시 73세였던 토머스 제퍼슨(Thomas Jefferson)에게 다시 한 번 삶을 반복해서 살 생각이 있는지 물었고 이에 제퍼슨은 신속히 이 세상은 고통보다 즐거움이 훨씬 많아 좋은 곳이라고 믿고 있기 때문에 다시 살 생각이 있다는 긍정적인 답장을 보내며 이렇게 적었습니다. "두려움은 뒤로 한 채 희망의 돛을 올리며 나아갑니다. 나는 긍정적인 사람입니다. 때로는 희망이 좌절될 때도 있겠지만 비관론자들이 우리의 미래가 암울할 것이라고 수시로 예측하는 것만큼 결코 빈번하지는 않을 것입니다."

미국처럼 자유가 보장된 사회에서 산다는 것이 어떤 의미를 갖는지 이 보다 더 잘 표현한 글은 본 적이 없습니다. 저는 결승점을 향해 날려가는 육상 선수처럼, 위대한 나라를 꿈꾸며 희망을 이야기하는 딕 디보스와 같은 다음 세대에게 바통을 넘겨주려 합니다. 대통령들은 역사 속으로 사라집니다. 하지만 세상을 움직이는 원칙은 변하지 않을 것이며 아직 세상에 태어나지 않은 미래의 지도자들에게도 영감을 줄 것입니다. 저는 자유의 등불이 우리 모두의 앞날을 밝혀줄 것임을 확신합니다.

성장하는 리더의 핵심가치

부모님이 미시간(Michigan) 주 에이다(Ada)에 있는 작은 비누공장에서 일을 시키셨을 때 저의 나이는 열두 살이었습니다. 한 시간에 35센트를 받으며 정원에 물을 주고 화단에서 잡초를 뽑았습니다. 그때 제 아버지인 리치 디보스(Rich DeVos)와 아버지의 파트너 제이 밴 앤델(Jay Van Andel)은 사업으로 매우 바빴습니다. 아버지는 그렇게 바쁜 와중에도 항상 저에게 격려의 미소를 잊지 않으셨고 네 명의 자녀 중 한 명이었지만 '나는 특별하다'고 느낄 만큼 관심을 기울여 주셨고 일을 할 때마다 보내주신 칭찬 덕분에 저의 자존감은 매우 높았습니다. 그때는 몰랐지만 그렇게 단순한 일을 통해서 이 위대한 나라의 건국 기초가 된 가치관들을 배울 수 있었습니다. 그것은 바로 우리가 너무나 소중히 여기는 자유를 지탱하는 가치들입니다. 이 책은 바로 그러한 가치와 자유에 관한 책입니다.

아마 저처럼 바쁜 사업가가 왜 시간을 내서 이렇게 책을 쓰게 되었는지 궁금해 하시는 분들이 계실 겁니다. 사실 저는 이 책을 꼭 써야만 한다는 의무감을 느꼈습니다. 세계를 여행하면서 도덕성과 가치에 대한 우려와 옳고 그름에 대한 가치관의 혼란을 수없이 목격하였습니다. 이러한 상황에서 한 사람의 그리스도인으로서, 남편이자 아버지로서, 그리고 사업가이자 미국인으로서 삶에 대한 분명한 신념을 얻게 되었으며 이러한 저의 믿음이 다른 사람들의 삶에도 도움이 될 수 있을 거라 확신했습니다. 이 책을 읽는 분들이 저의 경험과 삶에 대한 통찰을 통해 공감할 수 있는 부분이 있기를 소망하며 책을 읽으며 얻은 생각들을 통해 새로운 영감과 도전을 받을 수 있기를 바랍니다. 아마 저의 생각들 중 일부는 이미 알고 있거나 평소에 비슷한 생각을 하고 있어 저와 충분히 공감할 수 있는 내용일거라 생각합니다.

근본적으로 이 책은 자유와 그 자유의 근본이 되는 가치들에 대한 이야기입니다. 다행스럽게도 제가 태어난 환경은 이러한 가치들을 통한 놀라운 성과를 경험할 수 있는 기회가 주어졌습니다. 본받을 수 있는 훌륭한 선생님과 본이 될 만한 선배들이 많지만 그중에서 가장 많은 영향을 준 분들이 누구냐고 묻는다면 저는 한 치의 망설임도 없이 저의 부모님인 리치 디보스(Rich DeVos)와 헬렌(Helen)이라고 말씀 드리고 싶습니다. 저의 축복은 여기에서 그치지 않습니다. 저에게는 또 한 쌍의 부모님이 계시는데 그들은 제 부모의 친구이자 사업 동업자인 제이 밴 앤델(Jay Van Andel)과 베티(Betty)부부입니다.

아버지와 제이 아저씨는 1959년 두 가족이 살던 집 지하실에서 사업을 시작했고 5년 후 그들은 그랜드 래피즈(Grand Rapids) 남동쪽 풀턴가(Fullton Street)에 있던 주유소를 개조한 건물로 공장을 이전하였습니다. 아버지와 제이 아저씨는 새로 이전한 공장에 대해 대단한 자부심을 가지고 계셨지만 제 동생인 댄(Dan)과 저는 우리들만의 침실이 생긴다는 사실이 더 기뻤습니다.

암웨이 사업이 번창하여 더 이상 집에서 감당할 수 없을 만큼 커지기 전까지 어머니는 집에서 회의를 열고 제품 주문서를 작성하며 판매원들을 위해 식사를 직접 준비하시는 동시에 어린 자녀들을 돌보며 가사 일을 했습니다. 한 고등학생이 우리 회사 제품 설명서를 인쇄하였고 오후가 되면 세탁실은 제품 발송으로 분주했습니다. 정신없이 바빴지만 부모님은 식사 전 기도를 거르지 않으셨고 학교생활에 대해 이야기 나누는 것도 잊지 않으셨으며 주말이면 함께 미시건 호수에 가서 35년 된 낡은 보트를 타기도 하였습니다.

우리 가족은 사업의 도전과 좌절 속에서도 결코 하나님과 그분이 가르쳐주신 가치들에 대한 믿음을 잃은 적이 없습니다. 제가 말하는 가치란 우리의 마음과 정신을 지배하는 원칙으로서 우리의 삶의 목적과 방식 그리고 우리가 남을 대하는 방식을 의미합니다. 이러한 가치들은 우리 가족에게만 중요한 것이 아니고 이 나라를 세운 조상들이 전통적으로 계승하고자 했던 가치이자 자유와 기업가 정신을 지탱할 수 있게 한 가치들 입니다. 아버지와 제이 아저씨는 그러한 가치들을 존중하며 이 나라가 물려준 유산을 자랑스럽게 생각하며 최초의 디스트리뷰터(Distributor : 소비자이면서 동시에 유통판매에 관여하는 회원들) 모임을 미국 방식 협회(American Way Association)라 명명하였고 결국 이 이름에서 암웨이(Amway)라는 회사 이름이 자연스럽게 만들어지게 되었습니다.

암웨이 초창기에 아버지가 하신 유명한 연설 "미국을 판매하라

(Selling America)"에서 아버지는 미국의 많은 기회와 경제 성장과 번영의 기초가 된 자유기업 제도의 장점들을 열거하며 옹호하였습니다. 이 연설은 당시 국회의원이었던 제럴드 포드(Gerald R. Ford)에게 큰 감명을 주었고 그는 전체 연설을 미 의회에서 낭독했습니다. 그 이후로 이 연설은 수없이 인쇄되고 녹음되어 많은 사람들에 의해 재생되어 왔습니다.

아버지와 제이 아저씨는 사람들이 아메리칸드림을 실현할 수 있도록 최선을 다해 도왔습니다. 암웨이 디스트리뷰터들은 암웨이를 위해 일하지 않습니다. 그들은 암웨이 사업을 활용하여 자신의 사업을 구축해 나갔습니다. 아버지가 암웨이 사업에 대해 이야기하면 할수록 더 많은 사람들이 귀를 기울였으며 암웨이 사업의 기회와 그 기회를 통해 이룰 수 있는 미래의 가능성을 보기 시작했으며 그 후로 몇 년이 지나지 않아 아버지와 제이 아저씨 그리고 수만 명의 암웨이 디스트리뷰터들은 그들 자신의 꿈과 기대를 훨씬 뛰어넘는 성공을 거두게 되었습니다.

열여섯 살이 되면서 저는 정원 관리직을 떠나 세 명의 암웨이 공장 견학 안내원 중 한 명으로 발탁되었습니다. 저는 딕 디보스라는 이름 대신 제 중간 이름 마빈(Marvin)을 사용하였습니다. 딕 마빈이라는 이름을 사용하며 단체 관광객들에게 공장 견학을 시키는 일은 제게는 매우 즐거운 일이었습니다. 사람들이 저에게 리치나 제이를 만나본 적이 있느냐, 만약 그렇다면 그들은 어떤 사람들이냐 하고 물을 때면 혼자 웃음을 참으며 답하곤 했습니다. 저는 그들을 만나본 적이 있으며 그들은 저 같은 시간제 안내원에게도 매우 친절하고 격려를 아끼지 않는 분들이라고 정직하게 말했습니다.

성장하는 리더의 핵심가치

제가 고등학교를 졸업할 때쯤에는 암웨이에서 판매하는 제품라인이 세탁용 세제에서 가구 광택제, 오븐 세제, 가정용품 및 화장품으로까지 확대되어 있었습니다. 암웨이의 디스트리뷰터 수는 약 20만 명으로 늘어나 있었으며 직원 수도 거의 1,500명에 육박하고 있었습니다. 연 매출은 1억 5,000만 달러를 넘어서고 있었으며 북미 지역 외에도 호주와 영국으로 사업을 확장한 상태였습니다.

지방 대학에 들어가 첫 학기 몇 달을 채우기도 전에 저는 생물이나 화학 수업보다 가족 사업에 훨씬 더 흥미가 있다는 사실을 깨닫게 되었고 학교를 그만두고 바로 암웨이에서 풀타임으로 근무를 시작하게 됩니다. 당시 저는 계속 확장되고 있던 회사와 디스트리뷰터들을 연결하는 연락 담당 직원으로 일하였습니다. 저와 디스트리뷰터들과의 운명적인 인연은 이때부터 시작되었습니다.

사장의 아들이라는 점이 좋은 점도 있었지만 반면에 사람들의 인정을 받기 위해 남들보다 더 열심히 일을 해야 하는 단점도 있었습니다. 어쩌면 어린 십대 소년으로서는 적어도 그 정도의 노력은 해야 어른들을 따라잡을 수 있을 거라 느꼈는지도 모르겠습니다. 하지만 저는 그다지 상관하지는 않았습니다. 부모님은 계속 제 직관을 믿고 하나님이 주신 재능을 찾아 최대한 활용하고 하나님이 창조하신 뜻대로 나만의 특별한 사람이 되라고 격려해 주셨습니다.

오래 지나지 않아 사람들과 함께 어울려 일하는 것이 저의 능력이라는 것을 알게 되었습니다. 아마 그러한 이유 때문에 첫 번째 승진을 하게 되었다고 생각합니다. 암웨이 출장 팀의 일원으로서 국내를 여행하면서 많은 디스트리뷰터들과 회의 그리고 프레젠테이션을 하는 일을 맡게 되었습니다. 저는 회사와 마케팅 플랜 및 제품에 대한 정보를 수집하고 분석하여 사람들에게 발표하는 일을 해야만 했습니다. 그 시절을 되돌아보면 그 시간들을 통해 열아홉 젊은 나이에 일을 할 때의 추진력, 자기 절제, 집중력과 용기 등을 배울 수 있었다고 생각합니다.

저는 저에게 주어진 일을 좋아했으며 얼마 후 출장 팀의 매니저 자리를 제안받게 되었습니다. 이때쯤 아버지와 제이 아저씨는 네 명의 디보스 자녀들과 네 명의 밴 앤델 자녀들이 가족 사업에 동참하는 문제를 놓고 조금 더 진지하게 검토하게 되었습니다. 그들이 내린 결론은 자녀들 중 누구라도 경영 직에 오르려면 먼저 회사 전 분야에서 경험을 쌓아야 한다는 것이었습니다. 이후 제 인생의 6년을 이 과정에 소비해야 한다는 것을 미리 알았더라면 과연 제가 그러한 결정에 쉽게 동의했을지는 아직도 의문이지만 그 시간 동안의 배움은 참으로 값진 것이었음을 인정하지 않을 수 없습니다.

아버지와 제이 아저씨는 단기적으로 손해를 보더라도 사람을 최우선으로 생각하라고 가르치셨으며 시간이 지나면서 그들의 가르침이 옳았고 그렇게 하는 것이 장기적으로는 항상 득이 된다는 사실을 경험을 통해 알게 되었습니다. 암웨이는 사람의 관계로 만들어진 첫 번째 기업이며 아직도 그러한 기업들 중 가장 독보적인 기업입니다. 회사는 종종 직원들의 배우자들을 회사 모임에 초대했고 신규 채용의 기회는 직원들 가족원들에게 우선권이 주어졌습니다. 디스트리뷰터들은 부부가 팀이 되어 일하는 것을 권장하였습니다.

당시에는 매우 혁신적이었던 이러한 "가족 중심" 경영으로 인해

성장하는 리더의 핵심가치

암웨이 직원들과 디스트리뷰터들 그리고 회사를 설립한 가족들 사이에 매우 강한 충성심과 신뢰가 형성되었다고 믿었습니다. 가족을 강조한 경영문화를 생각해보면 아버지와 제이 아저씨가 그렇게 자주 직원들 가족의 세례식, 결혼식 및 성년식에 초대된 것도 이상한 일은 아니었습니다. 그들은 그러한 초대를 귀찮은 일로 생각하지 않았으며 오히려 영광으로 생각하였습니다.

저는 당시 스물세 살이었고 미시간 주에 사는 저와 같은 네덜란드 혈통이자 아름다운 베시(Betsy)와 사랑에 빠져 있었습니다. 그 즈음에 아버지가 참석한 결혼식 중 하나가 바로 저의 결혼식이었습니다.

일은 매우 바빴지만 어느 시점에는 대학 학위를 취득해야겠다는 결심을 하게 되었고 노스우드(Northwood) 대학교의 개인수업 및 주말과정을 통해 경영학 학사를 취득하게 되었습니다.

한편 저는 경영 수업을 통해 암웨이 회사의 각 부서를 철저히 이해하게 되었습니다. 경영 수업은 관찰로 끝나지 않았으며 직접 업무를 맡아 진행하는 것이었습니다. 그 기간 중에 저는 안 해본 일이 없었습니다. 연구개발부서에서는 온갖 심부름을 했고 공장에서는 지게차를 몰거나 직접 생산라인에서 일하기도 하였으며, 지게차도 몰아봤으며, 생산라인에서 작업도 해보고, 회계부서에서는 표 작성과 인쇄용 종이 구매도 해보았고 대형 화물차도 운전해 보았습니다. 저에게 특혜란 없었습니다. 저도 남들처럼 모든 규정을 따라야 했으며 모든 기준을 지켜야 했습니다. 심지어는 지게차를 운전하기 위해 다른 암웨이 직원들과 똑같이 안전 교육을 받은 후 특수 면허를 취득해야만 했습니다.

일하는 각 부서마다 다양한 경험을 할 수 있었습니다. 예를 들어,

연구 개발부서에서는 어떠한 목표를 정하면 비전을 가지고 인내해야 한다는 점을 배울 수 있었습니다. 흥미로웠던 것 중 하나는 비록 연구 개발부서에 몸값이 비싼 우수한 과학자들이 많았지만 실제로 많은 아이디어들이 디스트리뷰터들, 가정주부들 및 평범한 소비자들이 보낸 편지에 담겨 있었다는 사실입니다. 그러한 편지들은 화장품 디바이스부터 전기 발전기에 이르기까지 매우 다양했습니다. 디스트리뷰터들과 고객들은 아직도 회사로 편지를 보내주고 있는데 이는 우리 회사가 그들의 의견을 존중하고 그들이 제공하는 아이디어를 통해 모든 측면에서 최고를 추구하려는 헌신적 노력을 하고 있다는 사실을 알고 있기 때문입니다.

최고를 향한 노력의 결과, 저는 기술의 진보가 앞으로의 사세 확장에 많은 기여를 하게 될 것임을 인식하게 되었습니다. 저는 자동화가 사람들을 대체한 것이 아니라 오히려 사람들을 자유롭게 하여 덜 반복적이고 지성을 요구하는 생산적인 일에 더욱 전념할 수 있게 해준다는 것을 알게 되었습니다. 사실상 자동화를 통해 경쟁력을 높인 결과, 사업은 빠르게 성장하였고 결국 암웨이는 늘어나는 수요를 감당하기 위해 더 많은 인력을 고용해야 했습니다.

제 경영 수업의 가장 중요한 수업이 바로 저와 제 아내가 직접 디스트리뷰터가 되어 활동한 것입니다. 이 경험을 통해 제품을 생산하는 회사의 가치가 어떻게 디스트리뷰터들과 고객들의 가정과 삶에 구현되는지를 체험하게 되었습니다. 저는 제품의 품질이 그 제품을 사용하는 사람들의 삶과 환경에 직접적인 영향을 미치게 된다는 사실을 알게 되었습니다. 설립 초기부터 암웨이는 세계에서 처음으로 생분해

성 세제를 만들어 판매한 것으로 잘 알려져 있었습니다. 사실상, 우리 회사의 모든 세제들은 자연 분해되는 고농축 제품으로서 혼합제를 사용하지 않고 생산되며 환경친화적인 방식으로 포장됩니다. 이러한 특성들은 소비자가 제품을 사용하는 과정에서 오염발생을 최소화시킵니다. 또한 혼합제를 첨가하지 않으므로 운송비를 줄이는 동시에 귀중한 천연자원의 사용을 줄일 수 있습니다. "생태학(Ecology)"이라는 말이 아직 일상적으로 사용되기 이전에 이미 암웨이는 환경적으로는 물론이고 고객들의 건강한 삶에 선구자적인 역할을 하였습니다.

저는 부모님으로부터 받은 교육과 암웨이에서의 근무 경험을 통해 또 다른 중요한 교훈을 얻었습니다. 그 교훈은 아버지께서는 자신이 한 말은 반드시 지킨다는 것이었습니다. 아버지와 제이 아저씨 그리고 그들이 세운 회사는 손해가 나는 한이 있더라도 자신들이 한 약속을 반드시 지켰습니다. 이 회사는 정직과 신뢰로 쌓아온 믿음에 기초를 두고 있습니다. 그들의 악수나 구두로 한 약속은 계약서에 서명한 것과 같은 의미를 지녔습니다. 실제로 암웨이 본사 건물의 대부분을 건설한 건설업자는 한 번도 계약서를 작성한 일이 없었는데 이는 건설업자가 필요성을 전혀 느끼지 못했기 때문이었습니다. 디스트리뷰터들도 이러한 회사의 문화를 잘 알고 있었으며 이러한 전통은 새로운 디스트리뷰터들과 고객들에게도 계승되고 있습니다. 이 믿음은 지금까지도 이어지며 암웨이의 가장 값진 자산이라고 할 수 있습니다.

경영 수업을 마치고 새로운 과제로서 북미 지역의 디스트리뷰터들과 함께 일한 후 저는 암웨이 인터내셔널의 부사장으로 승진하였습니다. 이로써 저는 성공적인 경영자가 가져야 할 덕목들을 직접 실험해 볼 기회를 얻게 되었습니다. 동시에 저는 경영자가 짊어져야 할 책임이 어떤 것인지도 체험하게 되었습니다. 부사장으로서 저는 11개국에서의 사업 운영을 책임지게 되었으며 타 지역으로 사업을 확장하기 위한 전략을 세우는 일에도 참여하게 되었습니다. 당시 해외 매출 비율은 암웨이 전체 매출의 약 15%밖에 되지 않았기 때문에 무한한 성장의 잠재력을 가지고 있었습니다.

암웨이 해외 사업을 성장시키며 또 한 가지 중요한 교훈을 얻게 되는데 그 교훈은 바로 본토에서 중요하게 배운 가치관들이 해외에서도 동일한 효력과 의미를 지닌다는 사실입니다. 아이오와(Iowa) 주 케오쿡(Keokuk)이나 메인(Maine) 주 프렌드십(Friendship)에서 효과가 있었던 특성들은 호주의 프리멘틀(Fremantle)이나 일본의 가와사키(Kawasaki)에서도 효과가 있었습니다. 처음으로 경제적 자유를 경험하는 다른 나라 사람들이 미국인들이 소중히 여기는 가치들을 그들의 삶과 사업에 적용하며 번창하는 것을 보는 일은 참으로 놀랍고 기쁜 일이었습니다. 암웨이 인터내셔널의 부사장으로 재직하고 6년 후 북미 지역 외의 해외 매출이 세 배나 증가하여 암웨이 총매출의 절반 이상을 차지하게 되었으며 암웨이 진출국은 11개국에서 18개국으로 늘어나게 되었습니다.

제 가족의 기업가 정신이 결국 제 마음을 흔들어 부사장직을 그만둔 후 암웨이를 떠나 제 아내를 파트너로 하여 저만의 회사를 차리게 됩니다. 거대한 국제기업의 경영자에서 하루아침에 창업 컨설팅 회사의 사장 겸 실무 매니저가 된 것입니다. 작은 배를 타던 항해사가 큰 배는 탈 수 있지만 큰 배를 타던 항해사가 작은 배를 타기는 어렵다는 이야기가 있습니다. 돌풍이 불어도 큰 배는 동요하지 않지만 작은 배는 같은 바람에 전복될 수 있습니다. 저는 대기업에서는 잘 느껴지지 않지만 작은 기업을 한순간에 침몰시킬 수 있는 문제에 빠르게 대처하는 법을 배워야 했으며 위기를 만난다는 것이 어떤 것인지 몸으로 부딪히며 직접 터득하기 시작했습니다.

이 시기는 저에게 있어 참으로 놀라운 성장의 시기였습니다. 저는 아내와 함께 회사를 운영하며 가족도 돌보고 교회 활동에도 참여하는 한편 미시간 주 교육 위원회에 선출되어 위원직을 수행하기도 했습니다. 저는 또한 1991년에 제 가족이 매입한 미 프로농구 올랜도 매직팀의 사장이자 구단주로서 일하는 기회도 얻게 되었습니다.

그러한 도전에 직면하면서, 삶의 도전과 경험을 통해 형성되고 확고해진, 디보스 가족과 밴 앤델 가족의 엄청난 도전과 성장을 가능케 한 바로 그 가치관들을 깊이 있게 연구하고 분석하기 시작하였습니다. 더 이상 학문적 차원이 아닌 생존과 성공을 위한 수단으로서 그 가치관들을 조사하기 시작하였습니다. 그러한 가치관들은 아버지의 거대한 그늘로부터 벗어나 저만의 회사를 세울 수 있다는 확신을 심어주었으며 나중에 다시 가족 사업으로 복귀하게 되더라도 저만의 독특한 기여가 가능할 거라는 믿음을 주었습니다.

1992년 아버지가 뇌졸중으로 병상에 눕지 않으셨다면 저는 제 아내와 함께 일하면서 아이들을 키우고 계속해서 경영 자문 회사를 운영하는 삶에 만족했을 것입니다. 하지만 아버지와 가족들의 요청으로 인해 암웨이에서 다시 일을 하게 되었으며 살아 있는 전설이 되어 버린 아버지의 뒤를 이어 암웨이의 사장이 될 준비를 하게 되었습니다.

아버지의 은퇴 발표 직전에 아버지는 심각한 심장마비를 일으켜 저의 암웨이 복귀는 더욱더 어려운 상황이 되었습니다. 다행히도 아버지는 집중치료를 통해 회복은 되었지만 활동에는 많은 제약이 따를 수밖에 없었습니다.

저는 심사숙고 끝에 제안을 받아들이기로 결정하였으며 성장의 열쇠는 단순히 생산성을 향상시키는 것이 아닌 창의성과 재능 그리고 암웨이 직원과 디스트리뷰터들의 열정을 최대한 끌어올리는 것이라는 확신 속에서 일을 추진해 나가기로 하였습니다. 동시에 우리 회사의 최우선 목표가 당장의 이익 추구가 아니며 결국 이익은 모든 일을 제대로 해나갈 때 자연스럽게 뒤따르는 것이라 생각했습니다. 파트너십을 강화하기 위해 회사는 직원과 디스트리뷰터 간의 협력을 도모하고 각자가 맡은 업무에 대해서는 철저하게 책임을 질 수 있도록 격려하였습니다.

저의 임무는 우리 회사를 진정한 국제적 기업으로 성장시켜 우리 회사의 제품과 가치관과 비전을 세계의 다양한 지역 사람들과 나누는 것이라고 생각했습니다. 우리는 힘을 모아 해외로 더 많이 진출해 암웨이의 위상을 높일 수 있는 방법들을 지속적으로 고민했으며 제품과 비전과 가치관들을 새로운 환경에서 끊임없이 시험하였습니다. 회사의 본사는 아직도 미시간 주 에이다에 있지만 디스트리뷰터들 중에는 베를린 장벽을 무너뜨릴 때 함께한 사람도 있고 파나마의 부패한 독재자를 끌어내리는 데 도움을 준 사람도 있으며 허리케인 휴고(Hugo)가 플로리다(Florida) 주를 강타했을 때 인명구조를 위해 봉사를 지원한 사람들도 있습니다. 정보통신혁명이 모든 사람이 접근 가능한 정보 고속도로를 만든 것처럼 암웨이는 기업가 정신, 자유기업 시스템, 그리고 제 아버지의 말을 빌리자면 더불어 사는 자본주의(Compassionate Capitalism) 시스템을 통해 인적 네트워크로 구성된 국제적인 고속도로를 건설하고 있는 것입니다.

일본 시장이 미국 회사들에게 너무 폐쇄적이라고 주장하고 있을 때, 일본은 우리 회사의 사업방식에 열광하며 마음을 열고 있었습니다. 사실 일본의 암웨이 매출은 연간 20억 달러에 달하며 일본에서 가장 많은 실적을 올리는 외국 기업 중 하나가 되었습니다. 또한 천안문 광장에 군인들을 진격시킨 바로 그 정부도 암웨이의 제조 판매시설을 중국 본토에 허가하였으며, 이러한 변화가 그 나라의 미래에 자유와 기회를 향한 중요한 변화를 가져오게 되기를 희망합니다. 창립 후 40년도 되지 않아, 암웨이는 70개 지역 및 국가에서 250만 명 이상의 디스트리뷰터들을 통해 매년 약 60억 달러의 매출을 올리게 되었습니다.

1995년에 스티브 밴 앤델이 그의 아버지의 뒤를 이어 암웨이 회장이 되었습니다. 그와 함께 어린 시절을 보낸 저로서는 이제 그와 함께 일할 수 있는 특권을 갖게 되었습니다. 그는 참으로 능력 있는 사업가인 동시에 제가 느끼는 많은 가치들, 제가 이 책에서 나누고자 하는 바로 그러한 가치들을 공유하는 친구입니다.

어떤 사람들은 암웨이의 놀라운 업적이 회사 공동 창업자의 리더십 혹은 이제는 스티브와 저의 리더십 덕분이라고 생각하겠지만, 한 회사의 성공을 결정짓는 것은 절대 한두 명의 역할이나 노력이 아닙니다. 많은 사람들이 함께 일하면서 동일한 가치와 미래를 향한 비전을 공유할 때 비로소 성공이 가능한 것입니다. 제 아버지가 여러 번 말한 것처럼, 우리 회사는 사람들이 스스로 도울 수 있도록 돕는 사람들을 위한 회사입니다. 그것이 바로 우리 회사의 성공 요인입니다. 이 부분이 바로 회사 직원들과 디스트리뷰터들이 자부심을 느낄 수 있는 부분이며 실제로 자부심을 느끼고 있을 거라는 것을 믿어 의심치 않습니다.

미래를 바라볼 때, 미국의 건국이념이자 암웨이 창립이념이며 제가 배우면서 자랐던 가치들이 단지 우리 회사뿐만 아니라 미국과 미국 국민들에게 그 어느 때보다 중요하다는 것을 알고 있습니다. 이러한 가치관들은 우리의 정부를 바꾸고 우리의 제도를 개혁하며 우리의 가정을 건강하게 만들 수 있습니다. 이 가치들은 법과 윤리의 제약을 넘어 우리와 모든 시민들 그리고 지도자들의 마음속에 새겨져야 하는 것들이라 믿습니다. 정직, 겸손, 신뢰, 협력, 인내, 그리고 책임감 등의 가치는 개인, 시민 그리고 정치적 자유를 실현하기 위해 반드시 필요한 요소이므로 반드시 우리의 자녀들에게도 가르쳐야 하는 가치입니다. 그리고 이 책에서 다루겠지만 이러한 가치들은 결코 따로 논할 수 없습니다. 이들은 서로 함께 작용하며 서로를 강화시키고 쓰러지지 않도록 서로를 받쳐줍니다.

제 아버지처럼 저도 낙관주의자입니다. 저는 이 나라를 사랑합니다. 미국 회사들은 더 이상 국제무대에서 경쟁력이 없다거나 미국의 지도자들은 도덕적으로 타락했다거나 미국의 좋은 시절은 다 갔다는 말을 들을 때면 가슴이 미어집니다. 국제 경쟁이 치열해지고 있는 것은 사실이지만 얼마든지 승리할 수 있다고 믿습니다. 제가 이렇게 확신할 수 있는 이유는 실제로 그 일을 현장에서 해 낸 경험이 있기 때문입니다. 미국의 학교들과 대학들은 세계 최고가 될 수 있습니다. 우수한 교수들 그리고 학교 관계자와 함께 일 한 경험이 있고 그들이 배

성장하는 리더의 핵심가치

출해 낸 졸업생들을 고용해 보았기 때문에 확신할 수 있는 것입니다. 정부는 시민들의 요구에 대응할 수 있습니다. 미시간 주 그랜드 래피즈뿐만 아니라 이미 수많은 도시와 마을에서 이러한 변화가 일어나고 있습니다.

그렇지만 미국이 진정한 자유의 땅(Land of the Free)이 되는 목표를 달성하기 위해서는 모든 미국인들이 먼저 자유가 무엇인지 정확히 이해할 필요가 있습니다. 이를 위해서, 우리는 자유의 근본이 되는 가치들을 이해해야만 합니다. 앞으로 이러한 가치들을 설명하기 위해 이러한 가치들을 생활 속에서 적용하고 실천한 우리 시대의 작은 영웅들을 만나게 될 것입니다.

저의 성장 배경과 암웨이 사장이라는 현 직책 때문에 어쩔 수 없이 회사에서의 개인적인 경험과 사례가 이 책에 많이 등장할 것으로 생각합니다. 하지만, 이 책은 결코 암웨이나 직원 혹은 디스트리뷰터들에 대한 책은 아닙니다. 물론 암웨이와 관련해서 들려주고 싶은 감동적인 이야기들이 많지만 사례는 조금 더 폭넓게 선택하려고 노력했습니다. 일부 이야기는 익숙할 수도 있지만 대다수는 그렇지 않을 것입니다. 그러나 이야기에 등장하는 사람들은 모두 자유를 증진하는 데 기여한 사람들입니다.

무엇보다 이 책은 타성에 젖은 우리의 생각에 도전하며 이 나라가 누리는 자유의 근본정신과 양심이 되어온 소중한 가치들을 진지하게 다시 한번 정립해보자고 보내는 나의 호소문입니다.

자유를
지지하기 위한
여덟 개의 기둥

- 선택하기 -

자유를 지지하기 위한
여덟 개의 기둥

1. 정직 (Honesty)
2. 신뢰 (Reliability)
3. 공정 (Fairness)
4. 동정심 (Compassion)
5. 용기 (Courage)
6. 겸손 (Humility)
7. 이성 (Reason)
8. 자기절제 (Self-Discipline)

독립 선언문의 틀을 만든 토마스 제퍼슨은 이런 말을 했다. "우리에게 생명을 주신 하나님은 자유도 함께 주셨다. 그러나 그 단단한 기초가 흔들린다면 과연 한 나라의 자유가 안전하다고 할 수 있을까?"

미국을 건국한 조상들은 자유의 기초가 단단히 뿌리내리지 않고서는 민주주의가 유지될 수 없다는 사실을 그 누구보다 잘 알고 있었다. 많은 사람들이 자유를 생각할 때 자유롭게 펄럭이는 국기나 하늘 높이 솟아오르는 연을 상상하겠지만 만약 국기를 지지할 깃대가 없다면 국기는 바람에 힘없이 날아가 버릴 것이고 연과 연결된 끈이 없다면 연은 땅바닥으로 곤두박질치고 말 것이다.

나는 자유란 하고 싶은 일을 하고 싶을 때 내 마음대로 하는 것이 아니라는 사실을 오래전에 깨달았다. 국기와 연처럼 우리의 자유도 변하지 않는 가치로 단단히 동여매지 않는다면 도덕적으로 부패해 날아가거나 혼란의 먼지 속으로 곤두박질칠 것이다. 만약 이 나라가 지켜온 자유와 기회를 유지하고 싶다면 그 정신을 지탱해온 가치, 다시 말해 미국이 세워진 원칙이며 수많은 사람들의 희생을 대가로 지켜낸 가치들을 재발견해야 한다.

개인이 누릴 수 있는 자유의 크기는 한 사회가 허락하는 정도에 따라 결정되지만 아이러니하게도 사회가 허락하는 자유는 개인이 얼마나 자유를 원하는지에 따라 달려있다. 개인이 "옳은" 선택을 많이 할수록 더 많은 자유를 누리게 되고 반대로 "잘못된" 선택을 많이 할수록 자유는 줄어드는 것이다.

물론 "옳다"라는 단어는 언제나 누군가의 마음을 불편하게 할 수 있다는 것을 안다. 어떤 것이 절대적으로 옳고 그르다고 하는 판단이 사람에 따라 다를 수 있기 때문이다. 어떤 사람들은 남에게 피해를 주지 않는 한 원하는 것을 할 수 있다고 생각하지만 나는 "옳은 일을 하는 한 원하는 것을 할 수 있다"고 믿는다.

"옳은 일을 하는 한 원하는 것을 할 수 있다"라는 말에 모순이 있어 보일 수도 있다. 이 말은 자유란 원하는 것을 하는 것이라는 의미와 함께 당장 원하는 일이 아니어도 옳은 일을 해야 한다는 뜻도 담고 있다. 그렇다면 그것이 옳은 일인지 어떻게 알 수 있으며 어떻게 그 일을 행할 것인가?

알랜 키즈(Alan Keyes) 박사는 지금의 미국을 있게 한 도덕성에 입각한 용기야말로 자유의 가장 중요한 요소라고 말한다. "자유로운 나라를 위해 위대한 실험을 강행한 우리 조상들은 우리가 누리게 될 자유를 향한 여정이 결코 쉽지 않을 것이라는 사실과 그 힘든 과정을 통해 얻게 될 가치 있는 미래에 대한 비전을 제시하였다." 한 마디로 옳은 일을 하는 데에는 의지와 용기가 따른다는 것이다.

성장하는 리더의 핵심가치

무엇이 옳은 일인지 어떻게 알 수 있는가에 대한 첫 번째 질문에 대한 답은 우리에게는 양심이라고 하는 직관적인 감각이 있으며 이는 인간의 본성이다. 개인적으로 옳고 그름을 판단하는 이 능력은 온전히 창조주로부터 부여받았다고 믿는다. 하나님이 우리에게 도덕적 청사진을 제공하고 양심이라는 감각을 통해 그 청사진을 이해할 수 있도록 하여 우리를 안내한다고 믿는다. 그러나 자유가 인간의 기본 권리라고 믿는다면 그 옳고 그름의 감각이 어디에서 기인하는 것이던 자유를 지지하고 유지하고 보호하는 것은 옳은 것이며 반대로 억압하는 것은 잘못된 것이라는 것에 동의하지 않을 수 없을 것이다.

그렇다면 과연 그 자유를 "누가 지킬 것인가"라는 질문이 생길 것이다. 스스로의 행동을 결정하고 나아가야 할 것인가 아니면 모든 책임은 정부가 져야 할까? 이 질문에 대한 답은 할아버지를 통해 얻을 수 있었다. 할아버지는 언젠가 내게 이런 질문을 하신 적이 있다. "옆 사람 얼굴을 한 대 때리고 싶어질 때 스스로 자제하는 게 낫겠냐? 아니면 문제를 일으켜서 경찰이 출동하게 만드는 게 낫겠냐?"

정부가 법을 통해 자유와 개인의 권리를 유지하는데 중요한 역할을 하는 것은 맞지만 정부의 관여와 간섭이 많아지면 많아질수록 우리가 누리는 자유는 그만큼 더 제한받게 된다. 당연히 가장 바람직한 것은 우리 자신의 자유를 스스로 지키는 것이다. 법의 통제를 받지 않고 스스로를 통제할 수 있다면 우리의 존엄성은 더 잘 지켜질 수 있기 때문이다.

하지만 옳은 일을 하기 위해 우리의 자유의지를 행사하려면 먼저 옳은 일이 무엇인지 알아야만 한다. 그렇다면 옳은 일이 무엇인지 어떻게 알 수 있을까? 과연 우리는 누구로부터 도움을 받을 수 있을까? 개인적으로 신앙이 있어서인지 이에 대한 답변은 비교적 쉽게 할 수 있을 것 같다. 내가 스스로에게 던지는 질문은 언제나 "예수라면 어떻게 했을까?"이다. 심지어 WWJD(What Would Jesus Do?)라는 영어 문장의 첫 글자가 새겨진 팔찌를 차고 다니며 스스로에게 매일 수시로 질문하기도 한다. 나는 종교와 상관없이 정부가 당신 삶에 깊이 간섭하는 것을 원치 않는다면 반드시 인생의 지침이 될 수 있는 도덕적 원칙이 있어야 한다고 믿는다.

미국을 건국한 우리의 조상들은 이러한 내적 인도의 필요를 깊이 인식하였다. 그들은 그러한 내적 인도를 "덕"이라는 용어로 표현했으며 때로는 도덕, 원칙 혹은 가치라는 용어로도 사용하였다. 나는 타인의 자유와 권리를 지켜주는 즉, 옳은 일을 하게 도와주는 이러한 가치들은 모두 공통적으로 인테그리티(Integrity)라는 단어의 의미와 상통하는 것을 느꼈다.

인테그리티라는 단어는 라틴어 인테그라레(Integrare)에서 유래하였는데, 이 어근은 "전체를 이루다"라는 뜻을 가지고 있으며 또 한편으로는 "법이나 도덕적 가치를 준수하다"라는 의미도 내포하고 있다. 다시 말해 이 단어는 "진정성이 있다" 정도로 해석할 수 있다. 어떤 사람이 진정성이 있다고 말할 때는 결코 그 사람의 일부분을 보고 판단하지는 않을 것이다. 내 개인적인 견해로는 적어도 다음의 8가지 성품, 정직(Honesty)과 신뢰(Reliability), 공정(Fairness), 용기(Courage), 겸손(Humility), 이성(Reason), 동정심(Compassion)과 자기 절제(Self-Discipline)가 필요하다고 생각한다. 이런 성품을 모두 가진 사람이라면 충분히 그런 말

성장하는 리더의 핵심가치

을 들을 자격이 있다고 믿는다. 이러한 성품들은 각각 다른 가치를 지니고 있지만 함께 있을 때는 상호작용을 통해 훨씬 더 큰 시너지를 만들어 낼 수 있다. 마치 건물을 지탱하는 아름다운 기둥처럼 서로 조화를 이루며 우리의 삶을 더욱더 풍요롭고 의미 있게 만들어 줄 수 있는 것이다.

우리가 이러한 가치들을 잘 이해하고 삶 속에 적용한다면 우리는 미국이 지금의 미국이 될 수 있었던 자유와 기회의 정신을 지속적으로 보존해 나갈 수 있을 것이다.

1

정직
Honesty

honesty 에 대한 검색 결과 입니다.

honesty 미국식 [ɑːn–] 🔊 영국식 [ˈɒnəsti] 🔊
[명사] 1.정직 2.솔직 3.양심 4.청렴결백

Honesty

처음으로 거짓말했던 그때를 기억하는가? 아주 어렸을 때, 나는 처음으로 부정직하게 다른 사람을 속이려고 얼굴이 벌겋게 달아올랐던 순간을 기억한다.

진실한 사람이 되기 위해 필요한 첫 번째 가치이면서 아마도 가장 중요한 요소인 "정직"은 간단히 설명하면 진실을 말하는 것이고 정확히는 생각과 말을 일치시키는 것이라고 할 수 있다. 이미 앞에서 진정성 있다는 것이 도덕적 가치와 연관성이 있고 라틴어 어원을 살펴보더라도 "분리되지 않은 상태"를 의미한다고 설명하였다. 그들의 생각, 말과 행동은 서로 일치한다. 그들은 주어진 상황에 따라 다른 가치관을 적용하지 않는다.

유대-그리스도교에서, 정직은 "거짓 증거하지 말라"라고 하는 열 개의 명령 중 하나이다. 하지만 정직의 가치를 알기 위해 유대교인이나 그리스도인이 될 필요는 없다. 사람들이 정직하지 않아 모든 것에 의문을 제기하고 모든 것을 의심할 수밖에 없는 사회라면 그 사회는 정상적인 기능을 수행할 수 없고 존재할 수도 없을 것이다.

우리의 말과 행동은 사람과 사람을 이어주며 관계를 형성시키며 우리가 내리는 모든 중요한 결정은 관련된 당사자들이 정직하다는 가정에 기초한다. 예를 들어, 내 아내인 베시와 결혼하기로 결정한 것은 서로에 대한 사랑, 믿음과 약속이 거짓이 아니라는 사실을 서로 공유하고 있다는 믿음에 기초한 것이었다. 수술을 받을 것인지에 대한 결정 또한 좋은 예가 될 수 있다. 수술을 받기로 결정할 때는 수술을 제안한 의사의 정직성에 의존할 수밖에 없다. 때로는 다른 사람들에게 영향을 미칠 수 있기 때문에 정직은 개인이 내리는 결정 이상의 큰 의미와 결과로 나타날 때도 있다.

존경을 받는 한 골프 챔피언 이야기가 생각난다. 그녀는 경기 중 러프에 빠진 공을 치려다 다른 사람의 공을 쳤다는 이유로 경기에서 기권을 한 일이 있었다. 나중에 한 친구가 "아무도 몰랐을 텐데 왜 기권을 했어?"라고 묻자 그녀는 "나는 알고 있잖아"라고 대답했다고 한다. 이 선수는 양심을 속인 한 타의 실수가 본인에게 경기 성적 그 이상의 영향을 미칠 수 있다는 것을 분명히 알고 있었던 것이다.

나를 포함해서 많은 사람들이 운동경기를 하는 과정에서 정직을 제대로 배우게 되는 것 같다. 앞에서 언급한 골프선수처럼 이기는 것보다 정직을 더 중요하게 여긴 한 어린 야구선수 이야기이다.

이 이야기는 플로리다 주 신문에 처음 소개되었는데, 그 이유는 이 이야기와 관련된 경기가 플로리다 팜 비치(Palm Beach) 외곽의 작은 마을에서 열렸기 때문이다. 이 일은 티볼(T-ball) 경기 중에 일어났으며, 그 경기에 참여한 선수들 중 가장 나이가 많은 선수는 겨우 일곱 살에 불과했다.

경기가 한참 진행되고 있을 무렵 1루수 수비였던 태너 먼시(Tanner Munsey)는 땅볼을 잡아 2루로 달리고 있던 주자를 태그 하려고 했고 심판 로라 벤슨(Laura Benson)은 주자를 아웃시켰다. 하지만 태너는 심판에게 다가와 자기가 주자를 태그 하지 못했다고 솔직히 털어놓았다. "저는 주자를 놓쳤어요."라고 먼시는 말했고 심판은 판정을 번복하였다.

경기가 끝나고 태너가 속한 팀의 감독은 그 경기에서 사용한 공의 먼지를 털고 나서 정직에 대한 상이라며 어린 소년에게 그 공을 건네주었다.

이 이야기는 여기서 끝나지 않는다. 2주 후 다른 경기에서 태너는 유격수를 보고 있었고 이번에도 비슷한 상황이 발생한 것이다. 공교롭게도 또다시 심판을 보고 있던 로라 벤슨은 주자가 세이프라고 선언했다. 갑자기 태너의 표정이 굳어졌고 심판은 즉시 본인의 판정이 잘못되었다는 것을 직감했다.

"너, 주자를 태그 했니?" 벤슨이 물었고 "예"라고 태너가 자신 있게 대답했다. 이후 상대팀 감독의 항의에도 불구하고 벤슨은 판정을 번복했다.

이전 상황에서 정직한 태너의 행동으로 주자가 2루에 머물 수 있는 정당한 권리를 인정받았기에 심판은 이번에도 태너를 믿고 주자를 태그아웃 시킨 그의 정당한 권리를 인정해 주었던 것이다. 태너의 진정성 있는 모습이 심판의 신뢰를 얻은 것이다.

항의하는 상대팀 감독에게 심판은 이렇게 말했다. "만약 아이가 저렇게 정직하다면 저도 어쩔 수 없이 그에게 기회를 줄 수밖에 없습니다."

이러한 이야기가 뉴스거리가 된다는 사실이 슬프기는 하지만 유명한 스포츠 잡지인 스포츠 일러스트레이티드(Sports Ilustrated)에서도 이 이야기를 다루었다. 역시 멋진 스포츠는 모두의 사랑을 받으며 훌륭한 스포츠 정신에서 빠질 수 없는 덕목이 정직인 것이다.

정직의 가치를 인정하지 않는 사회는 아마 지구상에 없을 것이다. 하지만 우리 모두는 가끔씩 자신의 부정직한 말과 행동으로 인해 얼굴이 붉어진 경험이 있을 것이다. 나 역시 시간 약속과 관련해 정직하게 처신하지 못할 때가 있다. 나는 거절을 잘 못하는 성격 때문에 약속을 무리하게 잡는 경향이 있으며 그러다 보니 약속을 지키기 위해 해야 할 업무처리를 다 못하는 경우가 종종 발생한다.

사실 처음에는 그렇게 느껴지지 않을 수 있겠지만, 정직은 가장 쉬운 대응전략이다. 어려운 상황에서 부정직하게 대응하면 상황이 점점 더 악화되어 감당하기 어렵게 되는 경우가 있다. "거짓말을 하기는 쉽지만 거짓말을 한 번만 하기는 어렵다"는 옛말처럼 얼마 지나지 않아서 어디까지가 진실이고 어디부터가 거짓말인지를 기억하기조차 어려워질 것이다. 게다가, 나는 정직해서 얻게 되는 부정적 결과가 정직하지 않아서 얻게 되는 부정적 결과보다 훨씬 더 낫다는 것을 오래 전에 터득하였다.

부정직한 사람은 오늘의 신뢰를 남용하여 내일의 신뢰를 잃는다. 부정직한 사람에게는 상황을 모면할 거짓말밖에는 가진 것이 없지만, 정직한 사람들은 진실에 대한 확신이 그들을 지켜준다. 결국 정직한 사람들은 말과 행동이 일치할 때에만 얻을 수 있는 진정한 자유를 누리게 되는 것이다.

우리는 부정직한 행동이 어떤 것을 이야기하는지 잘 알고 있다. 도둑질, 속임수, 과장, 아첨, 진실을 숨기고 일부만을 말하는 것, 진실을 왜곡하는 것, 지킬 생각도 없이 약속하는 것, 순간을 모면하고 자신을 보호하기 위해 또는 남을 불리하게 만들기 위해 거짓을 말하는 것 등이 바로 대표적인 부정직한 행동들이다.

또한 이러한 부정직한 행동 중에는 다른 사람이 꼭 알아야 하는 정보 특히 결정을 내리는 데 필요한 정보를 제공하지 않는 것도 포함될 수 있다. 진실을 정확히 알지 못하면 잘못된 결정을 내리기 쉬우며 우리는 대부분 주어진 정보가 사실일 거라는 긍정적 추측 하에 결정을 내리게 된다. 도로 표지판같이 아주 사소한 것만 보아도 알 수 있다. 고속도로에서 필라델피아 방향의 표지판이 있다면 우리는 그 길이 당연히 뉴욕이 아닌 필라델피아로 우리를 데려다줄 것이라고 믿게 된다.

하지만 매번 정직하기가 말처럼 쉬운 일만은 아니다. 정직한 사람이 되려면 유혹이 있더라도 매일 정직하게 살려고 노력하며 연습하는 것이 필요하다. 캘리포니아 주 부에나 파크(Buena Park)에 살던 톰(Tom)과 폴린 니처(Pauline Nichter) 부부의 경우를 예로 들어보겠다.

남편인 톰은 창고에서 일하다가 1년 전에 직장을 잃은 상태였고 아내인 폴린도 대기업 신용카드 회사에 다니다 그녀가 속한 부서가 없어지는 바람에 얼마 전 실직한 상태였다. 그 가족은 어쩔 수 없이 자신들의 재산의 일부를 정리하고 폴린의 부모가 사는 작은 집의 조그만 방으로 이사를 해야만 했다.

어느 날, 이 부부는 열한 살 된 아들 제이슨과 같이 차를 타고 부에나 파크 쇼핑몰을 지나가고 있었다. 아들 제이슨은 쇼핑몰에 가서 쇼핑을 하자고 했으나 톰은 별로 내키지 않았다. 가진 돈이 75센트가 전부였던 그는 그 돈으로 가족의 저녁식사로 칠리 고추 캔을 하나 사려고 마음먹고 있었기에 그냥 구경만 해야 한다는 사실을 아들에게 말하기 싫었던 것이다. 하지만 아들의 성화에 차를 주차하고 쇼핑몰로 향했다.

아들이 좋아하는 곳은 케이비(Kay-Bee) 장난감 가게였다. 아들이 장난감을 구경하는 동안 폴린은 가게 주변을 구경하고 있었다. 계산대 근처의 물건들을 구경하던 중 게임기가 쌓여있는 진열대 위에 큰 회색 가죽 가방이 있는 것을 보게 되었다. 그 가방 속에 돈이 들어 있는 것이 보였고 처음에는 장난감 돈이라고 생각했지만 자세히 들여다보니 그 돈은 진짜 돈이었다. 얼핏 봐도 200 내지 300달러는 족히 되어 보였다.

폴린은 기뻐서 어쩔 줄 몰랐다. 선하신 하나님께서 적절한 상황에 돈이 절실한 그들을 도와주셨다는 생각이 들었지만 진지하게 남편과 이 상황에 대해 의논해보니 하나님께서 그들에게 그 돈을 주신 것이 아님을 확신하게 되었다. 하나님이 그 돈을 잠깐 맡기신 것일지는 몰라도 그 돈의 주인은 분명히 따로 있었고 주인을 찾으려고 노력하지 않는 것이 부정직한 일이라고 판단했다.

톰과 폴린은 쇼핑몰에 있는 경찰서로 그 가방을 가지고 갔지만 밤이 늦어 경찰서는 이미 문이 닫혀 있었다. 그들은 가까운 부에나 파크 경찰서로 차를 몰았다. 그곳에 가서 폴린은 그 회색 가방을 카운터에 내려놓으며 당직 경찰관에게 그 가방을 습득한 자초지종을 말해주었다. 경찰관이 그 가방을 확인하니 폴린이 생각했던 것보다 훨씬 더 많은 돈이 들어 있었다. 신용카드와 여권, 1,500달러 상당의 비행기 표, 그리고 현금도 2,394달러나 들어 있었던 것이다.

경찰관이 부에나 파크 쇼핑몰의 안내 데스크에 전화하여 습득물을 신고하였고 몇 분 후 한 관광객이 도착하여 잃어버린 가방을 끌어안으며 폴린과 그녀의 가족에게 진심 어린 감사를 전했다.

니처 가족은 그에 대한 보상을 요구하지 않았고 보상이 주어지지도 않았다. 그들이 받은 것은 경찰서에서 감사의 뜻으로 건네준 3달러가 전부였다.

그날 밤 KNBC 방송국 기자가 그 경찰서에 없었다면 이 이야기는 여기에서 끝났을 것이다. 하지만 그 기자는 폴린이 주인을 찾아 돈을 돌려주는 것을 보고 이러한 훈훈한 이야기는 저녁 뉴스에 나가야 한다고 생각했다.

그 가족의 이야기가 TV에 방송되자 경찰서에는 그들의 선행을 칭찬하는 수많은 전화가 쏟아져 들어왔고 며칠 지나지 않아 니처 가족에게 온 편지와 엽서가 쌓이기 시작했다. 심지어 어떤 익명의 기부자는 경찰서를 찾아와 그 가족이 찾아 준 돈이 얼마인지를 물어본 후 그 부부에게 전달해달라며 2,400달러짜리 수표를 써주며 이렇게 말했다. "적어도 그들은 이 정도 보상을 받을 만한 자격이 있습니다."

경찰이 자루에 가득 담긴 편지와 수표를 가지고 그들을 찾아갔을 때 톰과 폴린 부부는 너무나 이 모든 상황이 기쁘고 벅찼다. 하지만 그것은 시작에 불과했다. 한 부동산 회사가 톰과 폴린에게 그들이 자립할 때까지 작은 아파트를 무료로 제공하겠다고 제안하였고 얼마 지나지 않아 그들은 어려운 상황을 잘 넘기고 자립하는데 성공한다. 또

자재 창고에서 일하는 어떤 이는 기사에 감동을 받고 그들에게 일자리를 제공해 주었다.

그들을 고용한 매니저는 이렇게 말했다. "시중에 숙련된 사람은 많지만 나는 옳은 일을 할 수 있는 믿을 수 있는 사람을 원합니다."

우리의 조상들은 정직이 민주주의의 근본임을 믿었고 정직 없이는 삶, 자유 및 행복의 추구가 불가능하다는 것을 알고 있었다.

독립 선언문의 마지막 문장에는 "하나님의 섭리를 통한 보호를 확신하면서"라는 문구가 있다. 독립 선언문을 작성한 조상들은 우리의 삶 속에서 일하시는 하나님의 섭리를 인식하였다. 이러한 더 높은 개념의 규율에 대한 그들의 믿음은 결국 우리 모두가 옳은 일을 할 수 있도록 돕는 도덕적 잣대로 작용하고 있다. 바로 이것이 삶과 자유와 행복을 추구할 수 있는 하나님이 주신 권리의 근본이 되는 것이다.

2

신뢰
Reliability

Reliability 에 대한 검색 결과 입니다.

Reliability 미국식 [rɪˈlaɪəbl] 🔊
[명사] 1.신뢰성 2.신뢰도 3.신뢰할 수 있음

Reliability

신뢰는 정직함을 행동으로 옮기는 것을 말하며 신뢰가 있다는 것은 바로 언행이 일치한다는 뜻이기도 하다. 신뢰할 수 있는 사람은 자신이 한 말을 행동으로 옮기며 약속을 반드시 지키는 사람이다. "시간이 지나도 한결같음이 바로 신뢰다"라는 말이 있다. 일관성이 없는 사람은 믿을 수 없는 사람, 다시 말해 신뢰가 없는 사람이다.

신뢰는 아끼고 격려하고 보상받아야 할 훌륭한 가치이다. 신뢰를 가장 쉽게 설명할 수 있는 것이 바로 시간을 얼마나 잘 지키는지(Punctuality) 여부와 일을 얼마나 믿고 맡길 수 있느냐(Dependability)이다. 다시 말해 나타나야 하는 시간에 나타나서 맡은 일을 최선을 다해 하는 것이다. 진실한 사람이라면 그가 자동차 정비사든 버스 운전기사든 의사든 사업가든 요리사든 운동선수이든 직업과 상관없이 분명히 믿을 수 있는 사람일 것이다.

신뢰를 이야기할 때 생각나는 사람이 있는데 메이저리그 발티모어 오리올스(Baltimore Orioles) 팀의 칼 리프켄(Cal Ripken Jr.)이다. 그는 2,131경

성장하는 리더의 핵심가치

기에 연속 출장하여 56년간 깨지지 않았던 루 게릭(Lou Gehrig)의 기록을 깬 사람이다. 그가 "철인"으로 불린 것은 당연한 것이었다.

이러한 성취로 인해 리프켄은 스포츠 일러스트레이티드(Sports Illustrated)에서 선정한 '올해의 선수'가 되었고 여러 매체를 통해 보도된 그의 이야기는 월드시리즈 결승전 취소로까지 이어진 긴 파업으로 지쳐있던 팬들에게 무척 반가운 소식이었다.

나는 단 한 명의 선수가 수백만 명의 야구팬들이 등을 돌리는 상황을 막았다는 사실이 정말 대단한 업적이었다고 생각한다. 사실 그는 그 상황을 막은 정도가 아니라 오히려 메이저리그에 대한 새로운 열정과 관심을 불러일으켰다고 해도 과언은 아니며 나중에 그가 피플(People) 잡지사의 사진촬영이 길어지자 자신의 딸을 학교에서 픽업하는 약속을 지키기 위해 정중히 자리를 떴다는 이야기가 알려지면서 그에 대한 평가는 더욱 좋아졌다.

리프켄이 뛰어난 선수가 될 수 있었던 것은 발트모어 오리올스의 전감독이었던 그의 아버지로부터 받은 가르침과 환경 덕분이었다. 그는 가족과 함께 원정 경기를 다니며 당대 그리고 미래의 거물들과 연습할 수 있는 기회가 자주 주어졌으며 이러한 과정을 통해 자연스럽게 야구에 대한 존경심을 품게 되었고 더 운동에 매진하게 되었다.

그는 처음부터 주목받는 선수가 아니었기에 기본을 다지는 것은 그에게 큰 도움이 되었다. 스카우터들(Scouts)은 그의 능력을 잘 알아보지 못했다. 1978년 드래프트에서 그는 그다지 관심을 받지 못한 채 여덟 명의 유격수가 뽑히고 나서야 겨우 아홉 번째로 선택을 받게 된다.

그러나 해를 거듭할수록 안정적인 유격수로 두각을 나타내며 아메리칸리그 신인상을 받게 된다. 하지만 결국 그가 명예의 전당의 후보가 될 수 있었던 결정적 이유는 그가 뛸 수 있는 모든 경기에 출장하였으며 최선을 다했기 때문이었다.

이런 신뢰는 어떤 직업에서건 가치가 있지만 리프켄의 성취를 취재한 일부 기자들은 단지 선수가 정기적으로 출장하는 것만을 가지고 그를 치켜세우는 것은 옳지 않다는 의견을 피력하였다. 나는 그러한 의견에 강하게 반대하는 입장이다. 리프켄은 당당히 존경받아야 한다. 신뢰는 그 자체만으로도 의미가 있는 성취이며 주목을 받을만한 가치이며 그가 단지 경기에 출장만 한 것이 아니라 리프켄은 안정적인 유격수로서의 역할을 통해 그의 존재를 지속적으로 부각시켰다. 매년 봄마다 맹호들이 주전 자리를 놓고 그에게 도전장을 내밀었지만 있어야 할 자리를 지키는 성실함과 끊임없는 노력을 통해 그는 항상 경쟁에서 승리할 수 있었다고 나는 믿는다.

우리가 결정한 일이나 우리가 맡은 직책은 언제나 약속과 책임이 따르기 마련이다. 어떠한 일이나 직책을 맡기로 동의한다는 것은 내가 그 일을 할 수 있는 능력이 있으며 잘 해 낼 수 있다는 것에 동의하는 것과 같다. 만약에 어떤 사람이 본인이 회계사라고 하면서 계속 실수를 반복한다면 그는 믿을 수 없는 사람이다. 그가 정직한 사람일지라도 그의 무능은 그의 신뢰도와 진실함을 의심케 한다.

그와 비슷하게, 만약 고용주가 충성스럽고 성실한 직원이 단 한 번의 실수를 범했다는 이유로 해고한다면, 그 고용주는 믿을 수 없는 사람이라는 평가를 받아야 할 것이다. 신뢰할 수 있는 사람은 이성적이고 합리적으로 행동하며 자기 마음대로 공정하지 않은 방법을 선택하지 않는다.

원활한 의사소통도 신뢰를 지키는데 중요한 역할을 한다. 만약 우리의 의도나 의사를 정확히 전달하지 못한다면 우리는 믿을 수 없는 사람이 된다. 신뢰할 수 있는 사람은 정확한 정보를 적절한 시점에 전달한다.

어떤 근로자들은 본인에게 맡겨진 의무 이상의 업무를 기꺼이 감당함으로써 고용주의 신뢰를 얻는 경우도 있다. 미네소타(Minnesota) 주의 세인트 폴(St. Paul) 에이치 비 풀러(H.B Fuller)사는 포장재와 접착제의 최대 제조사이다. 에이치 비 풀러사에도 이러한 사례가 있었다. 풀러사의 루스빌 켄터키(Louisville, Kentucky) 사무실의 비서로 일하는 로린다 터커(Lorinda Tucker)의 이야기이다.

조지아(Georgia) 주 메이컨(Macon)에서 잠재고객이었던 한 회사가 특수한 작업에 사용하고 있는 접착제의 문제점에 대해 상담하기 위해 전화를 걸었다. 그는 사실 에이치 비 풀러사에 그들이 사용하고 있는 문제가 있는 접착제를 대신할 수 있는 제품이 있는지 바로 알고 싶었다. 고객은 다급했지만 터거의 상사는 해외출장 중이었고 그 지역 영업사원은 휴가 중이었다. 대부분 이런 상황에서 전화를 받게 된다면 메모를 남기고 상사가 돌아오기를 기다리겠지만 로린다 터커는 거기서 일을 끝내지 않았다.

그녀는 먼저 노스 카롤라이나(North Carolina) 주 그린스보로(Greensboro)에 위치한 지역 기술 서비스 센터에 이 문제를 문의하는 것으로 시작했다. 서비스 센터는 이 회사에서 생산하고 있는 7,000여 종의 접착제, 포장재와 코팅제 중 그 고객의 요구에 적합한 제품이 어떤 것인지 알려주었다. 그러나 유일한 재고는 터커의 고향인 루스빌에 있다는 것을 알게 되었다. 그녀는 시간이 촉박하다는 사실을 알고 있었으므로 본인의 트럭을 몰고 제품이 있는 창고에 들려 500 파운드의 제품을 싣고 공항으로 향했다. 공항에 도착해 비행기 편을 확인하니 루스빌에서 메이컨으로 가는 화물 비행기가 30분 후에 출발한다는 것을 알게 되었다. 하지만 에이치 비 풀러사는 그 항공사와 거래가 없었고 운송비는 300 달러에 달했다. 터커는 바로 가까운 현금인출기에서 본인 돈을 인출하여 대금을 처리하였다.

결과는 놀라웠다. 문의전화가 접수된 지 불과 몇 시간 내로 상품은 조지아 주, 메이컨에 도착되어 고객의 생산라인에 투입된 것이다. 생산라인이 중단 없이 가동되었을 뿐만 아니라 성능이 개선된 새로운 접착제의 사용으로 인해 생산성이 오히려 향상되었던 것이다.

많은 사람들에게 이런 터커의 대응은 놀랍게 느껴질 수 있지만 대부분의 사람들이 주어진 일에서 한 발자국 더 나아가는 것을 어려워한다는 사실 말고는 그리 놀라운 일은 아니다.

신뢰는 제품이든 고객과 직원과의 관계에서든 사업을 하는 데 있어 가장 중요한 부분이다. 자유 시장경제와 자유 국가는 신뢰에 기초하고 있다.

암웨이에서 생산하는 제품의 가장 큰 특징을 하나 꼽으라면 신뢰할 수 있는 제품이라는 것이다. 판매하는 모든 제품은 100% 만족 보증 제도를 통해 고객들은 언제든지 마음에 들지 않는 제품이 있으면 반품 또는 환불을 받을 수 있다. 이러한 제도가 가능한 이유는 제품을 연구하고 생산하는 우리 직원들을 전적으로 신뢰하고 있기 때문이다.

또한 경영자로서, 직원들이 열심히 일해주기를 원한다면 내가 먼저 신뢰할 수 있는 사람이 되어야 한다는 사실을 안다. 직원들이 최선을 다하려면 때로는 위험을 감수할 자세도 필요하다고 생각한다. 그러기 위해서는 내가 어떤 상황에서도 그들을 지지하고 격려할거라는 나에 대한 절대적 믿음이 필요하며 이를 통해 그들의 자발적인 동기가 유발되지 않는다면 회사는 결코 유지되지 못할 것이다.

우리는 그 어느 때보다 신뢰가 필요한 시대에 살고 있다. 정치인을 예로 들어보자. 정치계에서는 당선되기 위해 유권자가 듣고 싶은 말, 지킬 의사도 없는 텅 빈 공약을 내뱉는 경향이 늘고 있다. 이 때문에 유권자들은 갈수록 정치에 대해 냉소적인 반응을 보이며 정치인들은 날이 갈수록 신뢰를 잃어가고 있다.

내가 매우 존경하는 정치인 중 한 명을 소개하고자 한다. 그는 미시간 주의 주지사인 존 앵글러(John Engler)이다. 그의 최근 재선을 위한 유세 주제는 "약속을 하면 반드시 지킨다.(Promises made, promises kept)"였고 그는 실제로 그 말을 실천했다. 초선 기간 중 그의 지지율은 떨어졌지만 그는 항상 이렇게 강조했다. "여론조사에 연연하지 말고 우리가 하려고 했던 일만 열심히 합시다. 우리의 약속을 지킵시다." 주지사 앵글러에게 반대하는 사람들도 그가 약속을 지키는 사람이라는 사실은 인정합니다. 좋은 예로, 그는 미시간 주의 예산이 부족하지 않도록 하겠다고 약속했는데 실제로 1996년에 5년 연속 추가예산을 편성하지 않았고 또 세금을 내리겠다고 했던 약속도 확인해보니 그가 취임한 후 세금이 스물 한차례 내려갔다.

우리의 행동에 대한 평가는 우리의 말과 행동이 얼마나 일치했는지에 따라 달라질 수 있다. 신뢰는, 우리가 외부의 압력을 통해 원하지 않는 행동을 강요받고 있는 상황일지라도 양심이라는 마음의 청사진을 통해 우리를 움직이게 하는 내면의 도덕적 나침반 같은 것이다.

우리가 신뢰가 있는 사람이라면 다른 사람들의 소신 있는 결정을 지지하고 그들에게 믿음을 줄 수 있어야 하며 이렇게 우리와 생각을 공유하는 사람들이 많아질 때 우리는 비로소 자유를 지켜낼 수 있는 것이다.

3

공정
Fairness

Fairness 에 대한 검색 결과 입니다.

Fairness 미국식 [fernəs] 🔊 영국식[fernəs] 🔊
[명사] 1.공평 2.살결이 흼 3.공정

Fairness

공정은 자기의 이익이나 편견 및 선입견을 배제하고 모두에게 동일한 기준을 적용하는 것을 말한다. 공정은 그 단어가 의미하듯 정의의 한 형태라고 할 수 있으며 시민으로서 그리고 인간으로서의 권리와 연관성이 있다.

이 책에서 나는 법률이나 사법제도의 정의에 대해서는 언급하지 않을 것이다. 대신 "남에게 대접받고자 하는 대로 남을 대접하라"라는 황금률(The Golden Rule)에서 이야기하는 공정에 대해 나누려고 한다.

성경에는 모든 인간이 하나님에 의해 하나님의 형상대로 창조되었다고 기록되어 있다. 그런데 이와 유사한 내용이 미국 독립 선언문에도 있다. "모든 인간은 평등하게 창조되었다는 진리를 우리는 믿는다. 그들은 창조주로부터 생명, 자유 그리고 행복을 추구할 소중한 권리를 부여받았다" 미국을 세운 우리 조상들은 그 사실을 너무나 잘 이해하고 있었으며 이러한 믿음을 가슴에 간직한 채 자유를 지켜왔다. 나는 이러한 믿음이 다른 사람들을 존중하고 타인의 자유를 내 자유만큼이나 소중하게 생각할 줄 아는 능력을 강화시켜 준다는 사실을 알게 되었다. 다른 사람들을 공정하게 대하기 위해 우리가 반드시 유념해야 할 원칙이 바로 "남에게 바라는 만큼 너도 하라"는 것이다. 나는 "예수라면 어떻게 했을까?(WWJD)"라고 새겨진 팔찌를 볼 때마다 이 원칙을 떠올린다.

뉴햄프셔(New Hampshire) 주 메리맥(Merrimack)에 소재한 메달리온(Medallion) 건설회사의 최고 경영자였던 로버트 조지(Robert George)는 그 원칙을 항상 적용하려고 노력했던 사업가이다. 우리 모두와 마찬가지로 그도 매일 공정이라는 문제 앞에서 고민했지만 매번 공정하고 바르게 행동한다는 것이 쉬운 일은 아니었다. 그의 고민은 항상 어떻게 하면 고객과 하도업체, 직원들 그리고 자기 자신 모두에게 공정할 수 있을까 하는 문제였다.

다른 회사와 차별화할 수 있는 경영원칙으로서 위에서 언급한 황금률을 적용한다는 것은 너무 멋진 생각이었고 실제로 그는 문제가 발생할 때마다 그 해답을 황금률에서 찾으려고 하였으나 3개의 주에 걸쳐 1,000명 이상의 직원을 거느리고 있을 만큼 작지 않은 회사 규모를 고려할 때 이는 결코 쉬운 일은 아니었다. 때로는 공정하게 행동하기 위해 단기적 손실을 감수하거나 특정한 기회를 포기하는 경우도 있었지만 조지는 이것이 장기적으로는 회사에 대한 좋은 이미지와 정신적 평화를 가져다줄 뿐만 아니라 회사의 수익 증가로 이어질 것이라는 사실을 믿었다.

조지는 네이션즈 비즈니스(Nation's Business)와의 인터뷰를 통해 입찰 과정에서 본인이 경험한 이야기를 소개하였다. 메달리온 사는 250만 달러 규모의 공공 주택공사를 수주하기 위해 다른 회사들과 경합을 벌이고 있었는데 한 지역 하도업체가 제시한 전기공사 견적이 그가 예상했던 금액보다 무려 20%나 낮았고 이 금액은 다른 네 개의 전기 회사가 제시한 금액에 비해 3만 달러나 낮은 금액이었다.

만약 조지가 진정성 있는 사람이 아니었다면 이런 상황에서 결정을 내리기는 쉽지 않았을 것이다. 최저가를 제시한 회사를 선정한다는 것은 곧 전체 금액을 낮게 제시할 수 있다는 뜻이었고 수주로 이어질 가능성이 매우 높다는 사실을 알고 있었지만 그 하도업체의 견적에 실수가 있는 것이 분명했고 잘못된 견적으로 전기공사를 맡은 해당 업체는 큰 손해를 보거나 도산할 가능성도 배제할 수 없었다.

"결정할 시간이 많지 않았습니다." 조지는 말했다. "이러한 입찰 과정에서는 주계약자가 입찰서를 제출하기 불과 몇 시간 전에야 하도 업체들의 견적서를 취합할 수 있기 때문에 하도업체들의 견적을 면밀히 비교하고 검토할 시간적 여유가 없는 경우가 많습니다."

조지는 견적에 실수가 있음을 하도업체 담당자에게 알리지 않는 것은 공정하지 못하다는 것을 알았고 그는 바로 그 하도업체 담당자에게 연락을 취하여 다른 전기공사업체에 손해가 될 수 있는 정보는 공개하지 않고 그 회사의 견적에 실수가 있을 수 있다는 사실을 알려주었고 그 하도업체는 즉시 입찰을 철회하였다.

어쨌든 메달리온 사는 그 공사를 수주하게 된다. 1년 후, 그 하도업체는 또다시 메달리온 사에 낮은 금액으로 입찰서를 제출하였고 이번에도 역시 가격이 다른 업체에 비해 상대적으로 낮았기에 또 실수한 것으로 착각한 조지는 그 사실을 알려주기 위해 담당자에게 다시 연락을 했다. 그런데 담당자는 낮은 가격을 책정한 이유가 실수가 아니며 예전에 문제가 발생할 수도 있는 상황을 공정하게 처리해 준 것에 대한 감사의 뜻으로 특별 할인가를 적용한 것이라고 하였다.

우리의 결정과 행동이 다른 사람들에게 미칠 수 있는 영향을 상상해본다면 우리도 조지가 그랬던 것처럼 다른 사람들을 공정하게 대할 수 있을 것이다. 공정성은 절대 다른 사람이 저지른 고의적 잘못을 모르는 척 하는 것이 아니며 우리가 대접 받고자 하는 대로 그들을 대접하는 것이다.

우리는 생활 전 분야에 걸쳐 통제할 수 없는 상황들에 자주 직면하게 되지만 우리의 자유 의지를 통해 올바른 결정을 내림으로써 우리 자신과 우리의 행동을 통제할 수 있다. 우리가 어떠한 행동을 하기로 결정한다는 것은 자연의 순리에 따른 혹은 하나님의 통치원리에 따른 결과와 보상을 선택하는 것과 같다. 공정하기 위해, 우리는 다른 사람들이 선택한 행동에 대해 보상을 받는 것을 인정해야 하며 동시에 그들이 스스로 선택한 행동에 따른 결과도 감수해야 한다.

공정하다는 것은 다른 사람들의 삶을 있는 그대로 존중해 주는 것을 의미하지만 때로는 그들이 더 나은 삶을 추구할 수 있도록 격려하는 것도 필요하다.

북미 최대 인디언 보호구역에서 일어난 일련의 사건들이 바로 이런 공정성을 잘 설명해 준다. 이 보호구역에 살고 있던 앤디(Andy)와 필리스 첼시아(Phyllis Chelsea) 부부는 그들 자신과 다른 주민들에 대해 공정한 마음과 존경심이 있었기에 그들 삶에 그리고 지역사회에 놀라운 변화를 가져올 수 있었다.

어른 아이 할 것 없이 알코올 중독자가 넘쳐나고 빈곤과 고독으로 절망이 가득한 주민 400 여 명이 모여 사는 그런 우울한 시골마을을 한번 상상해 보라.

알칼리(Alkali) 호수, 슈스왑(Shuswap) 인디언 마을이 바로 그러한 곳이었다. 캐나다 브리티시 콜롬비아(British Columbia) 주 중남부 침엽수 구릉지에 자리 잡고 있는 이 마을은 아무도 관심을 갖지 않는 고립된 마을이었다. 그러한 이유로 정부기관은 물론 민간 자선단체로부터도 외면당하고 있는 상태였다.

특히 알칼리 레이크 보호구역 내 알코올 중독자 비율은 98%에 육박했으며 싸구려 와인조차 구할 돈이 없는 사람들은 맥주를 마시거나 심지어 오렌지 주스에 휘발유를 섞어 마시기까지 했다. 정부 보조금에 의존해 살던 대부분의 주민들은 무직이거나 질병이 있거나 술에 취해 있거나 아니면 이 모든 문제를 가지고 있었다. 인디언 보호구역에서 실직과 건강 문제는 흔한 일이었지만 98%에 육박하는 알코올 중독자 수는 너무나 터무니없는 수치였다. 주변 지역에서 알칼리 레이크를 "알코올 레이크"라고 부른 것도 어쩌면 당연한 일이었는지도 모른다.

교통사고, 다툼, 살인, 학대, 무관심, 질병, 높은 자살률 등 마을의 미래는 암울한 상황이었으며 술에 취해 객사하는 등 어처구니없는 이유로 사람들이 죽어갔다.

어른들의 문제보다 더 심각한 것이 알코올 중독이 어린아이들에게 미치는 영향이었다. 아이들은 종종 부모로부터 버림받고 단열도 되지 않는 허름한 헛간에서 살아야 했으며 한 번은 추위를 피하기 위해 더러운 빨래 더미 속에 몸을 피한 어린 아기가 얼어 죽기 일보 직전에 발견되기도 했다.

부모의 보살핌을 받는 아이들은 매우 드물었다. 갓 태어난 아기들은 어린 엄마의 양수 안에 녹아있는 알코올 성분 때문에 여러 합병증을 가진 미숙아로 출생하는 경우가 많아 태아기 알코올 증후군의 발병률도 믿을 수 없을 만큼 높았다.

바로 이러한 상황 속에서 앤디와 필리스 첼시아 부부는 술을 끊기로 결심했다.

아내인 필리스가 먼저 결단을 했다. 이유는 자신의 여덟 살배기 딸 아이비(Ivy) 때문이었다. 필리스는 정신을 잃을 만큼 만취 상태에서 딸을 잃어버렸고 이 일을 겪으면서 자신의 상황을 진지하게 돌아보게 되었다. 자신을 제대로 관리하지 못한 결과가 사랑하는 아이의 삶을 심각한 상황으로 몰아넣을 수 있다고 생각한 그녀는 술을 끊거나 술을 끊지 못할 경우 아이를 다른 곳으로 보내서라도 행복하게 살 수 있게 하겠다고 스스로에게 맹세했다.

필리스는 바로 그 날로 술을 끊었지만 그녀 자신을 포함해서 그 누구도 그녀의 결심이 얼마나 지속될지 장담할 수는 없었다. 2주가 안 되어 남편인 앤디 역시 술을 끊었으며 그들은 서로를 의지하며 새로운 인생을 살아보기로 다짐했다.

처음에 그들의 목표는 자기들의 인생을 변화시키는 것이었고 그것만으로도 충분히 도전이 필요한 일이었다. 그러나 도전이라는 말 정도로는 그 이후 그들이 직면하게 될 어려움을 설명하기는 부족했다.

술을 끊게 되자 첼시아 가족은 주변 사람들로부터 따돌림을 받게 되었다. 하지만 집념이 강한 앤디는 흔들림 없이 본인의 결단을 지켜나갔다. 누군가가 술을 권하면 권할수록 그의 집념은 오히려 더 강해졌으며 필리스 또한 자녀들과 약속을 생각하며 본인의 결단을 굽히지 않았다.

그들의 결심과 행동으로 인해 참으로 놀라운 일들이 일어나기 시작한다. 앤디는 그 보호구역에서 정신이 말짱한 몇 안 되는 사람 중 하나였기에 부족 회의에서 다른 지역으로 이주하는 추장의 잔여 임기동안 그를 추장으로 임명한 것이다. 물론 당시 추장이 하는 일은 대부분 전통의식과 관련된 일이어서 사람들이 선호하는 직책은 아니었다.

하지만 앤디 머릿속에는 다른 계획이 있었다. 그 직책을 수락한 다음 바로 전면적인 정책 개혁을 시작으로 새로운 프로그램들을 시행하기 시작했고 이는 앤디와 그의 가족들을 향한 비난을 증폭시킬 뿐이었다.

가장 물의를 일으킨 정책 중 하나는 매월 지급되는 정부 보조금을 그의 사무실을 통해서만 지급할 수 있게 한 것이었다. 이렇게 모아진 보조금은 시장에서 알코올 성분이 없는 제품만 구입할 수 있는 증서로 발급되었고 재정의 지원을 조금이라도 받기 원하는 사람은 반드시 먼저 알코올 중독 치료를 받아야 한다는 규정을 만들었다.

이러한 정책에 반대한 앤디의 가장 친한 친구, 프레디 존슨(Freddie Johnson)은 앤디를 죽이겠다고 위협하는 상황까지 가게 되었고 결국 나중에 프레디가 한 발짝 물러서긴 했으나 이들 사이의 긴장상태는 상당 기간 지속될 수밖에 없었다.

앤디와 필리스는 불법적인 경로를 통해 보호구역으로 유입되는 술을 차단하기 위해 경찰과 함께 주변지역의 불법 주류 공급업자들을 단속하기도 했으며 단속을 통해 확보한 상습 위반자들의 명단을 작성하여 당국에 고발하기도 하였다. 그 명단에 이름이 오른 사람들은 연방 주류 법에 의해 기소되어 엄한 처벌을 받을 것이라는 경고도 받았는데 그 명단에는 앤디의 어머니도 포함되어 있었다.

수년이 지나자 첼시아 가족에 대한 위협은 줄어들었고 오랜 친구들 중 일부는 술을 끊기 위한 도움과 지원을 받기 위해서 그들의 집에 찾아오기도 했다. 필리스는 그들이 필요한 치료를 받을 수 있도록 도와주었으며 그를 위해 경비와 치료비를 직접 지불하기도 하였다.

술을 끊고 첼시아 가족을 도와줄 수 사람들이 늘어나자 그들은 건축 환경미화 팀을 구성하고 알코올중독 치료를 받기로 동의한 부족 주민들의 집을 수리하고 창고에 필요한 물건들을 공급해 주었으며 그들이 치료를 받기 위해 보호구역을 떠나 있는 동안에 집에 남겨진 자녀들은 첼시아 가족이 직접 먹이고 돌봐 주었다.

이러한 치료는 항상 자발적으로 이루어지지는 않았다. 아직 치료를 시작하지 않은 부모로 인해 안전에 위협을 받는 아이들은 그들의 부모가 치료에 동의할 때까지 양육권을 법적으로 박탈하는 극단적인 방법을 사용하기도 하였다. 필리스는 종종 이러한 행동에 앞장서서 소송을 이끌고 알코올 중독자들의 집에 찾아가 그들을 설득하고 안내하는 일도 하였다.

하지만 보호구역 밖에서의 치료만으로는 부족했다. 보호구역 안에서 그들을 안내하고 지원할 곳이 필요했다. 이를 위해서 첼시아 가족은 마약 및 알코올 중독 상담가인 가톨릭 신자 에드 린치(Ed Lynch)를 만나게 되었고 그는 그곳에 알코올 중독 치료 프로그램을 개설하고 수

년에 걸쳐 필요한 직원들을 충원해 나갔다.

한때 허물어져가는 빈민가였던 알칼리 레이크에는 이제 깨끗하고 안전한 집과 농업 협동조합, 탁아소, 도서관, 학교 등 새로운 건물들이 들어서 있다. 한때는 술을 충당하는데 사용되던 건축 보조금이 이제는 이 마을의 재원이 되었다. 놀랍게도 몇 년 전에 앤디를 총으로 죽이겠다고 협박하던 그의 술주정뱅이 친구 프레디 존슨이 이 지역 학교의 교장이 되었다.

첼시아 가족이 성공적으로 수행한 많은 사업과 활동 중 가장 눈에 두드러진 성과는 앤디와 필리스가 처음 술을 끊기로 결단한 날로부터 13년이 지난 후 이 지역 주민의 95%가 공식적으로 알코올 중독으로부터 회복되었다는 사실이다. 물론 보호구역 안의 문제가 모두 사라진 것은 아니지만 적어도 이 마을 사람들이 문제를 대처하고 해결해 나가는 방법만큼은 놀랍게 개선되었다.

앤디와 필리스는 이 모든 성공이 부족 개개인이 자신의 명예를 굳게 믿었기 때문이라고 말하고 있다. 첼시아 가족이 마을 사람들로 하여금 술을 끊을 수 있도록 여러 가지 강압적인 방법을 동원한 것이 자유로운 선택을 할 수 있는 그들의 권리를 존중하지 않았으므로 공정하지 못한 처사였다고 주장하는 사람이 있을지도 모르겠다. 하지만 나는 그들이 본인의 선택에 스스로 책임을 지게 하였고 그들이 선택한 행동의 결과를 여과 없이 바라보게 함으로써 스스로 올바른 선택의 기회를 주었으므로 그들을 진실하고 공정하게 대했다고 믿는다. 또한 그들은 마을 주민들의 잠재력을 끝까지 믿어주었고 심지어 그들이 알코올에 의존하며 살아가는 어려운 상황에서도 그 희망의 끈을 놓지 않았다.

다른 사람을 공정하게 대한다는 것은 책임감을 가지고 행동하는 것이며 우리 자신의 행동에 책임을 지는 것이기도 하다. 공정은 남에게 요구만 하는 것이 아니라 스스로 필요를 충족시키기 위해서 최선을 다하는 것이다.

다른 사람들이 성장할 수 있도록 기회를 주는 것, 능력을 발휘할 수 있는 권리를 존중해 주는 것, 능력을 인정하고 더욱 개발할 수 있도록 격려하는 것, 그리고 노력에 대한 합리적인 보상을 제공하는 것 등이 모두 공정하게 행동하는 것이라고 할 수 있다.

또한 공정이란 결혼 관계에서든 직장에서든 친구 관계에서든 최선을 다해 그들의 필요를 충족시키는 것을 의미하기도 하며 우리가 동의하든 동의하지 않든 간에 우리가 소속되어 있는 조직이나 사회가 정하고 합의한 정책과 절차를 존중하는 것도 포함된다.

배우자에게 집에 늦게 들어갈 것이라고 연락을 하거나 차선을 변경하기 전에 깜빡이를 켜는 배려도 공정일 수 있으며 사람들을 등 뒤에서 비난하지 않고 직접 말하며 우리의 자녀, 배우자, 친구 혹은 직장 동료의 말을 경청하는 것도 공정이다.

암웨이에서는 직원들이 정기적으로 모여 이야기를 나누는 시간이 있는데 우리는 이 시간을 "터놓고 말하기(Speak Up)"라고 부른다.

이러한 모임을 갖는 이유는 이 시간을 통해 직원들은 허심탄회하게 업무 전반에 걸친 이야기와 피드백을 나누고 회사는 직원들의 보상과 혜택 등이 공정한지를 수시로 확인하고 있다. 우리는 이러한 소통을 통해 서로 신뢰할 수 있는 열린 문화와 공정한 업무 환경을 조성하고 있다.

다른 사람을 공정하게 대하기 위해서는 소통이 매우 중요하며 필요한 정보, 생각 및 느낌을 적절한 순간에 교환하는 것도 중요하다. 공정이란 직원들에게 회사에 관련된 필요한 정보를 정기적으로 제공하는 것이다. 우리 회사의 "터놓고 말하기"모임에서는 이미 내려진 결정에 대해서 토론할 수 있는 기회를 제공한다. 공정이 모두를 만족시키는 것 혹은 모든 사람의 절대적 합의를 이끌어내는 것과 혼동되어서는 안 되겠지만, 내려진 결정에 대해 토론하고 그러한 결정을 내린 이유를 설명하는 것은 공정한 것이다. 그리고 우리가 직원들을 공정하게 대할 때 그들도 우리를 공정하게 대할 것이라는 믿음이 있다.

마지막으로 공정은 다른 사람들을 공손하게 대하는 것이다. "미스 매너스(Miss Manners)"칼럼의 저자인 주디스 마틴(Judith Martin)은 역사적으로 공익을 위해서 개인의 행동을 규제하는 수단으로써 에티켓(etiquette) 즉 예의가 법보다 먼저 사용되었다고 하였으며 18세기 영국의 정치가였던 에드몬드 버크(Edmund Burke) 역시 "예의는 법보다 중요하다"고 말했다.

나는 예의 바른 것과 공손함이 흔히 이야기하는 에티켓과는 반드시 같은 것은 아니라고 생각한다. 물론 에티켓이 남에 대한 배려와 무관하다고는 할 수 없으나 내가 다루고자 하는 예의는 조금 더 다른 사람의 감정과 생각 그리고 의견의 존중에 관한 것이다.

우리의 헌법은 언어의 자유를 보장하며 우리의 의견을 마음껏 피력할 수 있는 개개인의 권리를 보호하고 있다. 하지만 다른 사람을 학대하거나 무시하고, 마음을 상하게 하거나 화나게 하려는 의도로 이 자

성장하는 리더의 핵심가치

유를 이용해서는 안 된다. 물론 우리가 원한다면 헌법이 이를 막지는 못하겠지만, 그것은 절대로 옳은 일이 아니다.

미국이 기초를 수립한 공식 문서에 시민의 권리를 정의하고 보호하고 있는 나라인 것은 맞지만, 우리 모두가 다른 사람들의 권리를 존중하고 우리가 남에게 대접받고자 하는 대로 남을 대접하려면 예의와 공정이 반드시 필요하다. 공정은 서로를 존중하고 명예를 지킬 수 있는 가장 멋진 방법이다.

4

동정심
Compassion

Compassion 에 대한 검색 결과 입니다.

Compassion
미국·영국 [kəmˈpæʃn]

[명사] 1.동정 2.연민 3.측은하게 여기는 마음

Compassion

동정심 은 아픔을 나누는 것을 의미한다. 이는 연민을 느끼고 공감하며 그들의 고통을 없애거나 덜어 주고자 하는 마음이다. 동정심이 있으면 우리가 옳은 일을 할 때 더 큰 용기를 낼 수 있다.

이러한 이유로 동정심은 진정성을 위해 꼭 필요한 마음이다. 이 마음을 품으면 자연스럽게 남들이 잘되기를 바라게 된다. 동정심은 지성에서 비롯되는 것이라기보다는 마음이 겉으로 표현되는 것이라고 할 수 있다. 마음을 표현하는 방식은 사람마다 다르지만, 모두가 다 잘되기를 바라는 마음은 이 가치가 가져다주는 가장 자연스러운 결과 중 하나이다.

하지만, 이러한 마음을 갖기 위해서는 다른 사람에 대한 인식이 중요하다. 우리가 평등하게 창조되었음을 더 깊이 이해할수록 그에 비례하여 다른 사람에 대해 느끼게 되는 동정심도 커진다고 나는 믿는다. 다른 사람의 상황 즉, 그의 현재와 과거 그리고 그가 직면한 어려움을 그들의 입장에서 바라볼 수 있다면 그들이 처한 상황을 더 잘 이해하게 될 것이며 동정심도 자연스럽게 생길 것이다.

지배 계층과 하류 계층이 극명하게 분리된 사회를 살펴보면 이 점이 더 분명해진다. 보통 지배층에 속한 사람들은 서로에 대해서는 진심에서 우러나온 깊은 동정심을 나타내는 경향이 있는 반면 다른 계층에 속한 사람들에 대해서는 그러한 감정을 거의 느끼지 못하거나 나아가 잔인하다고 느낄 만큼 비인간적으로 취급하기도 한다.

불교의 교리에 따르면 동정심은 열반에 이르는 네 가지 상태 중 하나이다. 그런가 하면 예수는 병든 사람들을 고치거나 굶주린 사람들을 먹이는 등 행동으로 동정심을 실천한 최고의 본보기라 할 수 있다. 성경에는 이렇게 적혀있다. '저마다 자기형제에게 긍휼과 동정심을 베풀고' 성경에서 이야기하는 두 가지 가장 큰 계명은 '네 마음을 다하고 목숨을 다하고 뜻을 다하고 힘을 다하여 주 너의 하나님을 사랑하라.'와 '네 이웃을 네 자신과 같이 사랑하라'는 것이다.

앞서 말한 것처럼, 바로 이러한 정신이 독립선언문의 핵심을 이루고 있으며 다음과 같이 우리의 권리가 어디에서 기인한 것인지 정확히 명시하고 있다. '모든 사람은 평등하게 창조되었으며 창조주로부터 양도할 수 없는 권리를 부여받았다는 진리를 믿는다.' 모든 인간이 하나님에 의해 평등하게 창조되었다는 사실을 기억한다면 동정심은 더욱 자연스럽게 받아들여진다. 그 이유는 우리 모두가 하나님의 창조물이므로 본질적으로 서로에 대한 공통점을 이해할 수 있기 때문이다.

다른 사람과의 공통점을 인식하면 그들의 권리를 동정심을 가지고 지켜줄 가능성이 커진다. 만약 다른 사람들이 비난당하거나, 나쁜 사람으로 내몰리거나, 인간 이하의 취급을 당하거나 하면, 그들은 인간성을 빼앗기는 것이다. 이러한 행동은 동정심을 빼앗는 행위이기 때문에 나는 인종차별, 국적 혹은 성별에 관한 고정관념을 강력히 반대한다.

마틴 루터 킹(Martin Luther King) 역시 모든 사람은 평등하다는 사실을 잘 이해하고 있었다. 그가 보여준 권리와 자유를 위한 헌신적 노력은 참으로 존경스럽다. 닥터 킹은 유명한 "나에게는 꿈이 있다" 연설에서 언젠가 모든 사람들이 "피부색이 아닌 개개인의 인간성"에 따라 평가받아야 한다고 주장하였다.

동정심이란 애타주의를 가장한 이기심과 다를 것이 없다고 생각하는 사람들은 뭔가 오해하고 있는 것이다. 자선과 자원봉사에 대한 최근의 연구는 내가 마음속에 믿고 있고 개인적으로 경험한 것, 즉 우리 자신에게 보상이 따르든 그렇지 않든 간에 다른 사람의 최선의 유익을 위해 행동할 수 있는 역량이 있다는 점을 지지해 준다. 우리 주위에는 자신들을 위한 대가를 바라지 않으면서 정기적으로 다른 사람들을 위해 선행을 베푸는 사람들이 많이 있다.

그러나 불행하게도 우리의 문화 전반에 걸쳐서 또는 일상에서 동정심을 표현하는 일이 점점 줄어들고 있으며 실제로 사라지고 있기 때문일 것이다.

동정심이 남을 위하는 척하면서 자기만족을 추구하는 것이라고 오해하는 사람들이 있는데 이는 잘못된 생각이다. 최근 자선과 자원봉사에 관한 연구결과는 사람들이 보상과 상관없이 남을 위해 선행을 베풀고 헌신할 수 있는 사람들이 많을 것이라는 나의 믿음과 경험을 뒷받침해준다.

하지만, 동정심을 느끼는 정도는 사람에 따라 다를 수 있으며 그런 마음이 생겼다고 다 행동으로 옮기지도 않는다. 안타깝게도 우리는 우리의 일상 속에서 동정심이 생기려고 해도 그 마음을 스스로 격려하고 소중하게 여기며 잘 표현할 만큼 마음의 여유가 없다.

요즘은 그 어느 때보다 사람들 간의 대화나 소통이 부족하다. 우리가 흔히 경험하게 되는 관계라고 해봐야 계산대에서의 낯선 만남, 기차나 비행기 옆자리에 앉아 있는 사람과의 만남, 그리고 인터넷상에서의 만남 정도일 것이다. 아이들은 더 이상 친구들과 만나 학교에 걸어가지 않는다. 대신 부모가 학교 또는 어린이집 앞까지 바래다 주고 버스로 통학을 하는 경우에도 동네에서 거리가 있는 학교로 가는 아이들이 많아 동네에서 함께 뛰어놀 친구들이 없다. 사실상 이웃이라는 개념이 사라진 것처럼 보인다. 이웃에 사람들이 살더라도 그들은 그저 우편함에 적혀있는 이름일 뿐이다. 한편, 장거리 이동인구의 증가로 주변 사람들과 오래 지속되는 관계를 형성하기는 점점 더 어려워지고 있다. 외출이 줄어든 사람들은 TV에서 무분별하게 쏟아지는 폭력적이고 성적인 장면에 지속적으로 노출되다 보니 실제로 그들의 삶 속에서 직면하게 될 많은 문제들에 대한 현실감각을 잃어버린다. 결과적으로 세상과 격리되고 점점 더 고립되어가며 동정심까지 상실해 가고 있다.

하지만 잃어버린 것은 다시 찾으면 된다. 많은 사람들이 동정심을 되찾으면 우리 사회가 얼마나 변화할 수 있는지 깨닫게 된다면, 우리는 그 마음을 간절히 사모하게 될 것이고 반드시 찾게 되리라는 것을 믿는다. 그러기 위해서 우리는 '네 이웃을 너 자신과 같이 사랑하라'

성장하는 리더의 핵심가치

는 메시지를 가슴 깊이 새기고 실천하려고 노력해야 하며 그러한 마음이 생길 때 비로소 '옳은 일'을 행할 의지와 용기를 갖게 되어 나뿐만 아니라 내 이웃의 자유와 권리까지 지킬 수 있게 되는 것이다.

이러한 인식이 동기가 되어 MADD(Mothers Against Drunk Driving : 음주운전을 반대하는 어머니들의 모임)를 만든 사람들은 '희생자 정기모임'을 매달 진행하고 있다.

로스앤젤레스 타임즈(Los Angeles Times)의 보도에 따르면, 적어도 LA의 20개의 카운티에서는 운전자들에게 정식 판결 외에도 이러한 모임에 참석하여 음주운전 피해자를 만나도록 판결하고 있다고 한다.

한 월례모임에 음주 운전법을 위반한 250여명의 초범자들이 참석하였다. 젠 세인트 미첼(Jan St. Michel)이 가장 먼저 연단에 등장하여 19세 딸 로빈(Robin)의 사고 전과 후의 모습이 담긴 사진을 보여주었다. "여기 내 작은 천사가 병원 침대에 누워있는 모습입니다. 코와 머리에 튜브를 꼽고요…" 젠은 이렇게 말하면서 딸이 의식불명이 된 사진을 보여주었다.

로빈은 독립기념일 파티를 끝내고 집으로 돌아오던 중 음주차량이 그녀의 차를 들이받았다. 그 운전자는 이미 여섯 캔의 맥주를 마신 상태에서 떨어진 술을 사러 가는 길이었다. 젠은 의사들이 자기 딸을 살리려고 애쓰던 몇 시간 동안 어떤 심정이었는지 설명했다. 그녀가 로빈을 다시 보게 되었을 때는 이미 생명이 위독하여 의료장비에 의지하여 숨을 간신히 이어가고 있었다. 그 후 그녀가 숨을 거두기 전 이틀 동안 그 옆자리를 지키며 로빈의 손을 잡고 놓지 않았던 이야기를 하면서 눈물을 흘렸다. 젠이 그녀의 고통, 슬픔, 그리고 상실감을 이야기하자, 처음 왔을 때 농담을 하고 지루해 보였던 사람들도 미동 없이 그녀의 말에 귀를 기울이거나 눈물을 닦고 있었다.

다음 무대 위에 올라온 것은 미셸 새퍼(Michele Sapper)였는데 그녀는 창백하고 사고를 당한 듯 얼굴의 형태가 약간 정상이 아닌 30대 여성이었다. 그녀는 청중을 향해 한 장의 사진을 들어 보였다. 그 사진에는 적당히 태닝한 날씬한 여인이 아름다운 미소를 짓고 있었다. 그녀는 힘들게 말을 이어갔다. "저의 사고 전 모습입니다."

미셸은 대학교에서 아동심리학을 전공하며 대학원을 준비 중인 3학년 학생이었다. 그러다가 어느 날 1톤 픽업트럭과 부딪히는 사고를 당했다. 그녀의 차와 충돌한 음주운전자는 브레이크도 밟지 않은 통제 불능 상태로 그녀의 차를 어느 집 정원까지 밀고 들어갔다.

그 충격으로 그녀의 뇌가 두개골에 부딪히게 되어 그녀는 그 후 2개월간 혼수상태에 빠져있었다. 그러나 미셸은 의사의 부정적인 예상에도 불구하고 그 상황을 극복하며 다시 걷기 시작하였다. 하지만 그녀는 단기 기억상실 증세를 보였고 혼수상태로 인한 발작 때문에 고통을 받게 되었다. "제 앞에는 멋진 미래가 놓여 있었습니다. 적어도 저는 그렇게 생각했습니다." 미셸은 청중에게 말했다. "그러한 무책임한 행동은 결코 다시는 일어나지 말아야 합니다." 미셸이 연설하는 동안 그는 청중들을 바라보았지만 많은 사람들이 그녀의 눈을 쳐다볼 면목이 없어서 그저 바닥만 내려다보고 있었다.

아이리스 조지(Iris Giorgi)가 다음 차례였다. 그녀의 두 딸이 하키 게임을 보고 나오는 길에 음주운전자가 교통경찰의 수신호를 무시하고 횡단보도를 지나가던 사람들을 향해 돌진했다. 큰 딸인 린마리아

성장하는 리더의 핵심가치

(Lynnmaria)는 빠르게 달려오는 차를 보자마자 그녀의 여동생 산드라 (Sandra)를 옆으로 밀쳐내고 차를 피하려고 하였으나 차는 여러 명의 팬들을 튕겨내며 그녀를 밀고 들어왔다. 차가 정지하고 놀란 팬들이 몰려와 차를 들어 올리고 그녀를 구하기 전까지도 그녀는 차 밑에 깔려 있는 상태였다.

이 사고로 인해 린마리아는 왼쪽 귀와 두피의 일부를 잃었고, 양쪽 폐와 방광 손상, 척추 골절, 그리고 왼쪽 팔이 부러지는 중상을 입었다.

아이리스와 그녀의 남편이 병원에 도착했을 때 둘째 딸 산드라는 행방조차 알 수가 없었고 시간이 지나서야 산드라가 옆 병원에 입원하였다는 소식을 듣게 되었다. 알고 보니 그녀는 골반이 골절되고 머리에 큰 상처를 입었으며 두 번이나 소생술을 받아야만 했다고 한다.

아이리스는 그녀의 두 딸이 살았다는 것이 얼마나 기뻤는지, 하지만 그들이 여생을 사고의 후유증으로 만성통증과 질환 속에서 살아야 한다는 것이 얼마나 비극적인 일인지를 설명하였다.

모임이 끝날 무렵 MADD 자원봉사자 중 한 명이 일어나 음주운전 위반자들이 이 모임에 참석한 것은 피해자인 젠, 미셸, 아이리스와 그들의 가족에게는 허락되지 않는 두 번째 기회를 얻기 위함이라는 것을 일깨워줬다. 250명의 참석자들은 침묵 속에 자리를 떠났고 일부 사람들은 잊고 싶은 과거를 기꺼이 나눠준 그녀들에게 감사의 악수를 건네며 안아주었다. 그중 한 남자는 젠에게 다가와 젠과 함께 눈물을 흘리며 "나는 내가 다른 사람에게 고통을 주지 않았다는 것이 얼마나 다행이고 감사한지 몰라요."라는 말과 함께 다시는 음주운전을 하지 않겠노라고 다짐하였다.

법원의 결정으로 인해 음주운전 위반자들은 강제로 그 모임에서 피해자들의 말을 들어야만 했다. 하지만 그들의 이야기를 들으며 입장을 바꿔 생각하게 되었으며 그들이 처한 상황을 조금 더 이해하고 동정심을 갖게 되었다. 이러한 마음은 분명히 그들이 자신들의 잘못을 뉘우치고 다시는 같은 실수를 반복하지 않게 도와줄 것이다.

이러한 마음이 필리스 첼시아에게 술을 끊을 수 있는 용기를 주었고 그녀의 아이들, 남편, 그리고 그녀 자신을 위해서도 옳은 선택을 할 수 있게 해주었다. 그녀의 부모도 알코올 중독자였고 그녀가 딸을 잃어버렸던 것처럼 그녀의 어머니도 비슷한 경험을 한 적이 있었기 때문에 그 짧은 순간이 얼마나 끔찍한 경험인지 알고 있었다. 또한 앞에서 언급한 에이치 비 풀러(H.B. Fuller)사의 비서 로린다 터커가 고객을 도와준 것도 곤경에 빠진 고객에게 동정심을 가졌기 때문에 본인이 굳이 하지 않아도 될 일들을 기꺼이 하게 된 것이다. 그리고 톰과 폴라인 니처 부부 역시 회색 가방을 분실한 한 낯선 사람의 심정을 헤아릴 수 있었기에 주인을 찾아 나서는 의지가 생긴 것이다.

이러한 동정심은 지금까지 예를 든 상황들을 통해서 보더라도 재력이 있는 사람들만 갖는 것이 아님을 알 수 있다. 전 교육부 장관인 윌리엄 베넷(William Benett)은 이렇게 말했다. "동정심은 힘이 있는 자나 평범한 자, 모두의 능력 안에 존재한다."

동정심은 참으로 다양한 모습으로 표출된다. 말과 행동으로 표현되기도 하고 친구의 어려움을 들어주는 행동도 이러한 마음에서 비롯될 수 있으며 교차로에서 파란 신호가 바뀌었는데도 출발을 못하고 당황하고 있는 운전자에게 경적을 울리지 않고 기다려주는 것 일 수

성장하는 리더의 핵심가치

도 있는 것이다. 동정심은 다른 부모가 휴식이 필요할 때 아이를 잠시 돌보아 주고 싶게 만들기도 하고 도서관이나 병원에서 자원봉사를 하거나 아니면 단순히 피곤해 보이는 사람에게 자리를 양보하고 싶은 충동도 일으킨다.

이와 같이 생활 속에서 다른 사람에게 동정심을 표현할 기회는 적지 않지만 그 마음을 진정성 있게 행동으로 옮기고자 하는 나의 의지가 없다면 결코 누군가에게 다가갈 수 없다.

동정심은 MADD 단체의 사례를 통해 알 수 있듯이 충분히 학습될 수 있지만 이러한 따뜻한 마음을 잘 키워나가기 위해서는 우선 나에 대한 동정심을 갖는 것이 중요하다. 동정심은 결코 억지로 요구할 수 없고 누군가와 공감하는 것으로부터 시작되기 때문이다. 우리 모두는 자라온 배경과 상관없이 사랑, 슬픔, 고통, 자부심, 기쁨 및 행복을 경험해 보았을 것이다. 이러한 사실에 동의한다면 누구나 동정심을 가질 수 있다. 코리 린과 게리 플레이어 부부의 집에 2개월 된 에스키모 아기와 두 살 반 된 그의 언니를 앵커리지 알래스카 어린이 보호소에서 데려다 키우게 만든 것도 이러한 마음 때문이었다. 플레이어 가족이 처음 아이들을 만났을 때 아기는 아기의자에 앉아 울고 있었고 언니는 그 옆에 반항적인 모습으로 앉아 있었다. 아기 세리(Sherri)와 돌리(Dolly)라고 불리던 에스마랄다 게이(Esmaralda Gay)는 부모로부터 버림을 받은 아이들이었으며 그들을 키워줄 부모가 필요한 상태였다.

두 아이는 앵커리지의 한 골목에서 발견되어 보호소로 옮겨진 아이들이었다. 돌리는 이가 잇몸까지 썩어 있었고 세리는 굶주림에 왜소한 모습이었다. 몸에 멍이 들어 있는 것을 보아 성적 학대를 받은 것으로 의심되었다.

세리와 돌리를 돕는 일은 길고 힘들었으며 플레이어 부부는 그 힘든 과정을 통해 많은 교훈을 얻었다. 가장 슬펐던 일은 아기 엄마가 임신 중 마신 술 때문에 아기에게 알코올 중독에 의한 금단현상이 나타나 이에 대처해야만 하는 것이었다. 더 슬픈 것은 이 증상의 유일한 치료 약이 동정심과 인내심이었다는 사실이다. 아이는 종종 몸을 떨며 목이 쉴 때까지 울었고 어떻게 해도 달랠 수가 없었다. 아이들은 자라면서 학습 장애를 겪었으며 이를 극복하기까지는 많은 시간과 관심이 필요했다. 물론 노력한다고 학습장애가 완전히 개선되는 것은 아니었다.

하지만 코리와 게리에게 가장 힘들었던 순간은 법적인 문제로 두 아이를 갈라놓아야 하는 상황에서도 무기력하게 그저 바라볼 수밖에 없는 것이었다. 둘째 세리가 새로운 집으로 보내졌을 때 돌리는 큰 충격을 받았다. 하지만 세리를 입양한 부부가 그 아기가 언니와 떨어진 후 울음을 그치지 않는다는 이유로 몇 주 후 다시 데리고 왔을 때는 하나님의 뜻이라고 생각했다.

코리와 게리는 이 두 아이들을 더욱 사랑하게 되었고 아이들 역시 그들과 더 많은 유대감이 생겼다. 부부의 헌신적인 사랑으로 인해 아이들은 그들의 짧은 인생 속에서 처음으로 안정감을 느낄 수 있었다. 플레이어 부부는 이 아이들을 누구보다 잘 돌볼 수 있을 것이라 생각했지만 아이들을 입양하려고 해도 사회 복지과에서는 양육을 한 부모가 입양하는 것을 허락해주지 않았다.

플레이어 부부는 아이들을 입양하기 위해 수단과 방법을 가리지 않았다. 지역 소아과 의사의 협조로 좋은 방법을 찾을 때까지 의료 기록의 발급을 지연해주기로 약속했지만 얼마 지나지 않아 그럴 필요가 없어졌다.

일 년도 지나지 않아서 아이들의 생모가 알코올 중독으로 사망하였으며 아이들의 권리를 포기했던 생부도 실종된 것이다. 순간 아이들의 신분이 부모가 없는 자매가 되었고 규정에 따라서 플레이어 부부가 입양할 자격을 갖게 된 것이었다. 플레이어 부부는 곧바로 아이들을 입양하기 위한 절차를 진행하였다.

플레이어 부부의 동정심으로 인해 세리와 돌리는 새 생명을 얻었고 그들의 미래가 보장되었다. 수년간의 지원과 상담으로 인하여 돌리는 결혼하여 행복한 삶을 누리고 있고 네 자녀를 둔 어머니가 되어 있다. 그리고 알코올 중독 증후군으로 인해 심각한 학습 장애를 겪던 세리 역시 고등학교를 졸업하고 대학에 진학하였으며 지금은 결혼하여 두 자녀를 두고 행복하게 살고 있다.

공정하다는 것은 타인에게 기회를 제공하고 능력을 최대한 발휘하여 번창할 수 있도록 격려하는 것이다. 게리와 코리 플레이어 부부가 그들의 역할에서 한 발 더 나아가 두 아이에게 결코 누리기 힘든 기회를 제공할 수 있었던 것은 그들에게 동정심이 있었기 때문이다. 그 마음이 있었기에 헌신적인 약속을 지킬 수 있는 힘과 용기를 얻을 수 있었던 것이다.

그렇다면 동정심이란 한 마디로 어떤 마음일까? 타인을 잘 돌보는 마음일까? 아니면 첼시아 부부나 플레이어 부부가 한 것처럼 스스로 자립하여 자신을 돌볼 수 있도록 가르치려는 마음일까? 일반적으로 동정심은 타인을 잘 돌보고 싶어지는 마음이라 생각하기 쉽다. 하지만 암웨이 사업자들에게 동정심은 조금 다른 의미를 지닌다. 누군가가 자립할 수 있도록 도와주는 것, 그리고 그들의 잠재력을 믿고 그 능력을 마음껏 발휘할 수 있도록 사업적인 도움을 주는 것이야말로 진정한 동정심이라고 믿고 있는 것이다.

동정심을 품었다고 다른 사람에게 고통을 절대 주지 않는 것은 아니다. 플레이어 부부나 첼시아 부부가 겪은 일들은 관련된 사람들에게 많은 고통을 주었다. 우리 주변에서도 흔히 실직이라는 가슴 아픈 경험을 했지만 나중에 다른 직장으로 옮긴 후 더 큰 행복과 보람을 얻게 되는 사람들이 있을 것이다. 결과적으로 보면 실직이 그들의 인생에 있어 가장 드라마틱한 전환점이 되었다고 고백하게 되는 경우도 있을 수 있다는 것이다.

우리가 남을 위해 변명을 해주면서 동정심을 느낀다고 말할 수는 없다. 그런가 하면 스스로 자립할 수 있는 사람들을 끝없이 돌봐 주는 것 역시 그들을 도와주는 것이 아니다. 암웨이 회사 직원들 중에는 육체적 또는 정신적 장애가 있는 사람들이 있다. 그들은 자신들의 능력 내에서 할 수 있는 일을 찾아 하고 있으며 본인이 맡은 일에 대한 책임도 함께 주어진다. 결과적으로 그들은 당당하게 맡겨진 일을 처리하며 자부심을 갖고 회사 생활을 해 나갈 수 있는 것이다.

개인의 능력과 상관없이, 그들의 잠재력은 자립심과 책임감 없이는 절대로 발휘될 수 없다. 누군가를 의존적으로 만드는 것은 결코 그들을 긍휼히 여기는 것이 아니다.

동정심은 우리의 가슴 깊은 곳에서 우러나온다. 그럴 경우에만 우리가 속해 있는 가족, 회사, 그리고 지역사회를 감동시켜 행동으로 이어지게 만들 수 있다. 동정심은 누군가로 하여금 자립을 통해 자유를 누릴 수 있도록 용기를 줄 수 있으며 우리가 옳은 일을 할 수 있도록 머리가 아닌 가슴에서 끊임없이 신호를 보내며 지금 이 순간에도 응원의 메시지를 보내고 있는 것이다.

5

용기
Courage

Courage 에 대한 검색 결과 입니다.

Courage 미국식 [ˈkɜːr-] ◀) 영국식[ˈkʌrɪdʒ] ◀)
[명사] 1.용기 2.용감

Courage

용기는 일반적으로 영웅적인 행동과 관련이 있다. 예를 들어 불타는 자동차 안에서 어머니와 아기를 구해 낸 운전기사나 비상사태에 신속히 대처하여 학생의 생명을 구한 선생님 등의 행동이 그렇다. 의심의 여지없이 이러한 영웅적인 행동은 칭찬과 관심을 받아 마땅한 행동들이다. 하지만 내가 말하고자 하는 용기는 이러한 종류의 용기가 아니며 일상생활에서 나타나는 용기 즉, 우리의 신념을 실천하는 도덕적 용기이다. 이러한 용기는 아드레날린이 분출되어 발휘되는 것이 아니라 옳은 일을 해야 한다는 굳은 신념으로부터 비롯되는 것이다.

나의 아버지는 인생은 몇 번의 중요한 결정이 아니라 수없이 많은 작은 결정으로 이루어져 있다고 내게 말씀하신 적이 있다. 우리는 매일매일 삶 속에서 작은 용기들을 발휘하며 사는데 그럴 때마다 약간의 대가가 따른다. 그것이 자존심에 흠집이 나는 것이든 누리고 있는 편안함을 양보해야 하는 것이든 아니면 생계의 일부분을 희생해야 하는 것이든 용기를 발휘할 때는 종종 무엇인가를 내려놔야 하는 경우가 있다. 도덕적 용기란 무엇인가를 잃을 수 있는 상황에서도 진실을 말하는 것이며 다수의 반대 의견 속에서도 소신 있게 나를 표현하는 것이다. 도덕적 용기는 두려움 또는 유혹으로 인해 방향을 틀지 않고 우리를 한 방향으로 나아가게 해준다. 우리에게 용기가 있다면 우리는 어려움 속에서도 침착하고 힘차게 전진할 수 있다.

단어 용기(Courage)에서 '코르(cor)'는 라틴어로 심장, 즉 핵심을 의미한다. 우리는 어떤 사물의 중심 혹은 근본적인 부분을 가리킬 때 '핵심'이라는 말을 쓴다. 그러므로 도덕적 용기는 우리가 정직해지거나 신뢰할 수 있는 사람이 되거나 공정하게 남을 대하기 위해서 가져야 하는 진정성 있는 성품의 핵심이라고 해도 과언이 아닐 것이며 동정심을 갖기 위해서도 용기가 필요하다. 플라톤은 용기의 가치를 매우 높이 평가하여 기본 덕목 중 하나로 분류하였다.

용기는 정당한 이유가 있을 때 옳은 일을 할 수 있도록 도와주며 용기는 그리스도교 믿음의 중요한 핵심가치다. 그리스도인들은 원치 않는 결과를 피하려고 또는 개인의 이득을 위해서가 아니라 사랑과 하나님에 대한 순종하는 마음 그리고 이웃에 대한 사랑을 위해 옳은 일을 하는 것을 원한다.

우리가 용기 있는 행동을 할 때 더 큰 내적 자유를 누리게 된다. 옳은 일을 하면 깨끗한 양심으로 살아갈 수 있으며 죄책감과 불안함으로 염려할 필요가 없다. 우리가 정직하여 신뢰할 수 있는 사람이 되고 공정함과 동정심을 가질 수 있다면 더 이상 거짓말을 하거나 남을 속이는 사람으로 오해받을 일도 없을 것이다. 신념에서 우러나온 용기만큼 우리의 신념을 잘 증명하는 것은 없다. 신념에서 나오는 용기는

성장하는 리더의 핵심가치

참으로 강력하다. 토머스 제퍼슨(Thomas Jefferson) 역시 "용기를 가진 한 사람은 다수의 힘을 가졌다"라고 표현했다.

우리의 신념이 크면 클수록 옳은 일을 할 수 있는 자신감은 더 커질 것이며 용기를 발휘할 수 있는 상황은 더 다양해지고 많아질 것이다.

우리가 실천할 수 있는 용기 있는 행동은 여러 가지 상황에서 다양한 형태로 나타날 수 있다. 용기 있는 행동에는 우리의 잘못과 완전하지 못함을 인정하는 것, 사회가 관심을 가져주지 않는 약자에게 동정심을 갖는 것, 내 책임을 남에게 전가시키지 않는 것, 다른 사람의 장점을 인정하는 것, 화를 잘 참아내는 것, 최선을 다해 앞으로 나아가는 것, 대가 없이 주는 것, 달성하기 힘들어 보이는 목표를 위해 노력하는 것, 싸움이 일어날 것 같은 상황에서도 평화를 유지하는 것, 내 편이 없는 상황에서도 옳은 일을 위해 싸우는 것 등이 있다.

도덕적 용기는 우리가 스스로의 감정에 더 솔직해질 수 있는 힘을 주기에 바보처럼 보일 수 있는 상황에서도 웃을 수 있고, 나약한 사람으로 보일 수 있는 상황에서도 눈물을 흘릴 수 있고, 거절당할 수 있는 상황에서도 필요한 것을 요구할 수 있고, 나와 함께하지 않는 사람들을 향해 도움의 손길을 내밀 수 있고, 실망할 위험이 있는 상황에서도 희망을 이야기할 수 있고, 사랑을 되돌려 받지 못하는 상황에서도 사랑할 수 있는 것이다.

도덕적 용기를 설명할 수 있는 이야기는 차고 넘친다. 3대에 이어 담배농사를 하던 농부가 흡연이 많은 가정에 문제를 일으킨다는 사실을 인식하고 옥수수를 심기로 결정한 것도 도덕적 용기이고 수천 명의 직원들이 직장을 잃을 수 있기 때문에 수익성이 좋은 사업제안을 거절한 주주들의 결정도 도덕적 용기라고 할 수 있다.

인디애나(Indiana) 주 그린우드(Greenwood)에 사는 조나단 비어드(Jonathan Byrd)는 많은 어려움과 반대 속에서도 그가 생각하는 원칙과 가치를 반영할 수 있는 독특한 음식점을 개업하였다. 그는 고객들이 편안하게 식사 전 기도를 드릴 수 있고 몇 명 안 되는 보이스카우트 멤버들부터 교회 전체가 한 지붕 아래 모여 따뜻한 식사를 할 수 있고, 가장 중요한 한 가지, 술을 팔지 않는 음식점을 만들고 싶었지만 참고할 수 있는 곳을 찾아볼 수 없을 정도로 당시에는 매우 특이한 발상이었다.

비어드가 이런 꿈을 꾸기 시작한 것은 그가 어렸을 때 아버지가 작은 아이스크림 가게를 하면서부터였다. 비어드가 열한 살이 되었을 때 그 길가의 아이스크림 가게는 확장되어 인디애나폴리스(Indianapolis) 외곽의 드라이브인 식당이 되어 있었고 어린 조나단은 그곳에서 햄버거를 굽고 밀크셰이크를 만드는 일을 하였다. 그가 열다섯 살이 되었을 때 아버지의 건강이 나빠지시면서 그 식당을 운영하게 되었고 60명의 직원들을 관리하며 주당 80시간을 일하게 되었다. 그는 음식점 사업을 좋아했기 때문에 일을 많이 하는 것이 힘들지 않았다.

그가 카페테리아 사업에 관심을 갖기 시작할 때 일이다. 어느 일요일 그의 부모는 교회에서 예배를 마친 후 가족과 함께 동네 작은 카페테리아에서 식사를 하게 되었는데 그렇게 매주 식사를 하다 보니 어느 순간 그것이 가족의 전통이 되어버렸다. 그 카페테리아는 음식을 진열해 놓고 사람들이 골라 먹을 수 있도록 했는데 이렇게 하다 보니 식성이 까다로웠던 여동생 제닌(Janeen)도 본인이 원하는 음식을 항상 찾을 수 있었다.

비어드가 그러한 음식점을 구상하는 데 영향을 준 경험이 있었는데 그것은 음주운전으로 한순간에 가족 모두를 잃게 되어 슬픔에 잠긴 친척들과 우연히 통화를 하게 된 일이었다. 이 날의 경험 때문에 비어드는 술과 관련된 어떠한 사업도 절대 하지 않겠다고 결심하게 된다.

비어드는 코넬(Cornell) 대학교의 호텔 경영학과에 입학했고 고속도로 체계와 음식점과의 상관관계에 대한 논문을 썼다. 비어드는 그 논문을 준비하는 과정에서 음식을 조리해서 고객의 테이블 위에 올려놓을 때까지의 시간을 단축할 필요성이 커지고 있다는 사실을 깨닫게 된다.

그 후 25개 이상의 레스토랑을 운영하고 나서야 자신의 꿈을 실현시킬 만한 전문 지식과 자금이 마련되었다고 생각하게 되었다. 그는 한 레스토랑 체인의 본인 지분을 정리하여 작은 식당을 열었으며 이곳에서 자신의 레시피(recipes)를 시험해 보았다. 그 다음에는 동네 사람들뿐만 아니라 많은 여행객들에게도 식사를 제공할 수 있는 적당한 자리를 물색하기 시작했다. 그는 미국에서 가장 큰 교차로, 인디애나폴리스 외곽의 65번 고속도로, 근처를 선택하고 1,400명을 동시에 수용할 수 있는 4,000 평방미터 넓이의 음식점을 계획하기 시작한다.

"처음 이러한 음식점을 구상한 지 25년이 흘렀습니다." 그는 말했다. "그래서 제 꿈이 이렇게 커졌나 봅니다"

처음엔 제대로 되는 것이 하나도 없어 보였다. 허가 취득 비용이 예상한 금액의 열 배나 들었고 현장의 지반을 정리하기 위해 흙을 운반하는 데에도 수만 달러를 지출하였고 콘크리트 기초를 타설하고 세운 철골 구조물이 폭풍에 날아가면서 지붕이 내려앉기도 했다.

비어드의 공사업체 관계자는 건축 자재의 사양을 좀 더 낮추라고 조언하였지만 비어드는 그렇게 하고 싶은 생각이 추호도 없었다. "나는 부모들이 자랑스럽게 자기 자녀들을 데리고 올 수 있는 그런 음식점을 원합니다." 그는 말했다. "물론 우리 자녀들을 포함해서요."

가장 힘든 순간은 그 다음에 찾아왔다. 그 지역의 구역목사가 현장에 찾아와 식음료 업계에 종사하는 동료 교인들의 우려를 전달한 것이다. 교인들은 비어드가 짓고 있는 음식점의 터무니없는 규모와, 그곳에서 취급하게 될 다양한 종류의 음식을 고려하면 6개월도 못 버티고 파산할 거라고 했다는 것이다.

같은 날 한 사업가도 그 건설 현장을 찾았다. 그 사업가는 혹시 음식점을 폐업해야 하는 상황이 발생하면 그곳을 인수하여 대규모 장례식장으로 바꾸고 싶다고 말했다.

"저도 그 당시에는 그런 주변 반응들 때문에 좀 우울했습니다." 비어드는 그때의 상황을 떠올리며 이야기를 이어 갔다. "하지만 그 음식점을 완성하고 싶다는 생각에는 변함이 없었습니다."

그동안의 노력이 완전히 수포로 돌아갈 수도 있겠다 라는 두려운 생각이 들 때마다 그는 지금까지 그를 지탱해 준 자신의 꿈을 다시 상기시켰다. 그는 자신의 꿈을 믿었기에 그 꿈을 향해 흔들림 없이 나아갈 용기를 가질 수 있었다.

착공으로부터 정확히 7개월 7일 만에 조나단 비어드의 음식점이 문을 열었고 지금까지 한 번도 문을 닫은 적이 없다. 그리고 불과 8년 만에 500만 번째 손님을 맞이하게 된다. 이곳에서는 사람들이 식사

전 기도하는 모습을 자주 볼 수 있으며 한 달에 한 번 정도는 가스펠
(Gospel) 가수의 무대를 즐길 수 있다. 물론 아직도 술은 메뉴에서 찾아
볼 수 없다.

비어드는 용기를 통해 충분한 보상을 받았다. 자신의 꿈이 무엇인
지 정확히 알게 되었고 이를 통해 자유를 얻었기 때문이다.

용기 있게 자신의 믿음을 지킴으로서 옳은 선택을 할 수 있었던 한
젊은 간호사 이야기를 해보겠다. 그녀는 자신의 직업과 생계에 문제
가 생길 수도 있는 심각한 상황 속에서도 본인의 신념을 굽히지 않았
다. 실명을 밝히지 말아 달라는 그녀의 요청이 있었기에 지금부터 그
녀를 캐서린(Katherine)이라 부르겠다.

켄터키(Kentucky) 주의 큰 병원의 암환자 병동에서 정식 간호사로 근
무하고 있던 캐서린은 어느 일요일 오후 다른 세 명의 간호사들과 함
께 4층 동쪽 구역의 환자들을 맡게 되었다. 그녀가 맡은 업무는 약을
복용하는 것을 도와주고 체온을 확인하며 응급 상황을 처리하는 것이
었다.

화학요법 치료를 받고 있던 83세 백혈병 환자를 도와달라는 연락
을 받은 캐서린은 급히 병실로 향했고 병실에 가보니 환자의 아들이
아버지가 누워 있는 침대 옆에 서 있었다. 아들이 호출 벨을 울렸던
것이었다. 그의 아버지가 실수로 치료 약물을 주입하는 정맥주사 튜
브를 뺏기 때문이었다.

환자가 자고 있었기 때문에 조명을 켜면 환자의 수면을 방해할 것
같았기에 익숙한 손동작으로 다시 튜브를 연결하기 시작했다. 화약치
료 약물이 통과되는 튜브를 청소한 후 환자를 위해 준비되어 있는 여

분의 튜브와 튜브 세척액이 들어 있는 가방을 집어 들었다. 그 봉투 안에서 그녀는 하얀색 라벨이 붙어 있는 흐릿한 파란색 병을 발견했습니다. 희미한 불빛 속에서 그녀는 라벨에 '염화'라는 글자가 적혀있는 것을 알아볼 수 있었습니다. 자기가 찾는 약물이 틀림없다고 생각한 그녀는 그 약을 주사기로 5cc 뽑아낸 후 튜브 속으로 그 약물을 주입했다.

그런데 그녀가 약물을 주입하자마자 환자가 갑자기 가슴을 손으로 움켜쥐면서 벌떡 일어났다. 캐서린은 깜짝 놀라 주사기를 빼면서 병을 떨어뜨렸다. 환자는 고통스럽게 발작을 일으켰고 침대에 쓰러졌고 그녀는 급히 병원 응급 팀을 불렀다.

몇 분이 지나지 않아 의사 한 명과 여러 명의 간호사들이 그를 살리려고 애를 쓰며 가슴에 전기 충격을 가했고 응급조치로 인해 환자의 심장은 다시 뛰기 시작했지만 곧 혼수상태에 빠지며 결국 회복할수 없는 상황이 되었다.

"환자에게 무슨 약을 투약했죠?" 의사가 물었다.

캐서린은 그 약이 '염화나트륨(Sodium Chloride)'이었다고 말했고 의사는 튜브로부터 흘러나온 혈전이 심장 혈관을 막은 것으로 결론을 내렸다. 의사의 추측이 맞는다면 캐서린은 아무런 잘못도 하지 않았기에 그녀는 다시 원래 근무하던 병동으로 돌려보내졌다.

의사의 결론에도 불구하고 자신의 조치에 문제가 없었는지 염려가 되었고 그날 밤 그녀는 그 환자의 병실에 가서 발작 중에 그녀가 떨어뜨렸던 청색 약병을 다시 살펴보았다. 환한 조명 아래 그 병을 다시 살펴보고 나서 그녀는 자신의 실수를 알아 차렸다. 병의 라벨에는 '염화나트륨'이 아닌 고농축 칼륨의 일종인 '염화칼륨(Potassium Chloride)'이라고 적혀 있었던 것이다. 캐서린의 상식으로는 이러한 강력한 약물이 환자의 세척액 가방은 당연하고 방 안에 있다는 것이 이해가 안가는 상황이었다.

이제 그녀는 큰 고민에 빠졌다. 사고를 보고한다는 것은 곧 해고, 또는 간호사 면허 취소까지도 초래할 수 있는 상황이었기 때문이다. 환자의 가족이 병원을 상대로 법적인 대응을 할 확률도 높았다. 하지만 사고를 보고하지 않는다면 병원 기록에는 혈전으로 인한 심장 발작이 원인인 것으로 기재될 것이고 그녀는 문제없이 병원에서 계속 근무할 수 있을 것이었다.

캐서린은 환자의 상태도 생각해 보았다. 그는 결국 3일 후에 사망하였지만 이번 일이 아니었어도 오래 살 수 있는 상황은 아니었고 그녀가 그 사실을 바로 알렸다 하더라도 환자의 상태는 나아지지 않았을 것이다.

캐서린은 복잡한 심경으로 병원을 나섰다. 진실을 말하려니 아들딸이 떠올랐다. 그녀의 남편이 2년 전 떠나면서 경제 상황이 나빠졌고 쉴 새 없이 날아드는 청구서를 처리하기 위해 2교대로 일하고 있는 상황이었다. 직장을 잃게 되면 아이들을 어떻게 부양할지 막막했지만 그렇다고 자신을 속이며 살아가고 싶지는 않았다.

그러나 결국 그녀는 이 사실을 알리기로 결심했다. 그러나 이 사실을 들은 그녀의 상관은 그녀의 실수가 고의가 아니었고 어차피 그 환자는 노환과 병세 악화로 오래 살 수 있는 상황도 아니었으니 그냥 없었던 일로 하고 조용히 덮는 것이 좋지 않겠냐고 했다. 그러나 그녀는 그 조언을 도저히 받아들일 수 없었고 이번엔 더 높은 직급의 상관을 찾아갔다.

병원 관리부에서는 이 사실을 알게 된 이상 그녀를 정직시킬 수밖에 없었고 3일 후 그녀는 해고되었다. 이뿐만 아니라 주 간호사협회 청문회를 통해 그녀는 영구 제명될 수도 있는 상황이었다.

모든 것이 절망적이었지만 캐서린은 본인의 선택이 옳았다고 믿었다. "아침에 일어나 거울 속에 비친 제 모습을 당당히 바라볼 수 있어서 다행입니다."라고 그녀는 말했다.

캐서린은 그녀가 다니던 교회의 도움을 받아 임시 관리직으로 고용되었지만 연 수입은 25,000달러에서 7,000달러로 떨어졌다. 그녀는 집의 가구들을 전부 처분할 수밖에 없었고 아이들에게 새 신발도 사줄 수 없게 되었으며 샌드위치로 끼니를 때워야 했다.

다행스럽게도 사고가 있은 지 8개월 후 주 간호사협회는 면허취소가 아닌 2년 자격정지 결정을 내렸으며 2년 후 그녀는 다른 병원에 취직하게 된다.

그녀는 자신의 결정을 한 번도 후회한 적이 없었으며 오히려 그 반대였다. 그녀의 결정이 친구들과 직장 동료들에게 알려지면서 많은 격려의 전화를 받았고 그중에는 그녀처럼 의료사고로 환자를 사망하게 한 사람들도 있었는데 그녀와는 달리 그들은 그 사실을 숨겼고 그로 인한 큰 정신적 고통을 받고 있다고 했다.

그녀의 이야기를 보더라도 진정성 있게 신념을 지키는 용기를 가지고 행동하는 것은 다른 사람의 자유와 권리를 지키는 것은 물론이고 우리 자신의 자유도 지켜준다. 캐서린은 그녀에게 전화를 걸어온 사람들에 대해 이렇게 말했다. "그들은 죄책감의 노예, 양심의 죄수가 되었지만 저는 진실을 말함으로써 자유를 얻었습니다."

캐서린이 그날 진실을 밝힐 수 있었던 것은 그녀의 신념 때문이었다. 우리는 우리가 중요하지 않다고 생각하는 일에 대해서는 용기를 낼 수 없다. 캐서린은 진정성 있게 사는 것을 자신의 단기적 이익보다 중요하게 생각했다. 그 때문에 그녀는 진실을 말할 수 있는 용기를 갖게 되었고 그로 인해 자신의 삶을 다시 정상화시킬 수 있었다.

오늘날 이 시대를 살아가는 사람들이 용기가 부족한 것처럼 생각된다면, 아마도 그것은 그들의 신념이 약하기 때문일 것이다. 만약 폴린과 톰 니처 부부가 그들의 삶에서 정직함에 대한 신념이 부족하였다면, 그들이 발견한 돈을 돌려줄 생각을 하지 못했을 것이다. 만약 필리스와 앤디 첼시아 부부가 지역 사회 구성원들에 대한 강한 존경심을 갖고 있지 않았다면, 그처럼 힘든 투쟁을 지속할 힘을 얻지 못했을 것이다. 그리고 만약 코리 린과 게리 플레이어 부부가 그들이 입양한 두 아이에 대한 동정심이 없었다면, 그 아이들이 지금쯤 어떤 모습일지 아무도 장담할 수 없다.

나는 나의 용기가 온전히 하나님에 대한 믿음에서 나온다고 믿는다. 믿음이 없는 용기는 상상할 수 없다. 하나님의 계획이 무엇인지 알 수는 없으나, 내가 알고 있는 한 가지는 이 믿음으로 인하여 어떠한 상황에서도 흔들리지 않을 수 있다는 사실이다.

옳은 일을 하려면 반드시 용기가 필요하다. 두려움 속에서도 진실을 말하고, 자녀의 부적절한 행동을 모르는 척 넘어가 줄 수 있는 상황에서도 자녀를 징계하고, 학교나 지역 사회 혹은 주나 국가 차원의 논쟁

속에서 옳은 방향으로 나아가는 일 모두 용기가 필요하다.

안락한 의자에 앉아 지시만 할 때는 용기가 필요 없을 수도 있으나 우리 행동이 어떠한 결과를 초래할지 예측하기 힘든 경우에도 옳은 일을 하려면 반드시 용기와 믿음이 필요하다. 다시 말해서 투표가 집계되기 전에 우리의 목소리를 높여 권리를 행사해야 세상을 바꿀 수 있는 것이다. 내 친구 랍비 래핀(Rabbi Lapin)이 자주 하는 말이 있다. "인간의 위대한 역사는 모두 데이터가 취합되기 전에 용기를 내서 행동한 일로 인하여 만들어졌다."

나의 아버지 책상에 놓여 있는 작은 상패에는 이런 글이 적혀있다. "중요한 것은 싸움을 하는 사람의 크기가 아니라 그 사람 안에서 일어나는 자기 자신과의 싸움의 크기이다." 이 말처럼, 용기는 우리의 육체적 힘이나 나이 또는 성별에 의해서 결정되는 것이 아니라 우리의 신념의 크기와 행동하고자 하는 마음에 의해 결정된다. 그렇기 때문에 우리가 지키고자 하는 가치들의 중요성과 목적을 이해하고 이러한 소중한 가치들을 지켜내고 다음 세대에 물려줄 수 있도록 노력해야 한다.

용기는 진정성 있는 사람이 되기 위해 가장 중요하고 필요한 요소이다. 용기는 우리가 정직하게 행동하고 믿을 수 있는 사람이 되고 공정하게 남을 대하며 동정심을 가지고 행동할 수 있도록 도와준다. 앞에서 언급한 이야기들을 통해 입증된 것처럼 용기는 우리를 자유롭게 한다. 자유를 유지하고 옳은 일을 선택하기 위해서 때로는 나에게 주어진 어려운 상황에도 불구하고 역경에 직면해야 하기 때문에 용기는 우리에게 필수 불가결한 요소인 것이다.

6

겸손
Humility

Humility 에 대한 검색 결과 입니다.

Humility 미국·영국 [hjuːˈmɪləti] 🔊
[명사] 겸손

Humility

우리 자신을 낮추면 다른 사람의 입장에서 그들의 관심사를 이해하는데 도움이 되고 옳은 일을 하는 것이 수월해진다. 겸손은 우리가 우리 자신에게 보다 정직할 수 있도록 도와주며 진실과 당당히 마주할 수 있게 한다. 때로는 자기성찰도 필요하나 거울 속에 비친 내 모습을 정확히 들여다보는 것이 결코 쉬운 일은 아니므로 의지를 가지고 노력해야 한다.

우리가 다른 사람들에게 정직하고 공정하며 믿을 수 있는 사람이 되고자 한다면 겸손은 필수적인 요소이다. 겸손은 개인적인 욕망에 굴복하지 않고 옳은 일을 선택할 수 있게 하며 자랑 또는 자만하거나 남을 희생시켜서 자기를 드러내려 하지 않는 것을 의미한다. 겸손은 우리 모두가 평등하게 창조되었다는 사실을 받아들일 수 있게 한다.

내 장인인 에드 프린스(Ed Prince)는 매우 겸손한 사람이었다. 물론 그 사실은 모두가 알고 있었지만 그분이 돌아가시고 장례식을 치르면서 더욱 더 분명히 알 수 있었다. 장인의 생전의 모습을 기억하고 나누려는 사람들이 셀 수 없을 만큼 많았기 때문이다. 남들의 이목을 끌기

성장하는 리더의 핵심가치

원치 않으셨던 장인의 선행과 자선활동은 대부분 익명으로 베풀어졌고 그는 이 모든 일들을 하나님께서 시키셨다고 믿었다.

한 남자는 장인이 운영하던 프린스 코퍼레이션(Prince Corporation)이라는 회사에서 일하기 위해서 미시간 주의 어퍼 페닌슐라(Upper Peninsula) 지역에서 홀랜드(Holland)로 이사했을 때에 있었던 일에 대해 말해 주었다. 그 당시 어퍼 페닌슐라 지역은 부동산 경기가 좋지 않았기 때문에 그는 그곳에 있던 자기 집을 팔 수가 없었다. 그는 두 채의 집에 대한 대금과 세금을 지불해야 했기 때문에 재정적으로 곤경에 빠져있었다. 그러한 상황을 알게 된 장인은 그의 어퍼 페닌슐라 부동산을 매입하였고, 그의 부동산이 팔릴 때까지 그 사실을 알리지 않아 그의 선행은 그 남자와 장인 이외에는 아무도 모르고 있었다.

장인이 돌아가신 후 장인과 장모의 회사에서 핵심 자문 위원으로 일하던 한 남자를 수소문하는 과정에서 우연히 통화하게 된 남자를 통해 장인이 베푼 또 하나의 선행을 전해 듣게 되었다. 그와 다른 몇 사람이 모여 하반신 불구 환자인 친구를 위하여 밴 차량을 구입하고 개조하기 위하여 기금을 모금하고 있던 그는 나의 장인이 그 지역에서 도움을 줄 수 있는 사업가일수도 있다는 정보를 입수하여 망설임 끝에 연락을 취했다고 한다. 놀랍게도 장인은 흔쾌히 한 번도 만난 적 없고 얼굴도 모르는 이 남자에게 선뜻 필요한 돈을 건네주었다고 한다.

장인의 후일담은 끝이 없지만 이 이야기는 빼놓을 수 없을 것 같다. 매년 웨스트 미시간 주니어 어치브먼트(Junior Achievement of West Michigan)라는 단체는 몇 몇 우수한 시민들에게 "비즈니스 명예의 전당"

상을 수여하여 그들의 업적을 기렸다. 1994년 말, 이 단체는 이듬해 수상자로 장인인 에드(Ed)를 선정하려 하였으나 장인은 이 제안을 거절하였다. 그는 다른 사람의 이목을 끄는 것을 좋아하지 않아 인정을 받을 수 있는 기회를 자주 피해 왔다. 결국 장인이 돌아가신 후에야 아내 베시가 장인을 대신하여 그 상을 수상하게 되었지만 그를 아는 모든 사람들은 그가 하늘나라에서 더 큰 상을 받았음을 알고 있다.

겸손은 자존감이 낮고 소심하여 어떤 일에 순복하는 것으로 잘못 이해하는 사람들이 있는데 이는 참으로 안타까운 일이다. 겸손은 연약함에서 비롯되지 않는다. 반대로 교만은 강함에서 비롯되지 않으며 겸손보다 훨씬 더 많은 문제를 일으킬 수 있다. 미국의 속담처럼 교만 뒤에는 파멸과 실패가 있다.

겸손의 여러 가지 측면 중에서도 가장 잘못 이해되고 있는 것이 순복(Submission)에 대한 것이라 생각한다. 겸손한 사람들은 자신을 낮추고 순복해야 하는 심오한 원칙들이 존재함을 인식한다. 예를 들어, 진정성을 나타내기 위한 원칙들에 순종하면 타인의 자유와 권리를 존중하고 지키는 데 도움이 된다.

개인의 삶이 전체 그림(Mater plan)의 일부에 불과하다는 사실을 인정할 때 비로소 우리는 겸손할 수 있다. 우리는 섬과 같은 존재가 아니며 완벽한 존재도 아님을 시인할 때 겸손해지기가 훨씬 더 쉬워진다. 우리가 남보다 낫다고 생각하는 순간 감각을 상실하기 시작한다. 내가 가진 모든 것, 사랑하는 사람, 재능, 재산 등이 하나님의 선물인 것처럼, 그가 이 모든 것을 한 순간에 거두어 가실 수도 있다는 사실을 알아야 한다. 창조주에 대한 순종은 우리의 자기중심적 사고와 교만을 통제하는데 필수적이다.

모든 사람들이 하나님에 의해 창조되었다는 근본적 믿음은 타인의 자유와 권리를 존중할 수 있게 도와준다. 이러한 믿음은 내 스스로를 낮추는 것이 아니다. 내 주위 사람들을 높이고 그들의 특별한 가치를 인식하도록 도와주어 내가 교만하지 않도록 한다.

겸손은 우리의 재능, 신체조건 혹은 우리 부모의 경제적 능력 등 환경이나 상황을 우리 스스로 통제할 수 없음을 인식하는 데 도움을 준다. 겸손은 우리가 그러한 환경에 당당하게 맞서고 현명하게 대처할 수 있도록 도와주어 긍정적인 미래를 기대할 수 있게 한다.

겸손은 실수를 인정하고 용서를 구하며, 남의 말에 귀를 기울이고, 우리 삶에 감사를 느끼고, 우리 자신과 우리 주변 사람들의 실수를 용서할 수 있는 마음을 허락한다. 겸손은 우리가 열린 견해를 갖도록 도와주며 타인의 좋은 면과 잠재력을 찾으려는 긍정적인 태도를 갖게 해준다. 겸손은 남을 존중하는 마음이다. 아첨을 하지 않으면서도 다른 사람들을 칭찬하고 남의 기분을 상하게 하지 않으면서도 그들의 잘못을 바로잡고, 생색을 내지 않으면서도 남을 격려할 수 있기 때문에 주변 사람들과 좋은 관계를 유지하고 발전시켜 나갈 수 있게 한다. 겸손한 사람은 이기적이거나 가식적이지 않으며 정직하다.

우리가 자신의 재능과 능력만이 아니라 우리의 부족함에 대해서도 정직할 수 있다면 그 재능을 발전시키고 단점을 개선하기 위해서 어떤 노력을 해야 하는지 더 잘 알게 될 것이며 우리가 식당 주방에서 일하든 사무실에서 일하든 전쟁터에 나가 있든, 주변 사람들은 우리를 믿어줄 것이다.

겸손과 최선을 다하는 자세로 잘 알려진 인물 중에 퇴역 장군이자 시어즈 로벅(Sears Roebuck) 회사의 부사장인 거스 파거니스(Gus Pagonis)가 있다. 그는 그 유명한 사막의 폭풍(Operation Desert Storm) 작전 중에 미군의 이동과 보급을 관리한 공으로 인해 세 번째 별을 달게 되었다.

파거니스는 그의 아버지가 경영하던 펜실베니아(Pennsylvania) 주 찰레로이(Charleroi) 레스토랑 더 파거니스(The Pagonis)에서 일하면서 겸손을 배웠다고 말한다. 식당을 원활히 운영하기 위해 모든 가족 구성원들이 함께 열심히 일해야 했다. 거스가 식당에서 처음 시작한 일은 구두닦이였다. 구두닦이는 아버지가 그리스에서 미국으로 이민 와서 처음 시작했던 일이기도 했으며 그는 고객을 응대하는 엄격한 기준을 아들에게 이 일을 통해 가르치고 싶어 했다. 거스가 열 살이 되자 테이블 치우는 일을 맡겼고 졸업한 후에는 식당 관리인으로서 경험을 쌓아나갔으며 새로운 일을 맡길 때마다 엄격한 기준을 요구하였다.

"일을 잘하기 위해서는 최대한 겸손해야 한다." 아버지는 항상 말씀하셨다. "어떠한 상황에서도 손이 더러워지는 것을 두려워해서는 안 된다."

파거니스는 아버지의 엄격한 원칙에 맞춰 일하려고 애를 썼다. 일이 아무리 하찮아도 최선을 다했다. 심지어 파거니스가 2년간 군대에 있으면서 대위로 승진한 후 집에 다시 돌아왔을 때도 마찬가지였다. 파거니스는 그때를 이렇게 회상한다. "자랑스럽게 군복 입은 제 모습을 보여드리려고 했지만 아버지가 저를 보고 가장 먼저 하신 말씀은 오늘은 식당 관리인이 근무를 하지 않는 날이니 화장실 청소부터 시작하라는 것이었습니다." 잠깐의 망설임 후 파거니스는 곧바로 유니

성장하는 리더의 핵심가치

폼을 갈아입고 앞치마를 내둘렀다. 그날 밤 그의 선택은 그의 삶에서 참으로 중요한 순간이었다. 왜냐하면 그날 이후 그 앞치마를 계속 입게 되었기 때문이다.

겸손(humility)이라는 단어는 '흙'을 의미하는 라틴어 'humus'에서 유래하였다. 이는 우리가 어떤 존재인지 우리 스스로를 돌아볼 수 있게 한다. 겸손한 사람들은 자만하지 않으면서도 자신의 장점과 능력에 대한 칭찬과 지원을 받을 줄 알고 자신감을 잃지 않으면서도 타인의 업적과 경험에 박수를 보낼 수 있다. 무엇보다 겸손은 타인을 진심으로 존중하고 섬기고자 하는 욕망이기도 하다. 따라서 겸손은 타인의 자유를 존중하고 옳은 일을 하기 위해서 없어서는 안 될 필수적 요소이다. 나는 겸손을 비옥한 토양으로 비유하고 싶다. 왜냐하면 겸손한 마음 위에 수많은 다른 가치들이 싹트기 때문이다.

겸손한 삶을 살았던 헤럴드 에드거튼(Harold Edgerton) 이야기를 해보겠다. 그는 고속사진 촬영 분야의 선구자적 과학자였다. 그는 우유 방울이 접시에 떨어지면서 튀는 모습의 사진이나 골프 선수가 공을 치기 위해서 골프채를 휘두를 때 생기는 선풍기 같은 이미지 사진 촬영을 가능하게 한 사람으로 우리들의 기억 속에 남아 있다. 그의 기술은 미군이 노르망디에 안전하게 상륙하는 데 도움이 되었고 자연 생태학자들이 벌새의 움직임을 추적하는 것을 가능하게 해주었으며 카메라, 고층 건물, 공항의 활주로, 잠수함, 사진 복사기 및 자동차 엔진과 관련된 40여 개가 넘는 특허를 보유하고 있다.

그는 이러한 발명 덕분에 백만장자가 되었다. 그는 편안한 삶을 누릴 수도 있었고 모교인 매사추세츠 기술 연구소에 남아 연구에 몰두

할 수도 있었다. 하지만 그는 남을 섬기는 삶을 선택하였다.

네브래스카(Nebraska) 주 프리몬트(Freemont)에서 태어난 에드거톤은 전기, 통신, 탄광, 영화 관련 일등 다양한 업종을 전전하면서 네브래스카 주립대학을 졸업하였다. 덕분에 그는 집에서 뭐든지 못 고치는 것이 없는 만능 기술자가 되었다고 한다. 그의 삶은 단순하고 평범했다. 그가 다니던 교회에서 배운 기본적인 가치를 추구하며 가진 재능으로 주변 사람들을 도우며 살았다.

MIT 공대 대학원생이었던 에드거튼은 24세가 되던 해 실험을 하던 중 인생을 바꾸는 계기를 만나게 되는데 그 계기는 아주 작게 시작되었다. 그가 모터를 연구하던 중 내부의 회전체를 들여다봐야 하는 상황이 발생한 것이다. 고민 끝에 그가 고안한 방법은 회전하는 로우터(Rotor)의 속도와 같은 속도로 플래시를 짧게 여러 번 터뜨리는 것이었다. 별로 어려운 일은 아닌 듯했으나 문제는 시중에 그가 생각한 장치가 없었다는 것이었다. 재래식 플래시 전구와 백열등은 소용이 없기 때문에 조도가 매우 밝은 스트로브(strobe) 등을 제작하기로 결정하였다. 에드거튼은 하루 만에 첫 번째 스트로브 조명을 만드는 데 성공하지만 결국 그것을 완성하기 위해 평생을 바치게 된다.

이 작은 발견으로 인하여 그는 MIT 대학교 평생 교수직을 얻게 되고 사업으로도 큰 성공을 거두게 되었다. 에드거튼은 동료들과 함께 이지 앤 지(EG&G)라는 엔지니어링 회사를 차렸으며 이 회사는 16개국에 진출하며 23,000명의 직원을 거느린 20억 달러 가치의 거대 기업으로 성장하였다. 이 회사에서 제조하는 제품은 공항 활주로 조명부터 세포 DNA를 판독하는 장비까지 매우 다양하다.

훗날 인터뷰를 통해 그는 스트로보 조명을 처음 만들게 된 계기가 동료들의 관찰 덕분이라며 그의 업적을 겸손히 동료의 몫으로 돌렸다.

그의 동료의 질문과 답변이 그의 상상력을 자극했기 때문이었다. "모터 그만 좀 만지작거리고 그 멋진 아이디어로 뭔가 세상에 도움이 될 만한걸 만들어 보면 어떨까?"

"글쎄, 이 플래시 조명으로 뭘 할 수 있겠니?" 동료의 질문에 아무 생각 없이 되물었고 돌아온 답변은 이랬다. "세상 전체가 움직이는 것 천지인데…." 그 말이 맞았다. 그가 연구하던 모터의 움직이는 부품처럼, 이 세상에는 인간이 눈으로 인지하지 못할 만큼 빨리 움직이는 것들이 수없이 많았다. 이 점에 착안하여 에드거튼은 총알이 날아가는 모습이나 풍선이 터지는 모습 혹은 우유를 핥아먹는 고양이의 혀를 찍을 수 있는 사진 촬영 시스템을 개발하였고 그렇게 시작된 일련의 연구로 인해 현대식 고속촬영 기술이 탄생하게 된 것이다.

그의 사진은 현대 박물관에 전시될 만큼 예술과 과학 분야의 인정을 받게 되었지만, 그는 그가 이룬 업적에 대해 여전히 겸손한 자세를 이어갔다. "저를 무슨 예술가인 것처럼 대하지 말아 주세요. 전 그냥 기술자일 뿐입니다."

물론 그가 기술자인 것은 사실이다. 하지만 우유 방울이 그 유명한 왕관 모양으로 정확히 튀는 모습을 촬영하기까지 그는 수백수천 장의 사진을 찍은 것 역시 사실이다.

그는 언제나 힘든 연구를 통해 남을 돕는 것을 마다하지 않았으며, 또한 그가 찍은 사진을 다른 사람들에게 나누어주는 것도 좋아했다. 그는 노스캐롤라이나(North Carolina)의 케이프 하테라스(Cape Hatteras) 해변 근처에 남북 전쟁 당시 침몰된 해군 선박 모니터(Monitor)호의 정확한 위치를 찾아서 복원할 수 있도록 과학자들을 도왔고 그 일을 위해서 과학자 재커스 코스토(Jacques Cousteau)와 칼립소(Calypso)호의 승무원들과 함께 해저를 탐사하였는데 그 일을 통해 '플래시의 아빠(Papa Flash)'라는 별명도 얻게 되었다. 그는 또 수중 음파 탐지기를 개발하고 전설의 룩소(Luxor) 기둥을 찾기 위해 베니스(Venice)의 성 마가(St.Marks) 운하를 조사하였고 스코틀랜드(Scotland) 네스(Ness)호의 괴물을 추적하는 작업에도 도움을 주었다.

이 많은 일들에 참여하면서도 그가 가장 사랑했던 일은 후배들을 가르치는 일이었다. 그는 자신의 지식을 다른 사람들과 나누고 그들이 그 기술을 더 발전시키기를 원했다. 그의 집은 항상 개방되어 있었으며 다양한 계층의 학생들이 모여 기타를 연주하며 함께 노래를 부르기도 하고 의견도 나누는 인기 있는 장소가 되었다. 에드거튼은 이러한 학생들과의 자연스러운 교류를 통해 연구에 대해 조언도 하고 그들이 하고 있는 연구가 어떤 가능성을 가지고 있는지를 깨닫도록 도와주어 그들의 삶에 큰 영향을 주기도 하였다. 학생들에게 그는 든든한 지원군이었고 후원자였다.

에드거튼의 겸손한 태도는 수업 중 교실에서 가장 잘 나타났다. 그의 가르침을 받은 한 학생은 그와 있었던 한 에피소드를 들려주었다. 수업 중 학생이었던 그는 본인의 아이디어를 열정적으로 설명하였고 당시 교수였던 에드거튼은 "정말 참신한 아이디어네…."라고 격려와 칭찬을 아끼지 않았다고 한다. 하지만 나중에 본인이 열정적으로 설명했던 그 아이디어의 기본 개념이 에드거튼에 의해 이미 수년 전에 고안되었었다는 사실을 알게 되어 깜짝 놀랐다는 것이다.

심지어 경제적 상황이 좋지 않지만 전망 있고 열심히 노력하는 학생들과 동료들을 위해서는 자신의 월급을 양보하면서까지 일할 수 있는 환경을 제공하였고 종종 도움을 베푼 사람이 에드거튼이라는 사실을 모르는 사람도 많았다. 한 번은 한 학생이 자동차를 사기 위한 융자를 받을 수 없어 고민하고 있다는 이야기를 접하고 그를 대신해서 서류에 서명을 해주겠다고 제안했지만 자동차 영업 사원이 그의 초라한 형색, 낡은 양복과 신발 그리고 유리가 깨진 손목시계를 보고 주저했다고 한다.

그의 학생 중 MIT 공대 학장이 된 한 사람은 말했다. "전기공학 연구를 위한 건물을 기증하고 도움이 필요한 학생에게 장학금을 주게 되면서 그가 부자라는 사실이 알려졌지만 그전까지만 해도 그는 그 사실이 알려지는 것을 원치 않으셨습니다."

에드거튼은 삶에 대한 열정과 에너지가 넘쳤고 그 배경에는 배움에 대한 그의 마르지 않는 열망이 있었다. "저는 처음에 배우기 위해서 이곳에 왔습니다." MIT 교수직 40주년 기념식이 끝난 후 그는 동료들에게 이렇게 전했다. "그리고 저는 지금도 배우고 있습니다."

에드거튼이 달리와 세리를 입양한 플레이어 부부처럼 다른 사람들을 공정하게 대하고 타인에게 기회를 주며 그들이 자신들의 능력을 최대한 발휘할 수 있도록 그들의 권리를 존중했는지 살펴본다면 그는 충분히 본인의 역할을 다 했다고 할 수 있을 것이다. 하지만 그는 "많은 것이 주어진 자에게는 주어진 것 보다 더 큰 사명이 따른다."는 사실을 인식하고 있었으며 그 믿음을 지키기 위해 그의 겸손한 태도가 큰 역할을 했다고 생각한다.

에드거톤의 생애를 통해 알 수 있듯이 겸손이 가져오는 가장 큰 결과는 바로 겸손한 태도가 우리의 삶의 지경을 넓히고 더 많은 지식과 능력을 발전시킬 수 있도록 우리를 자극한다는 것이다. 겸손이 작용하는 원리는 단순하다. 우리보다 앞서간 선배들이 축적해 놓은 위대하고 값진 지식들을 인정하면 그들로부터 배울 것이 있고 우리가 모든 해답을 가지고 있지 않다는 사실을 겸허히 받아들이는 순간 우리는 우리를 둘러싸고 있는 모든 상황으로부터 배울 수 있는 것이다.

더 많은 것을 배우고 더 정확한 정보를 얻을수록 우리는 더 정직하고 신뢰할 만하며 공정한 사람이 되고 우리 자신을 위해서 더 나은 결정을 내릴 수 있다. 겸손은 우리가 더 진정성 있는 사람이 되고 다른 사람들의 자유를 지지하고 나아가 나 자신의 자유도 지켜낼 수 있는 사람이 될 수 있도록 도와줄 것이다.

7

이성
Reason

Reason 에 대한 검색 결과 입니다.

Reason 미국·영국 [ríːzn] ◀))
[명사] 1.이유 2.원인 3.이성 4.근거 5.요인

Reason

생각없이 행동하면 우리의 행동은 충동적일 가능성이 높다. 그렇게 행동하는 사람들은 안정감이 없으며 주변으로부터 신뢰를 받지 못한다. 공정성 있는 사람이 되기 위해서 신중함과 판단력이 필요하듯이 신뢰할 수 있는 사람이 되려면 합리적으로 생각하는 과정이 반드시 필요하다. 이성은 옳은 일을 할 수 있는 힘의 원천이 될 수 있지만 옳은 일을 선택하기 위해서는 먼저 옳은 일이 무엇인지 알아야한다.

이성은 잘못된 동정심과 필요한 동정심을 구별할 수 있도록 도와주며 용기가 무모하게 발휘되지 않도록 막아준다. 또, 어떤 상황이 나의 능력을 벗어났거나 통제할 수 없어 겸허히 받아들여야 하는 상황에서도 이성적인 판단이 필요하다. 아시시(Assisi) 성 프란시스(Saint Francis)의 유명한 기도문은 이러한 점에서 우리가 어떠한 자세를 취해야 하는지 알려준다. "하나님, 저에게 변하지 않는 것을 받아들일 수 있는 마음의 평화와, 변화되어야 하는 것을 변화시킬 수 있는 용기, 그리고 그 두 가지를 구별할 수 있는 지혜를 주시옵소서."

성장하는 리더의 핵심가치

깊이 생각한다고 모두 지혜를 얻을 수 있는 것은 아니지만, 깊은 생각 없이 지혜를 얻을 수 없다는 것은 분명하다. 또한 옳고 그름을 구별하는 우리의 판단력이 항상 정확할 거라고 확신할 수는 없다. 사실, 나는 사람은 원래 불완전하여 지속적으로 신으로부터 지혜를 구해야 한다고 믿고 있다. 하지만 잠언은 이렇게 지시한다. "내가 지혜로운 길을 네게 가르쳤으며 정직한 길로 너를 인도하였은즉 다닐 때에 네 걸음이 곤고하지 아니하겠고 달려갈 때에 실족하지 아니하리라.(잠언 4:11-12)" 하나님은 지혜와 지성을 통해 이성적으로 판단할 수 있는 힘을 주신다.

이성은 우리가 진정성을 가질 수 있도록 도와줄 뿐만 아니라, 용기나 겸손처럼 우리에게 자유를 가져다준다. 우리가 잘 아는 위대한 철학자들 역시 생각하고 추리하는 능력이 진정한 자유를 가져다준다고 주장하였다. 아리스토텔레스(Aristotle)가 지적하였듯이, 이성적 판단이 부족하면 선택의 폭이 좁아지고 결국 우리가 누릴 수 있는 자유도 그만큼 적어질 수밖에 없다.

우리에게 이성이 없다면 이 세상이 과연 어떤 모습일지 상상만 해도 끔찍하다. 오늘날 발생하는 많은 문제들은 신중하게 생각하지 않아 발생한다. 우리가 남의 기분을 상하게 하거나 의사소통 과정에서 문제를 일으키는 것은 운전 중 졸아서 접촉사고 또는 대형 사고를 일으키는 것처럼 행동이나 말 또는 그로 인한 결과에 대해 깊이 생각하지 않았기 때문에 발생하는 문제인 것이다.

유명한 수학자, 물리학자, 경제학자이자 미래 학자였던 허먼 칸(Herman Kahn)은 우리가 미래를 계획할 때는 깊이 있게 생각하고 이해하며 어떤 아주 작은 것도 무시하거나 간과해서는 안 된다고 믿었던 사람이다. 그가 강조한 것은 합리적 분석의 필요성이었다. 그의 '이성적 판단'은 여덟 명의 역대 대통령의 행정부 정책을 결정하는 데 도움을 주었다.

칸은 미국 미래를 결정할 군사 및 기타 정책 결정의 결과를 분석, 탐구하고 의문을 제기하는 것을 당연하게 생각했다. 그는 예상하지 못한 일로 놀라거나 피해를 보는 것을 좋아하는 사람이 아니었다. 사실에 입각한 정확한 정보와 더불어 체계적으로 생각할 수 있는 방법을 알고 있어야 발생하는 일들에 대처할 수 있다고 믿었다.

칸을 아는 사람들은 그를 넋이 나간 교수로 생각하기도 했다. 그는 자주 깊은 생각에 잠겨있었으나 생기가 넘쳤고 박식한 사람이었다. IQ가 200인 그는 만나는 사람마다 깊은 인상을 주기에 충분했다. 심지어 어린아이였을 때부터 그의 천재성은 주변 사람들을 놀라게 했다. 그는 기억력이 매우 뛰어났으며, 책을 읽거나 연설을 들으면 그 핵심 내용을 정확히 파악하였다. 그는 또한 '주변시야(peripheral vision)'를 가지고 있었기 때문에 두세 가지 일을 동시에 처리하는 것이 가능했다. 예를 들어 그는 핵물리학에 대한 논문을 쓰면서 카드게임을 하는 동시에 TV 농구중계를 즐길 수 있었다. 유명한 일화로 고등학교 시절, 과학 잡지를 읽다 선생님에게 들키자 수업시간에 선생님이 한 말을 단어 하나 틀리지 않고 그대로 반복하여 모두를 놀라게 한 적도 있었다.

칸처럼 뛰어난 두뇌를 가진 사람은 적지 않았다. 그러나 칸이 특별할 수 있었던 것은 어떤 주제를 결과와 상관없이 깊이 있고 진지하게

성장하는 리더의 핵심가치

파고드는 그의 남다른 노력 때문이었다.

칸은 UCLA와 칼 테크(Cal Tech)를 거쳐 랜드(Rand Corporation)에서 근무하는 도중 두뇌 집단인 허드슨(Hudson Institute) 연구소를 설립하게 되는데 이때부터 본격적으로 대중의 이목을 끌기 시작한다. 그의 저서 '핵 열 전쟁(On Thermonuclear War)에 대하여'와 그의 뒤를 이은 '생각할 수 없는 것에 대해 생각함(Thinking About the Unthinkable)'을 통해서 선제공격(first strikes), 전쟁의 확대(escalation) 및 메가톤(megaton)과 같은 용어들이 대중화되었다. 이 저서들은 대단히 큰 논란을 불러일으켰는데, 그 이유는 이 책들에서 다루고 있는 주제들이 일반 대중들이 생각할 마음의 준비가 되어 있지 않았기 때문이다. 그는 우리가 핵전쟁처럼 '생각할 수 없는 것'에 대해서 객관적으로 생각하지 않으면 핵전쟁의 가능성은 더욱 높아지며 핵무기의 발명을 되돌릴 수는 없기 때문에 핵무기가 우리 사회에 미칠 수 있는 영향과 의미를 정확히 이해하는 것이 필요하다고 주장하였다.

그는 이런 말을 자주 하였다. '나쁜 소식을 전한 사람을 총으로 쏘는 것은 나쁜 소식에 제대로 대처하는 방법이 아니다.'

칸은 핵전쟁 위협 이외에도 다양한 분야에 관심이 있었다. 예를 들어, 그는 일본 자동차들이 미국 시장을 장악하기 훨씬 전부터 일본의 엄청난 경제 부흥을 예견하였다.

그와 같은 뛰어난 지적 능력을 타고난 사람은 많지 않겠지만 우리는 그로부터 분명히 배울 점이 있다. 칸은 언제나 열려있는 사람이었다. 그는 모든 것에 대해 진지하게 생각하고 배우려 노력하는 사람이었기에 우리와는 달리 '생각할 수 없는 것'들에 대해 생각할 수 있는 사람이 된 것이다.

칸이 강조하듯이 우리는 깊이 있는 사고를 통하여 실수로부터 더 많은 것을 배우고 어떤 일의 인과관계를 정확하게 파악할 수 있으며 선택을 내리기 전에 우리가 내린 선택의 결과를 예측할 수 있게 된다. 이성은 우리가 옳은 선택을 할 수 있게 하며 이를 통하여 스스로의 자유뿐만 아니라 타인의 자유도 지킬 수 있게 해주는 것이다.

플로리다(Florida) 주 레온카운티(Leon County)에서 청소년 재판을 주재하는 찰스 맥클루어(Charles McClure) 판사는 죄를 지은 어린 범법자들이 본인의 행동에 대해 다시 한번 진지하게 생각하게 함으로써 자신을 돌아보게 한 사람이다. 사법제도에 도덕적 가치가 결여된 이 시대에 그는 판사로서 범죄는 반드시 그 범죄에 합당한 처벌이 주어져야 한다고 믿었다.

돈이 없어 피해에 대한 보상을 할 수 없다고 주장한 청소년들에게는 차고 있는 손목시계를 법원에 제출하라는 명령을 내리는가 하면 학교의 기물을 파손한 친구에게는 그 기물을 수리하라는 판결을 내렸다. 또한 매립지에서 쓰레기통을 비우는 일을 하라거나, 동물 보호소에서 학대받은 개나 고양이를 돌보라거나, 학교에서 범죄 예방 모임을 만들라는 판결도 있었다. 맥클루어 판사의 법정에서 유죄판결을 받은 청소년들은 신문에 사진이 실리게 되며 자녀를 잘 돌보지 않은 보호자에게는 자녀와 함께 형을 받도록 한 일도 있었다. 맥클루어 판사는 피해를 입힌 청소년의 부모가 그 피해를 보상하기 위한 약속어음에 서명을 하는 독특한 방식으로 판결문 초안을 작성하였다.

맥클루어 판사의 지지자는 이렇게 말했다. "판결은 단순히 상징적

성장하는 리더의 핵심가치

인 경고가 아닙니다. 이러한 판결은 언제나 어린 청소년들에게 반성할 수 있는 기회를 주고 앞으로 책임 있게 행동할 수 있도록 하기 위한 것입니다."

상식에 근거한 맥클루어의 판결방식은 그가 교통위반 즉결 재판소에 있으면서 청소년들이 보석금을 내고 본인이 저지른 문제에서 쉽게 벗어나는 것을 수년간 목격한 결과 탄생하게 되었다. 그는 이러한 사법제도의 문제를 인식하고 난폭운전을 하다가 붙잡힌 청소년들에게는 사고가 빈번한 금요일과 토요일 밤에 병원 응급실 문을 열고 닫는 일을 돕는 프로그램을 시행하였다. 그곳에서 일한 모든 청소년들은 그들의 행동이 초래했을 수도 있는 결과에 대해서 충분히 인지하고 반성하였다는 사실을 맥클루어가 확신할 수 있을 때까지 이해시켜야 했다.

처음으로 이 프로그램에 참여했던 청소년 중 한 명은 현재 탈라하시(Tallahassee) 지역에서 존경받는 변호사가 되어 있다. 맥클루어는 이렇게 말했다. "당시 어렸던 그는 친구가 오토바이 사고로 응급실에 실려오는 것을 보았습니다. 그 경험은 제가 내릴 수 있는 어떠한 판결보다도 그에게 강한 경각심을 불러일으켰을 것입니다."

맥클루어 판사도 눈코 뜰 새 없이 돌아가는 현대사회에서 잠시 시간을 내어 생각하고 자신을 돌아보는 것이 쉽지 않다는 사실은 잘 알고 있다. 그래서 그는 청소년들에게 자신들의 행동과 그러한 행동이 초래할 수도 있는 결과에 대해 글로 적어 제출하도록 명령한다.

많은 사람들에게 있어 하루 일과는 다람쥐 쳇바퀴 도는 것 같은 일의 반복일 수도 있다. 집에서 직장, 집에서 학교, 학교에서 학원, 그리고 집에 돌아와도 매일 반복되는 가사일로 바쁘다보니 우리가 직면한 삶의 문제들을 찬찬히 들여다보고 깊이 있게 생각할 여유가 없다. 어쩌다 시간이 난다고 해도 생각하기 보다는 TV 앞에서 멍하니 앉아 시간을 낭비하기 일쑤이다.

텔레비전 덜 보기 운동을 하고 있는 샌디애고(San Diego) 지역단체 '홈 투게더(Home Together)'에 따르면, 어린이들은 고등학교를 졸업할 때까지 평균 15,000시간을 TV 시청에 사용하는 반면 교실에서 보내는 시간은 단 11,000시간이라고 한다. 그리고 미국인들은 65세가 될 때까지 평균 9년을 TV 앞에서 보낸다고 한다. TV는 우리가 생각하는 것을 방해하고 우리를 게으르게 만든다. 그런가 하면 TV에서 방송된 내용은 모두 사실이라고 믿는 경향이 있다. 뉴스 보도만이 아니라 예능 프로그램에서 다루는 내용까지 모두 사실이라고 믿는 것 같다. '홈 투게더'에 따르면 20만 명이 건강문제에 대한 조언을 얻기 위해서 TV에 출연하는 의학박사 마커스 웰비(Marcus Welby)에게 편지를 썼고 우리는 겨우 6초짜리 답변과 정보를 얻었다고 한다.

우리가 모든 분야의 전문가가 될 수는 없겠지만, 우리는 우리가 신뢰하는 사람들, 뉴스를 보도하는 기자들이 아니라 뉴스의 장본인으로부터 아이디어와 견해를 구할 필요가 있다. 우리는 보다 정확한 정보를 얻기 위해 노력해야 하며 그 일이 귀찮다고 남에게 대신하게 해서는 안 된다. 성경은 이렇게 기록하고 있다. "진리를 알지니 진리가 너희를 자유케 하리라." 우리가 살아가는 세상과 창조의 진실을 책임감 있게 받아들인다면 이 막막한 세상을 헤쳐 나갈 수 있는 도덕적 나침반을 갖게 될 것이며 우리가 누릴 수 있는 세상의 자유를 마음껏 누리며 살아갈 수 있을 것이다.

좋은 정보를 얻을 수 있는 방법을 찾는 것도 중요하지만, 우리가 창의적인 사고를 할 수 있도록 스스로를 자극할 수 있는 방법을 찾는 것도 필요하다. TV 앞에서 시간을 보내는 것 대신 가족이나 친구와 함께 최근의 주요 사안이나 걱정거리에 대해 생각을 나누고 그와 관련된 책을 통해 생각의 깊이를 더할 수 있다면 얼마나 유익할지 생각해 보라. 때로는 조용히 자기를 돌아볼 수 있는 시간을 갖는 것도 중요할 것이다. 매일 몇 분의 시간을 할애하여 우리가 내려야 하는 결정에 대해 생각해 볼 수도 있다. 평소에 일어나는 시간보다 몇 분만 일찍 일어나거나, 자동차 라디오를 잠깐 끄거나, 매일 하루가 끝날 때 그날의 일과나 다음 날의 계획을 생각해 보는 것이다. 나는 또한 매일 시간을 구별하여 기도를 통해 인도를 구하였으며 이러한 시간들은 내가 어려운 순간들을 극복할 수 있게 도와주었다.

우리가 진정으로 자유를 지키고자 한다면, 우리는 깨어있어야 하고 진지하게 생각해야 한다. 옳은 일을 선택하는 데 있어 이성은 반드시 필요하며 이는 우리가 자유로워지기 위한 열쇠이기도 하다.

8

자기절제
Self-discipline

Self-discipline 에 대한 검색 결과 입니다.

Self-discipline 미국·영국 [self ˈdɪsəplɪn] 🔊

[명사] 1.자기 수양 2.자기 훈련 3.자제

Self-discipline

우리가 스스로를 통제하지 못한다면 거짓말을 하거나 남을 속이거나 부당한 이익을 취하거나 약속을 어기는 등 일상생활 속에서 빈번하게 일어나는 유혹에 쉽게 빠질 수 있을 것이다. 반대로 내 마음을 잘 지켜낼 수 있다면 나의 이익을 위해서 타인의 자유와 권리를 침범하는 우를 범하지 않을 수 있다.

용기와 겸손 및 이성처럼, 자기절제도 우리가 우리 스스로의 자유를 잘 지켜낼 수 있도록 도와준다. 자기절제라는 단어에 '자기(Self)'가 들어 있는 이유는 우리가 우리 스스로의 욕망의 지배를 받게 되면 옳은 선택을 위한 신중함과 용기를 잃어버리기 때문이다.

자기절제는 묵상이 아닌 행동에 그 뿌리를 두고 있다. 자기절제는 능동적인 상태를 이야기한다. 이는 내일의 유익을 위해서 오늘의 즐거움을 희생하는 것이며 단순히 식욕을 억제하는 것뿐만 아니라, 정해진 생활비 안에서 생활하는 것이든, 유쾌한 성격을 유지하는 것이든, 시간을 잘 지키는 것이든, 우리가 하는 모든 일에 대해 통제력을 갖는 것이라고 할 수 있다.

가끔 사람들은 내가 부유한 가정에서 태어나 굳이 일을 하지 않아도 되는데 왜 매일 10시간 12시간 씩 일하는지 묻는다. 나의 대답은 이렇다. "많은 것이 주어진 자에게는 주어진 것 보다 더 큰 사명이 따릅니다." 하지만 결핍이 상대적으로 부족한 환경에서 그 사명을 인식하고 따르기 위해서는 적지 않은 자기절제와 노력이 필요했다.

현재 암웨이는 100여 개 지역 및 국가에 진출한 다국적 기업으로 성장해 있지만 내가 어렸을 때만 해도 암웨이는 아직 작은 회사에 불과했고 성장을 막 시작하는 초기 국면에 있었기 때문에 나와 나의 형제들은 지극히 평범한 어린 시절을 보냈다. 하지만 지금 우리의 자녀들과 조카들은 상황이 좀 다르다. 모든 필요와 바라는 것들이 충족될 수 있는 환경에서 자라고 있다. 그들에게 많은 기회가 주어져 있지만 한편으로는 잘못된 결정을 내릴 수 있는 기회는 더 많다고 할 수 있다. 나의 아이들도 아직까지는 나와 내 아내의 훈육으로 자라고 있지만 언젠가는 우리 곁을 떠나 스스로 본인 삶에 책임을 져야 하는 순간이 올 것이다. 그때도 계속해서 옳은 선택을 하기 위해 필요한 것은 그들의 가치관, 원칙, 그리고 자기 통제력이라 생각한다.

작가이자 신학자인 나의 친구 닐 플랜팅가(Neal Plantinga)는 자기절제에 대해 이렇게 말했다. "스스로를 통제해야 하는 자기절제는 절대로 자유의 반대개념이 아니다. 그것은 오히려 자유의 핵심가치이자 가능성이다." 진정한 자유는 외부의 제약이 최소화된 상태이므로 오히려 내적 통제가 요구된다. 따라서 자기절제 없이는 진정한 자유를 누릴 수 없다.

우리가 만약 우리에게 주어진 시간, 자원, 그리고 재능을 자기 자

성장하는 리더의 핵심가치

신을 통제하지 못해 낭비한다면 모든 것을 남에게 의존하며 감정과 충동의 노예가 되어버릴 것이다.

마하트마 간디(Mahatma Gandhi)는 자기절제를 세 번째로 중요한 원칙으로 여겼고 자기절제 없이는 첫 번째, 두 번째 원칙인 진리와 비폭력도 실천할 수 없다고 생각하였다. 자기절제를 통해 얻을 수 있는 실질적인 유익도 많지만 자기절제는 조금 더 고차원적인 목적에도 기여한다. 예를 들어, 이성과 양심을 통해 그리스도인들은 하나님의 뜻을 알 수 있다. 하지만 그 뜻을 행동으로 옮기려면 반드시 자기절제가 필요하다.

자기절제를 통해서 좋은 의사결정의 습관을 만들 수 있다면 양심적인 결정을 할 때마다 매번 의지가 필요하지는 않을 것이다. 반복되는 자기절제는 우리의 반응을 점차 습관화하여 유혹이 우리를 제압하지 못하게 도와준다. 복싱 챔피언 조 프래지오(Joe Frazier)는 시합에 임하는 자세에 대해 이야기하면서 비슷한 반응에 대하여 설명한 적이 있다. "모든 것은 그날의 몸의 컨디션(Condition)과 반사 신경에 달려있습니다." 프래지오는 말했다. "시합이 잘 풀리지 않으면 결국 이 두 가지밖에 남는 것이 없게 되거든요. 아침에 나를 속였다면 링 위의 밝은 조명 아래 발가벗겨지듯 환하게 드러날 것입니다."

불행하게도, 오늘날 많은 사람들은 자기절제를 완고함 또는 융통성이 없는 것과 혼동한다. 자기절제는 유혹에도 불구하고 우리의 도덕적 잣대와 신념을 토대로 올바른 결정을 내리는 것이다. 자기절제는 자신을 통제하여 우리 자신에게 적합한 우선순위를 정하고 상충되는 욕망 사이에서 현명하고 공정한 선택을 하는 것이다.

자기절제에 신중함이 더해지면 진정성을 낳는다. 다시 말해 자기를 다스릴 줄 아는 사람이 신중한 자세를 취하면 사람들은 그에게서 진정성을 느끼게 된다.

자기절제와 이성적 판단이 결합되면 예의와 공손함을 낳는다. 때로는 상식적이지 않은 사람들로 인해 감정적으로 격해지는 상황에서도 스스로를 통제하며 이성적으로 생각할 수 있다면 예의 바르고 공손하게 대처할 수 있게 된다. 무엇보다 우리는 자기절제를 통해 진정성 있게 행동할 수 있게 된다. 자기절제가 가능해지면 진실을 말하고 약속을 지키고 공정하게 행동할 수 있게 된다. 반대로 자기절제가 어려운 사람들은 말과 행동의 일관성이 떨어지고 올바른 결정을 내리지 못하므로 주변 사람들로부터 신뢰를 얻지 못한다.

자기절제를 위해 노력하는 사람들은 많지만 그 중 한 가지 사례를 나누고자 한다. 합동 참모 본부 의장이었던 콜린 파월(Colin Powell)은 그의 삶 전체를 통해 자기절제를 철저히 실천한 사람이었다. 그의 철학은 단순했다. 그의 믿음은 삶에서 작은 일을 잘 해낼 수 있다면 더 큰 일도 잘 해낼 수 있다는 것이었다.

콜린 파월은 자메이카 이민자의 아들로 뉴욕에서 성장하였다. 파월의 아버지 루터(Luther)는 의류업계 물류담당 사원이었고 어머니 머드(Maude)는 재봉사였다. 그들은 마약과 범죄가 만연한 브롱스(Bronx) 지역의 매우 열악한 동네에 살았다. 하지만 파월에게 자기절제는 생존의 열쇠였을 뿐만 아니라 더 나은 삶으로 가는 유일한 티켓이었다.

아버지는 자식들을 위해 열심히 살았고 어린 콜린은 그러한 기대에 부응하려고 노력하였다. 열일곱 살이 되었을 때 그는 음료수 공장에서 시간당 90센트를 받고 일하게 되었다. 그는 음료 주입기를 담당하기 원했지만 그에게 주어진 일은 바닥을 청소하는 일이었다.

콜린은 그해 여름 내내 끝도 없이 펼쳐진 콜라로 얼룩지고 끈적거리는 바닥을 청소하며 보냈다. 그는 불평하는 대신 그 공장에서 일했던 그 누구보다 걸레질을 잘하는 사람이 되기 위해서 노력했다. 다른 직원이 자기보다 먼저 승진하는 것을 보고 항의하고 싶었지만 그는 의식적으로 청소에 집중하려고 노력했다. 그러던 어느 날, 50상자의 콜라가 시멘트 바닥에 떨어져서 그것을 치우라는 말을 들었을 때 그는 더 이상 참을 수 없다고 생각했지만 그동안 스스로를 통제하는 습관으로 인해 그 위기의 순간을 잘 넘길 수 있었다. 결국 파월의 고용주는 그의 성실함을 인정하게 되었고 그 이듬해 여름에 그는 병을 주입기에 넣는 일을 맡게 되었고 그다음 여름에는 드디어 부감독이 되었다.

그 이후에 어떤 일이 있었는지는 잘 알려져 있다. 파월은 뉴욕 시립대의 ROTC 훈련 프로그램에 참여하여 베트남전에 참전하였고 그 후에는 조지 워싱턴 대학 대학원에서 학위를 마치고 군의 여러 임무를 수행하며 뛰어난 능력을 발휘하였다. 그는 자신의 자기절제와 성실함 덕분에 레이건(Reagan) 대통령의 국가 안보 고문 자리에 오르게 되었다. 2년간의 임무 수행 중 당시 부통령이었던 부시(Bush)의 눈에 띄었으며 부시는 나중에 파월을 합참 의장에 임명하였다. 파월은 소수 민족 중 처음으로 그 직위에 올랐을 뿐 아니라 가장 어린 나이에 그 위치에 오른 사람이 되었다.

그는 유명세를 떨치며 대단한 업적을 이루어낸 것처럼 보였지만 그와 함께 일을 해본 사람들에게는 그 결과가 그리 놀라운 일만은 아니었다. 심지어 그가 시멘트 바닥을 닦는 모습을 본 사람들까지도 같은 반응이었다. 그들의 눈에 파월은 이미 성공이 보장된 사람이었다. 그의 철저한 자기 통제력은 그가 큰 직책을 맡을 수 있게 하였는데 이는 그가 엄청난 압박감 속에서도 올바른 결정을 할 수 있는 사람이라는 사실을 믿었기 때문이다.

톰과 폴린 니처 부부가 돈이 절실히 필요한 상황에도 불구하고 습득한 가방을 경찰서에 돌려주기로 결정하기 위해서는 자기통제가 필요했다. 칼 립켄이 수년간 지속적으로 경기에 출장하고 최선을 다하기 위해서도, 메달리온 건설회사의 로버트 조지가 하도업자의 실수를 통해 이득을 챙기지 않기 위해서도, 그리고 간호사 캐서린이 진실한 삶을 살기로 결정하기 위해서도 자기절제가 필요했다.

진정성을 유지하기 위해서는 자기절제가 필요하다. 옳은 일을 선택해야 할 이유가 전혀 없어 보이는 상황에서도 옳은 일을 선택할 것이라는 다른 사람들의 신뢰를 얻기 위해서는 더더욱 그러하다. 자기절제는 어떤 일을 성취하는 과정을 수월하게 만들어주기도 한다.

토머스 에디슨이 전구를 완성하기 위해서 얼마나 많은 실험과 실패를 거듭해야 했을까? 당연히 이 과정을 견뎌내기 위해서는 끈기가 필요했고 끈기는 자기절제를 요구한다. 우리가 알다시피 뛰어난 업적을 이룬 사람들은 많지만 그들의 성공이 하루아침에 이루어진 것은 아니다. 음악이든, 운동이든, 사업이든 성공은 모두 장기간의 걸쳐 투자된 보이지 않는 노력과 훈련의 결과이다.

콜린 파월의 친구인 존 헨리 스탠퍼드(John Henry Stanford) 역시 자기절제의 필요성을 잘 인식하고 있었다. 퇴역 육군 장군이었던 스탠퍼드

성장하는 리더의 핵심가치

는 미국이 직면한 문제 중 가장 심각하다고 느낀 문제에 맞서 싸우기로 결심하였다. 그가 해결해보고자 했던 일은 바로 어린아이들에게 자기절제를 가르치는 것이었지만 '쉬운 것'이 '좋은 것'이라는 잘못된 가르침을 받고 자란 어린 세대에게 자기절제를 가르치는 일은 결코 쉬운 일이 아니었다.

화려한 군 생활을 마치고 조지아(Georgia)주 애틀란타(Atlanta) 풀튼 카운티(Fulton County)에서 고위직을 지낸 스탠퍼드에게는 많은 선택의 기회가 놓여있었다. 조직에서의 경험과 능력은 분명히 민간회사에서 환영을 받았을 것이고 그에 따른 보수도 적지 않았을 것이다. 또는 정계로 진출하거나 그냥 편안한 은퇴생활을 즐길 수도 있었다. 하지만 그는 "위대한 모험"이라고 스스로 부르는 과제를 시작하기로 하였다. 그의 모험이란 학생들의 중퇴 비율이 15%나 되고 학교에 다닐 나이가 된 자녀를 둔 부모의 3분의 1이 자녀들을 사립학교에 다니게 하고 있는 한 지역 카운티의 대규모 학교 행정 관리자로서의 직분을 맡는 것이었다.

시애틀에 새로 부임한 이 행정 관리자의 가장 큰 문제는 그가 교육제도의 관리와 관련하여 제대로 된 교육을 한 번도 받은 적이 없다는 것이었다. 그는 교육자도 학자도 아니었다. 하지만 그는 30년 이상 더 효율적이고 생산적인 조직 관리에 대해 고민해온 사람이었다. 그리고 그는 아이들에게 자기절제를 가르치려면 어른들이 먼저 모범을 보여야 한다는 사실을 알고 있었다.

"학교를 신병 훈련소로 만들려고 한 것은 아니었습니다." 그는 말했다. "하지만 그렇다고 학생들이 그들의 생각과 행동을 통제하여 태도를 개선할 수 없는 것은 아닙니다. 어차피 교육은 군대에서나 밖에서나 똑같습니다. 신체와 정신을 훈련시키는 것이며 장점을 살려 성공하는 것입니다."

스탠포드의 계획은 위에 있는 사람들부터 좋은 본을 세운 다음 적절한 훈련과 징계와 공정한 노력을 통해서 학생들에게 메시지를 전달하는 것이었다. 그의 계획은 동료 행정 직원들이 주간 근무일정을 조정하여 매주 하루를 직접 학교에서 일하도록 하는 것으로 시작했다. 그들은 학생들에게 공부를 가르치기도 하고 교실 청소를 하거나 시설 유지보수를 하기도 했다. 그는 중앙 행정부 직원들에게 성공은 교실에 있다는 것을 이해시키고 싶었고 학생들이 무엇이 필요한지 직접 느끼고 학생들과의 정기적인 만남을 통해 활력을 얻기를 바랐다.

스탠퍼드는 직원들이 전화벨이 3번 울리기 전에 예의를 갖추어 전화를 받도록 지시하였다. 시간 엄수 역시 규칙이었다. 선생님들은 정해진 시간에 교실에 들어가야 하며 학생들은 시간이 되면 자리에 앉아 수업을 들을 준비를 해야 했다. 한편 교사와 학생은 서로에게 예의를 지키고 존경심을 갖도록 가르쳤다. 모욕적인 언어와 행동은 용납되지 않았고 교실의 안과 밖에서의 불성실한 행동과 변명은 용납되지 않았다.

스탠퍼드는 높은 개인의 목표와 학업 성취 기준을 세운 것뿐만 아니라, 독특한 관리 시스템을 시행하였는데 교사들은 모든 학생에 대해서 학업 성취 보고서를 분기별로 제출해야 했고 교사들뿐만 아니라 학생들의 부모 역시 아이들의 교육에 책임이 있는 것으로 간주하여 부모님도 자녀들에게 얼마나 관심을 가지고 격려하였는지도 평가 받아야한다고 생각했다.

우수한 학생들에게는 특별한 지위와 보상이 주어졌고 보충학습이 필요한 아이들에게는 '학업 신병 훈련소'에 초대되었다.

스탠퍼드는 자기절제에 기반을 둔 교육을 시행하려는 그의 노력이 아직 시작에 불과하다는 사실을 충분히 인식하고 있다. "저는 모든 문제의 답을 알고 있지 않습니다." 그는 말했다. "어떠한 리더도 그것을 알지 못할 것입니다. 하지만 저는 행동으로 답을 찾아갈 것입니다."

시애틀 지역 학교들의 교육방법을 개선하기 위한 스탠퍼드의 방법이 얼마나 효과를 거둘 수 있을지는 조금 더 지켜봐야 할 일이지만 현재까지는 그의 리더십이 긍정적인 영향을 주고 있다고 판단된다. 또한 그는 학생들, 부모들, 학교 관계자, 공무원들의 절대적인 지지와 신임을 얻고 있고 그가 이 일을 맡은 짧은 기간을 감안할 때 이러한 변화는 실로 놀라운 것이다.

콜린 파월과 스탠퍼드가 분명히 인식한 것처럼, 자기절제는 생산적인 삶에 필요한 핵심 가치이며 끊임없는 자기 통제의 노력을 통해 진정성을 유지하며 개개인의 소중한 자유를 지켜나가야 할 것이다.

1. 긍정 (Optimism)
2. 헌신 (Commitment)
3. 주도성 (Initiative)
4. 일 (Work)
5. 인내 (Perseverance)
6. 책임 (Accountability)
7. 협력 (Cooperation)
8. 관리능력 (Stewardship)

제2장

자유를
누리기위한
여덟 개의 기둥

- 실천하기 -

자유를 누리기위한
여덟 개의 기둥

1. 긍정 (Optimism)
2. 헌신 (Commitment)
3. 주도성 (Initiative)
4. 일 (Work)
5. 인내 (Perseverance)
6. 책임 (Accountability)
7. 협력 (Cooperation)
8. 관리능력 (Stewardship)

자유를 누리고자 한다면 먼저 자립(自立)해야 한다. 우리가 자립했다면 다시 말해 타인에게 의존하지 않고 있다면, 우리는 누군가의 의견, 결정, 행동에 영향을 받지 않을 것이다.

그러나 우리가 의존하고 영향을 받아야 할 유일한 대상이 있다면 그것은 하나님이라고 나는 믿고 있다. 그 이유는 우리는 순종을 통해 진리와 하나가 될 수 있고 비로소 자유를 얻을 수 있기 때문이다.

우리가 자립했다면 주변 사람들에게 부담을 주고 있지 않을 것이고 그들의 권리와 자유를 존중할 것이다. 따라서 자유를 누리는 것은 '하고 싶은 일'을 하는 것이기도 하지만 '옳은 일'을 당당하게 선택하는 것이라고 할 수 있다.

옳은 일을 선택하려면 능력이 필요하다. 앞 장에서 제시한 자기절제, 용기, 겸손, 이성, 동정심 등이 그러한 능력을 키우는데 도움이 된다. 하지만 이 가치들은 '하고 싶은 일'을 하는 우리의 능력에도 기여한다. '옳은 일'을 하는 데 능력이 필요한 것처럼 '하고 싶은 일'을 하는 데도 능력이 필요하다. 그렇다면 자유를 좀 더 정확히 정의해 보자.

'자유란 하고 싶은 일, 옳은 일을 할 수 있는 능력을 갖는 것과 이 두 가지를 모두 행동으로 옮길 수 있는 것'이라 정의할 수 있다.

2장에서 제시하는 가치들은 그러한 일을 할 수 있게 하는 우리의 능력을 강화시켜 우리가 실제로 자유를 누리고 실천해 나가는데 도움을 줄 것이다.

1

긍정
Optimism

Optimism 에 대한 검색 결과 입니다.

Optimism 미국식 [ɑːp-] 🔊 영국식[ˈɒptɪmɪzəm] 🔊
[명사] 1.낙관주의 2.낙천주의 3.낙천관

Optimism

위대한 공상가였던 헨리 포드(Henry Ford)는 긍정의 힘을 믿었다. "당신이 성공할 것이라고 믿든 실패할 것이라고 믿든, 당신의 생각은 맞습니다. 왜냐하면 생각한대로 될 것이기 때문입니다." 그는 삶에 대한 믿음이 얼마나 큰 결과를 가지고 올 수 있는지 그 누구보다 잘 알고 있었다.

암웨이 사업에 있어서 긍정적인 자세는 성공에 매우 중요한 역할을 한다. 암웨이 사업을 단연 돋보이게 하는 것이 바로 "할 수 있다"정신이다. 어떤 환경에서도 장애물을 극복하고 목표를 달성할 수 있다는 믿음이 그 핵심이다.

많은 사람들은 긍정적인 성향은 타고나는 것이라 생각한다. 하지만 나는 전혀 그렇게 생각하지 않는다. 긍정은 세상을 특정한 방식으로 바라보기로 결정하는 태도에 가깝다고 할 수 있으며 그 결정을 내리는 것은 바로 나 자신이다. 익숙한 사고의 틀을 한순간 바꾸는 것이 쉽지는 않겠지만 분명한 사실은 고민과 훈련을 통해 누구나 바꿀 수 있다는 것이다. 긍정적인 사고를 "장미빛 안경을 쓰고 세상을 바라보

성장하는 리더의 핵심가치

는 것"으로 표현하기도 하지만 절대로 힘든 삶의 문제들을 무시하는 것과 혼동해서는 안 된다. 긍정은 현재의 문제를 무시하는 것이 아니라 그 너머를 보는 것이다.

실제로 삶을 대하는 우리의 자세가 삶이 어떻게 전개될 것인가에 영향을 줄 수 있다는 과학적 근거는 많다. 대학생들을 상대로 한 조사에 의하면 대학에서 첫 학기를 시작하는 1학년 학생의 경우 그들이 가진 긍정도가 그들의 대학 입학 점수나 고등학교 시절의 평균 학점보다 그 이후 학업 성과에 더 많은 영향을 주는 것으로 밝혀졌고 자동차와 TV 영업 분야에서도 긍정적인 사원이 부정적인 사원보다 매출이 확연히 높은 것으로 나타났다.

우리가 하는 일의 결과에 대한 기대감이 없다면 일을 적극적으로 추진하려는 의지가 떨어질 것이고 실패에 대한 두려움 속에 소극적으로 행동하며 결국 우리의 재능과 자원과 기회를 낭비하게 될 수도 있다. 만약 새로운 사업을 구상하는 사람이 부정적인 결과만 매일 상상한다면 사업을 시작조차 할 수 없을 것이다. 그런가 하면 학생이 배운 지식을 적용할 기회가 없을 것이라고 생각한다면 아마 학교에 흥미를 느끼지 못할 것이며 사랑하는 사람과의 결혼이 결국에는 실패할 것이라고 믿는 순간 그 사람과의 만남이 더 이상 행복하지 않을 것이다.

긍정적인 사람들은 과거의 장애물을 되돌아보면서도 가능성을 발견하고 거절과 반대 속에서도 돌파구를 찾는다. 긍정의 눈으로 세상을 바라보면 세상은 도전할거리가 가득하다. 긍정은 우리의 자신감을 높여주고 역경을 만나더라도 극복할 수 있는 힘을 공급해 준다.

긍정적인 사람들은 자신들이 삶을 통제할 수 없음을 인정하면서도 자기절제를 통해 인생의 문제들을 잘 헤쳐 나갈 수 있다고 믿는다. 그들은 스스로 책임을 질 줄 알고 부정적인 사람들처럼 피해의식에 사로잡혀 있지 않다. 간단히 말해서, 긍정적인 사람들은 기본적으로 본인 스스로를 신뢰하며 스스로 하고 싶은 일을 할 수 있는 환경을 만들어 간다.

두 테니스 선수의 예를 들어보겠다. 한 명은 긍정적이고 다른 한 명은 부정적이다. 시합을 하다 보면 강한 상대를 만날 수 있는 확률은 둘 다 같다. 둘 다 실력이 같고 똑같이 패배했다는 가정을 해보겠다. 긍정적인 선수는 다음번에는 어떻게 해야 이길 수 있을지를 고민하면서 코트를 떠나고 부정적인 선수는 결과에 실망할 뿐 다음을 생각하지 않는다. 긍정적인 선수는 본인의 패배를 인정하고 패배로부터 더 많은 것을 얻는다. 부정적인 선수는 모든 문제를 다른 곳에서 찾기 때문에 아무것도 배우지 못할 것이다. 부정적인 사람들의 공통점은 본인이 피해자라고 생각하며 자기 연민에 빠지는 경우가 많다는 것이다.

우리 주변에 긍정적인 사람들은 무수히 많고 잊지 못할 이야기들도 많다.

대한민국 서울에서 개최된 올림픽에서, 미국 수영 선수인 매트 비욘디(Matt Biondi)는 마크 스피츠(Mark Spitz)가 16년 전에 그랬던 것처럼 일곱 개의 금메달을 목에 걸 유력한 선수로 기대를 한 몸에 받고 있었다. 하지만 처음 두 번의 경기에서 부진한 성적을 거두자 대부분의 수영 해설자들은 그를 더 이상 우승 후보로 부르지 않았다. 하지만 [학습을 통해 배우는 긍정(Learned Optimism)]이라는 책의 저자인 심리학자 마틴 셀리먼(Martin Seligman)은 이에 동의하지 않았다. 그는 비욘디와 몇 가지 테스트를 통해 그가 매우 긍정적이고 적극적인 사람이라는 것을 알게 되었다. 셀리먼은 이러한 패배가 비욘디의 앞으로의 경기에 영향을 주지 않을 것이며 남은 경기를 더 잘할 것으로 예측하였고 실제로 그렇게 되었다. 놀랍게도 비욘디는 그 후 경기에서 다섯 개의 금메달을 목에 걸었다.

볼티모어 오리올즈(Baltimore Orioles) 야구팀의 데이브 존슨(Dave Johnson)의 이야기도 감동적이다. 데이브는 스물아홉이라는 다소 늦은 나이에 프로야구에 데뷔하였다. 야구에서 스물아홉에 신인이 되는 것은 매우 이례적인 일이다. 특히 투수는 보통 십대 후반에서 이십대 초반에 선수 생활을 시작하고 활약을 하는 것이 일반적이기 때문이다.

존슨은 시작부터 여러 면에서 뒤쳐졌다. 본인 스스로를 평가해도 그는 결코 재능 있는 선수가 아니었다. 공이 그다지 빠르지도 않았고 힘이 좋지도 않았으며 상대하기 까다로운 투수도 아니었기 때문에 학교 야구팀 시절부터 언제나 마지막에 선택되는 선수였다. 하지만 어렸을 때부터 그는 언젠가 자신이 볼티모어 오리올즈 팀에서 선수생활을 할 것이라는 믿음이 있었다. 결국 그의 강한 신념과 목표 그리고 긍정적인 생각이 그가 꿈에 다가갈 수 원동력이 되었다.

존슨이 속한 고등학교 팀이 볼티모어 지역 선수권에서 승리를 했지만 데이브의 상황은 달랐다. 에섹스(Essex) 커뮤니티 대학교에서 투수로 뛰고 싶었지만 경쟁선수에 비해 체격조건이 좋지 않았던 그에게 기회가 올 가능성은 희박했다.

경제사정까지 좋지 못했던 그는 생활비를 벌기 위해 대형 트럭을 운전하며 지역의 세미프로 리그에서 활동했다. 메이저리그 스카우터들이 찾아올 때면 데이브를 향해 키가 너무 작고 왜소하다는 말만 반복하며 이렇게 얘기했다. "145km 정도는 던질 수 있을 때 다시 만납시다."

존슨은 크게 실망하였다. 사실 그의 경기 성적은 그리 나쁘지 않았다. 어떻게 그렇게 많은 삼진 아웃을 잡을 수 있는지 이해가 되지는 않았지만 그와 상대하는 많은 타자들이 허탈하게 더그아웃으로 걸어 들어갔다. 그는 투수의 역할이 타자를 아웃시키는 것인데 왜 본인에게 기회가 오지 않는지 이해할 수 없었다.

스무 살이 되자 존슨은 볼티모어 커뮤니티 대학교에서 야구선수로 장학금을 받게 된다. 11승 무패의 좋은 성적으로 결국 그가 속한 팀이 대학교 월드시리즈 결승에 나가게 되었고 언제나처럼 그곳에는 많은 메이저리그 스카우터들이 집결해 있었다. 존슨은 드디어 그에게도 기회가 왔다는 것을 직감했다.

그때 공을 떨어뜨렸다. 그것도 중요한 시합의 중요한 순간에 손에서 공을 놓치고 만 것이다. 심판은 볼을 선언하였고 주자는 번트도 필요 없이 홈에 걸어 들어왔다. 절망적일 수 있는 순간이었지만 존슨은 포기하지 않고 긍정적인 태도를 유지하였다.

그 일이 있고 얼마 지나지 않아 볼티모어의 샌드롯(Sandlot) 팀에서 공을 던지고 있던 중 한 야구 스카우터가 찾아와 저녁식사를 하면서 야구선수로서의 미래에 대해 의논하자는 제안을 하였다. 그 스카우터의 이름은 밥 도슨(Bob Dawson)이었다. 그는 식사를 하며 많은 질문을 하였고 마지막에 그의 강한 집념에 대해 칭찬하였다. 결국 그 인터뷰를 계기로 데이브는 피츠버그 파이레츠(Pittsburgh Pirates)의 마이너리그

팀인 살렘 부케니어(Salem Buccaneers)와 계약을 체결하게 되었다. 얼핏 보기에는 커다란 성과처럼 보일 수 있지만 사실 볼티모어 팀으로 가는 긴 꿈의 여정으로 본다면 아주 미비한 결과에 불과했다.

그러는 동안 그는 어렸을 때부터 가깝게 지내던 테라(Tera)와 결혼하였고 마이너리그 선수로서도 성장해 나갔다. 빠르게 목표를 달성하는 선수들도 보았고 목표에 도달하자마자 바닥으로 내려앉는 선수들도 보았지만 흔들리지 않고 타자들의 패턴을 연구하며 예측할 수 없는 공 배합을 연습하였다.

1년 후 존슨은 트리플 에이 소속팀인 버펄로 비슨(Buffalo Bisons) 팀에서 15승을 달성한다. 하지만 아무도 그를 메이저리그로 불러주지는 않았다. 그는 휴스턴 아스트로스(Houston Astro) 팀과 계약하지만 일곱 명의 화려한 선수들로 인해 빛을 보지 못했다.

그러던 중 그가 그렇게도 기다리던 기회가 찾아온다. 그는 트레이드 되어 뉴욕 로체스터(New York Rochester)에 있는 볼티모어 오리올즈 팀의 마이너리그 클럽으로 가게 된다. 존슨은 시즌 내내 초조하게 팀의 순위를 지켜보았고 결국 오리올즈 팀이 우승할 가능성이 높아지게 되었다.

데이브는 드디어 오리올즈 팀의 연락을 받게 된다. 팀은 보스턴에서의 더블 헤더 중 두 번째 게임에서 그를 기용하려 했다. 그러나 만약 비 때문에 두 번째 경기가 취소되면 그는 로체스터로 돌아가게 될 것이고 다시는 메이저리그에서 공을 던질 기회가 없을 수도 있다는 것을 알고 있었다.

그는 상황을 주시하며 간절히 기도하였다. 다행히 구름이 걷히고

객석의 우산들이 접히는 것을 보고 오리올즈의 전설적인 감독인 프랭크 로빈슨(Frank Robinson)은 데이브에게 다가와 그에게 공을 건네며 말했다. "가서 본때를 보여줘."

많은 사람들의 기대를 안고 마운드에 오른 데이브의 첫 출전은 아쉬움을 남겼다. 악명 높은 장타자 닉 에사스키(Nick Esasky)에게 빠른 직구를 던졌고 결과는 실투였다. 에사스키가 공을 얼마나 강하게 쳐 올렸는지 그 공이 아직 땅에 떨어지지 않았다고 이야기하는 동료도 있을 정도였다. 결국 볼티모어는 4점을 내주었고 경기에 패하고 말았다. 완벽한 사람은 아무도 없다. 하지만 이러한 중요한 순간에 나온 실수는 견디기 힘든 경험이었을 것이고 이런 상황에서 그가 느꼈을 부담은 상상하기 힘들다. 그러나 그는 절망하지 않았고 오히려 수년간 갈고닦아온 실력을 발휘하였다. 감독이 그를 교체하기 전까지 이어진 3이닝 동안 안타를 하나도 허용하지 않으며 좋은 투구를 선보였다. 데이브 존슨은 첫 번째 메이저리그 출전에서 살아남았으며 그 이후로도 계속 메이저리그에서 활동할 수 있었다.

데이브는 오리올즈 다음 경기에서 9이닝을 던졌을 뿐 아니라 볼티모어 메모리얼 스타디움의 홈 팬들이 지켜보는 가운데 팀에게 승리를 안겨주었다. 그는 그다음 경기에서도 승리를 거두었고 그로 인해 금주의 아메리칸리그 선수상을 수상하였다.

데이브 존슨이 꿈에 그리던 바로 그 팀에서 최선을 다했지만 볼티모어 오리올즈는 아깝게 그 해 우승을 놓쳤다. 만약 데이브 존슨 같은 선수가 한두 명 더 있었다면 과연 어떤 결과가 나왔을까 하는 아쉬움이 남는다.

데이브의 긍정적인 자세는 자신뿐만 아니라 팀 전체에도 좋은 영향을 주었을 것이며 아마도 그의 건강에도 좋은 영향을 주었으리라 짐작해본다.

많은 의학 연구결과가 긍정이 우리의 건강을 지키는 데 중요한 역할을 한다는 사실을 뒷받침 해주고 있다. 한 연구결과의 예를 보면, 긍정적인 환자들은 일반 환자들에 비해 항생제 사용량을 줄일 수 있었으며 심장 마비 발생률도 낮게 나타났다.

이 연구에 의하면 그와는 반대로 부정적인 사람들은 우울증에 걸릴 확률이 높아지고 감기, 암, 심장병에 이르기까지 각종 질병에 더 잘 걸린다고 한다. 낙관적인 사람들이 건강을 더 챙기고 몸에 이상이 생기면 신속하게 치료를 하기 때문이라고 할 수도 있겠지만 우리의 면역 체계가 스트레스의 영향을 많이 받는다는 사실도 간과해서는 안 될 것이다. 이유가 무엇인지 확실치 않더라도 병의 종류와 상관없이 긍정적인 사람들의 치료 또는 회복 속도가 일반 환자에 비해 상대적으로 빠르다는 것은 잘 알려져 있는 사실이다.

또한 이러한 연구들은 긍정적인 태도가 타고나는 것이 아니며 배울 수 있는 기술에 가깝다고 설명하고 있다. 긍정적 사고에 대한 저서로 유명한 나폴레온 힐(Napoleon Hill)은 우리가 시간을 어떻게 사용하고 일을 얼마나 하고는 여러 가지 변수에 의해 통제할 수 없을 수 있으나 우리의 생각만큼은 스스로 통제할 수 있다는 사실을 강조하였다. 직업, 능력, 가족 그리고 삶에 대한 자세를 만드는 우리의 생각은 결국 우리 머릿속에서 스스로 만들어낸 것이다. 따라서 우리가 어떤 문제가 발생했을 때 어떻게 반응하기로 결정하느냐에 따라 안 되는 이유를 계속 찾을 수도 있고 반대로 그 일을 해낼 수 있는 방법을 계속 찾을 수도 있는 것이다.

인간의 본성이 완벽할 수 없다는 것은 나도 인정하지만 나는 그 너머의 가능성을 보려 한다. 누군가의 단점에 집착하기보다는 그들이 가진 좋은 점들에 집중하고 싶다. 나의 신앙도 이러한 나의 긍정적 사고와 무관하지 않다. 세상이 그냥 존재하는 것이 아니라 창조된 것임을 믿으면 우리 삶을 바라보는 관점이 달라진다. 하나님이 우리를 사랑하신다는 것과 사람들은 모두 특별한 목적을 가지고 이 땅에 태어났다는 것을 믿으면 모든 일의 결과가 우리가 바라는 때에 우리가 바라는 방법으로 일어나지 않는다 하더라도 결국은 가장 좋은 방향으로 해결될 것임을 믿게 되고 근심하며 살지 않을 수 있다.

나는 마지막에 선이 악을 이길 것을 믿는다. 하나님은 능히 그 일을 하실 것이다. 나는 내가 믿는 하나님이 나의 미래를 책임지고 도와주실 것을 믿기 때문에 긍정적일 수 있다.

반대로 내가 만약 운명론자였다면 어땠을까? 세상은 그냥 스스로 존재하며 선이 승리할 확률은 매우 희박하고 질서도 삶의 목적도 없고 모든 일은 그저 무작위로 발생하는 사건의 결과이며 결정적으로 나를 도와줄 신의 존재가 없다면 아마도 나는 지독한 비관론자였을 것이다.

하지만 다행히 나는 문제보다 가능성을 먼저 바라보는 낙관주의자이다. 미래에 대한 믿음은 긍정적인 사고를 가능하게 할 뿐만 아니라 희망도 함께 가져다준다. 희망은 우리의 인생을 더 값진 것으로 만들어주며 우리의 생존을 위해서도 필수적인 요소이다. 뉴저지 의학 대학의 외과교수 케네스 스완(Dr. Kenneth Swan) 박사는 희망의 힘에 관한 이야기를 들려주었다.

스완 박사는 베트남 전쟁 중 켄 맥개리티(Ken McGarity)를 처음 만나게 되었다. 당시 스완 박사는 외과 레지던트를 끝낸 지 얼마 안 된 대위였고 베트남 남부 플레이쿠(Pleiku) 외곽의 71 병원에서 근무하고 있었다. 그가 저녁식사를 하고 있을 때 응급 환자가 도착했다. 아군 헬리콥터가 적의 로켓에 맞아 폭파되면서 당시 열아홉 살이던 켄 맥개리티가 심한 부상을 입게 된 것이었다. 그는 의식이 희미한 상태로 금발 머리카락이 피에 물든 채 들것에 실려 왔고 계속해서 뼈와 살이 뒤범벅이 된 그의 다리를 가리키고 있었다.

그의 상처가 매우 위중하여 희망이 없어 보였기 때문에 만약 수술실에 다른 부상자가 많았다면 전시 병원 관례에 따라 부상자를 분류할 경우 생존 가능성이 희박한 환자로 분류되어 아마도 그를 포기해야 했을 것이다. 하지만 다행히 당시에는 다른 환자가 없었다.

스완 박사 의료진은 일곱 시간에 걸쳐 맥개리티를 치료하였다. 그들은 그의 두 팔은 살렸지만 두 다리와 손가락 하나를 절단해야만 했다. 안과에서는 그의 왼쪽 눈을 제거한 후 그의 오른쪽 눈을 살리려고 노력했지만 성공하지 못했다. 신경외과에서는 머리에 박힌 커다란 금속조각을 제거하는 과정에서 두뇌의 상당 부분을 떼어내야 하였으며 나머지 상처들도 치료가 필요했다.

수술 후 스완 박사는 아내에게 보낸 편지에서 이렇게 고백하였다. "그가 살아 있다는 것이 믿을 수가 없었고 사실 나는 그가 차라리 죽었으면 했어...." 하지만 스완 박사는 그를 살리기 위해 최선의 노력을 했다. 그의 동료들은 환자가 살아난다고 해도 그의 미래가 너무 절망적임을 지적하며 그의 결정에 의문을 제기하였다. 그러나 스완 박사는 이렇게 대답했다. "저는 아프고 다친 사람들을 치료하는 훈련을 받았습니다. 그가 죽고 사는 것은 하나님이 결정하실 겁니다."

놀랍게도 맥개리티는 죽지 않았고 회복을 위해서 일본으로 보내졌다. 그 후 스완 박사도 그 환자의 소식을 듣지 못했다. 하지만 나중에 71 병원에서 일하던 한 군목이 맥개리티가 퇴원했다는 소식을 전해 주었을 때, 스완 박사는 그가 살아 있다는 사실에 충격을 받았다. 맥개리티의 앞으로의 비극적인 삶을 생각하며 과연 그가 했던 선택이 옳았는지 진지하게 생각해 보지 않을 수 없었다.

사실 그는 맥개리티 앞에 놓인 우울한 미래를 상상했다. 아마도 그는 앞을 못 보는 상태에서 마약에 중독된 채 퇴역 군인 병원의 외로운 병동에서 여생을 보낼 수도 있을 것이다. 그는 마음이 아프고 괴로워 마음속에서 그에 대한 모든 기억을 지워버리기로 했다.

그리고 25년이 흘렀다. [아메리칸 메디컬 뉴스(American Medical News)] 잡지에 게재될 외상 치료에 대한 기사를 위해서 인터뷰를 하던 중 기자 피터 맥퍼슨(Peter MacPherson)은 스완 박사의 환자 중에서 가장 심한 부상을 당했던 사람이 누구였는지 질문하였다. 순간 베트남에서 그가 치료했던 환자에 대한 기억이 되살아났다.

그 후 맥개리티의 이야기가 기사에 실렸고 독자들은 스완 박사가 옳은 선택을 한 것인지에 대한 의문을 제기하며 그 군인에 대해 궁금해했다. 스완 박사 역시 이러한 질문에 답을 하고 싶었다. 문제는 그가 맥개리티의 성을 기억하지 못한다는 것이었다.

워싱턴 DC에 있는 국립 기록 보관소의 군 기록을 확인했으나 허사였다. 그 후 기사를 작성했던 맥퍼슨은 부상자 치료 연구 센터의 부상자 데이터의 파일을 보게 되었는데 우연히도 그때 그 71 병원에 대한 연구를 시행하고 있었다. 스완 박사는 곧바로 그 연구 센터에 연락을 하였지만 정보를 공개할 수 없다는 원칙을 고수했고 결국 2년이 지나서야 그 자료를 구할 수 있었다.

이를 통해 그 환자가 조지아 주 콜럼버스에 살고 있음을 알게 되었고 그를 찾아가기로 결심하였다. 가로수가 늘어선 그의 집에 도착하자 맥개리티의 부인 테레사가 나와서 그를 반갑게 맞았고 잠시 후 자신이 치료했던 그 환자가 기다리고 있는 방으로 안내했다.

살이 좀 찌고 머리가 살짝 벗겨진 모습의 맥개리티는 그를 향해 환한 미소를 머금고 있었다. 그는 휠체어를 타고 스완 박사에게 다가와서는 그에게 악수를 청했다. 손가락이 하나 없기는 하였지만 악수를 하는 맥개리티의 손은 힘이 넘쳤다.

"당신을 다시 만나게 되네요. 반갑습니다." 맥개리티는 말했다.

베트남에서 돌아온 후 많은 일이 있었다고 했다. 그는 피아노 치는 법을 배웠고 기저귀를 갈고 펑크 난 타이어를 수리하고 자기 집 지붕을 고치는 법까지 배웠다. 다시 학교에 들어가 고등학교 과정을 마쳤고 대학에서 1년 반 공부를 한 후 지금은 아내가 학교에 잘 다닐 수 있도록 도와주며 두 명의 자녀를 키우고 있었다.

맥개리티는 희망이 있었기 때문에 그 고난을 견뎌낼 수 있었다고 고백했다. 일본에서 퇴원하여 미국행 비행기에 올랐을 때 그는 문득 그가 가슴에 품고 있던 희망과 꿈에 대해서 생각했다고 한다. 그는 스스로에게 아직도 그 꿈들을 이루고 싶은지 물었고 그 순간 자신이 아직도 살아 있음을, 그리고 이러한 꿈들을 아직도 이룰 수 있다는 희망이 있음을 감사하였다.

맥개리티는 아내인 테레사(Theresa)를 밴드 라디오를 통해서 처음 만나게 되었다. 그녀는 맥개리티가 시각 장애인이고 불구라는 사실 때문에 그를 떠나지 않았다. 알고 보니 그녀의 외할머니가 시각 장애인이었고 그녀의 친한 친구는 뇌성마비로 인해 휠체어를 타고 다녔다. 그들은 첫 만남 이후 빠르게 가까워졌으며 4개월 만에 결혼하였다.

"남편의 목숨을 구해 준 사람이 누군지 꼭 만나고 싶었습니다." 테레사가 스완 박사에게 말했다. "그와 함께 한 20년의 소중한 시간과 예쁜 두 딸을 갖게 해주셔서 정말 감사합니다."

긍정과 희망은 우리에게 아무리 절망적인 상황에서도 인생은 살아갈 만한 가치가 있다는 진리를 가르쳐준다. 스완 박사가 막연히 상상했던 무기력하게 평생을 남에게 의존하며 살아가는 남자와 실제로 자립하여 행복한 가정을 꾸리며 살아가는 남자의 차이를 만들었던 것은 긍정과 희망이었다. 긍정적인 사고는 우리가 자유를 누리기 위해 필요한 미래에 대한 기대와 희망을 준다고 나는 믿는다.

성장하는 리더의 핵심가치

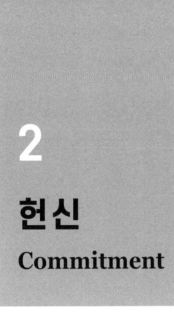

2

헌신
Commitment

Commitment 에 대한 검색 결과 입니다.

Commitment 미국·영국 [kəˈmɪtmənt] 🔊

[명사] 1.몰입 2.약속 3.헌신 4.책임 5.의지

Commitment

자유를 누린다는 것은 단지 선택할 수 있는 능력을 갖게 된다는 것만을 의미하지는 않는다. 우리는 그 선택의 권한을 통해 올바른 판단과 행동을 하려고 노력해야 한다. 표류하는 배처럼 인생을 허비하지 않으려면 내가 결정하고 내뱉은 말에 대해서는 책임을 지고 실행하려는 자세가 필요하다. 목표를 정하는 것도 중요하지만 만약 그 목표를 달성하기 위해 노력하지 않는다면 무슨 소용이 있겠는가? 자립을 위해 우리가 가장 먼저 해야 할 일이 바로 목표를 설정하는 것이며 그 목표를 달성하기 위해 헌신적으로 노력하는 것이 곧 올바른 선택을 하는 것이다.

모든 사람의 목표가 같을 수는 없다. 어떤 사람은 가르치는 것을 좋아하여 교사가 되고 어떤 사람은 사명감을 느껴서 또 어떤 사람은 단순히 직장이 필요해서 교사라는 직업을 선택한다.

목표는 사람의 개성이 다양한 것처럼 모두 다를 수 있다. 성경은 하나님이 우리에게 각자의 역할에 맞는 일을 주셨다고 했다. 우리의 겉모습과 재능이 모두 다르듯 우리 각자에게 주신 일 또한 다양할 것

성장하는 리더의 핵심가치

이다. 나는 그 목적을 발견하는 것이 우리의 궁극적인 삶의 목표가 되어야 한다고 믿는다. 그 목적을 일찍 발견하는 사람도 있는가 하면 평생을 찾아 헤매는 사람도 있다. 인생을 어떻게 살아야 할지 모르겠다면 먼저 내가 받은 재능이 무엇인지 생각해보라. 아이를 돌보는 일, 남을 가르치는 일, 누군가를 치료하는 일, 창의력을 발휘하는 일, 문제를 해결하는 일, 사람들을 조직하고 리드하는 일 등, 다양한 일들이 있지만 어떠한 일을 통해 나에게 주신 사명을 이루고자 하시는지 묵상하며 찾으려고 노력해야 한다. 만약 그래도 답을 찾지 못했다면 살면서 내가 이룬 성과들을 떠올려보거나 나를 잘 아는 사람들에게 나의 장점이 무엇인지 물어보라. 의외로 쉽게 그 목적을 발견할 수 있을지도 모른다.

목표는 자유를 얻기 위해 반드시 필요한 요소이고 옳은 선택을 하면서 살기 위해서는 먼저 그 목표를 달성하기 위한 헌신적인 노력이 있어야 한다. 성인으로서, 배우자나 부모로서, 먹고사는 문제를 해결하고 행복한 가정을 꾸리는 것은 우리 모두의 목표이며 매우 중요하고 바람직한 목표라고 할 수 있다. 우리가 속한 지역사회의 리더가 되는 것, 시민의 한 사람으로서 적극적으로 활동하는 것, 책임감 있는 좋은 동료 직원이 되는 것, 혹은 성실한 학생이 되는 것 등은 우리가 자유를 누리기 위해 가치 있는 목표들 일수는 있지만 우리가 먼저 그러한 목표를 달성하기로 결심을 하고 그를 위해 노력하고 있지 않다면 아무런 의미가 없다.

우리는 가끔 목표를 달성하며 새로운 가능성을 경험하고 더 큰 기회를 만나는 경우가 있다. 이러한 경험은 우리가 새로운 도전을 이어

갈 수 있는 원동력이 되기도 한다. 예를 들어, 집을 장만하겠다는 목표를 세웠는데 그 목표가 달성되고 나면 다시 가구를 바꾸거나 인테리어를 바꾸거나 심지어 새로운 집에 대한 꿈을 꾸기 시작할 수도 있다. 앞에서도 언급했지만 목표를 세우는 것은 언제나 칭찬받을 일이지만 그러한 목표를 달성하기 위해서 전념하지 않는다면 아무리 근사한 목표라 하더라도 의미가 없다.

헌신은 내가 한 말에 책임을 지는 것이고 그것을 위하여 나의 모든 에너지를 집중하기로 결정하는 것이다.

내가 아는 지인은 헌신을 '확실하고 풍요로운 미래를 향한 투자'라고 표현했고 나 자신을 누군가와 고의적으로 결부시켜 충성하기로 맹세하는 것이라는 측면에서 사랑의 한 형태라고도 설명하였다. 개인적으로 나의 첫 번째 헌신의 대상은 하나님이고 그다음은 나의 아내 베시와 아이들이다.

불행하게도 '헌신'이라는 단어는 알지 못하는 사이에 짊어지게 된 의무를 가리키는 데 자주 사용된다.

예를 들어, 어떤 사람들은 배우자에 대한 진지한 헌신이나 가정을 꾸리는 것에 대한 책임감이 부족한 상태로 결혼한다. 결혼이라는 신성한 의식을 통해 상대방에게 헌신할 것을 서약하는 것은 차치하고라도 본인 스스로 마음도 정리되지 않은 상태에서 결혼을 하는 경우가 있는 것이다.

헌신한 마음을 지키려면 진정성이 필요하다. 정직하고 신뢰할 수 있고 사려 깊고 공정한 사람이 되어야 한다. 또한 우리가 자유를 누리기 원한다면 헌신과 함께 용기를 가지고 스스로를 통제하며 목표를

성장하는 리더의 핵심가치

세우고 그것을 성취하기 위해서 각자가 속한 삶의 현장에서 최선을 다해야 한다.

그렇다면 목표를 달성하기 위해 우리가 얼마나 전념하고 있는지 확인할 수 있는 방법이 있을까? 그것을 확인할 유일한 방법은 우리가 어떤 행동을 하고 있는지 확인하는 것이다.

행동은 진실을 말한다. 예를 들어, 어떤 사람이 자신은 가족을 위해 헌신하고 있다고 말하면서 일주일에 여덟 시간밖에 일을 하지 않고 골프로 시간을 보내고 있다면 그가 진실을 이야기하고 있다고 믿을 사람은 아무도 없을 것이다.

우리의 헌신은 매우 중요하다. 우리가 하고 싶은 일을 하기 위해서 노력하는 것도 중요하지만 옳은 선택을 하기로 결심하는 것은 더 중요하며 이는 또한 우리의 인생을 통해 역사하기를 원하시는 하나님의 뜻을 이루는 데 꼭 필요한 것이다.

버지니아(Virginia) 주 맥린(McLean) 출신의 빌 헤이븐스(Bill Havens)의 이야기는 우리가 때로는 헌신으로 인해 갈등을 겪을 수 있음을 잘 보여준다. 아마추어 운동선수이자 헌신적인 아버지였던 빌은 첫 아기의 출산 때 아내 옆을 지킬 것인지 아니면 평생의 꿈이었던 올림픽에 출전할 것인지를 결정해야 하는 어려운 상황에 처하게 되었다.

카누 경기를 처음으로 선보인 파리 올림픽 때 이야기이다. 빌은 이 경기를 위해 수년 전부터 훈련을 해오고 있었지만 올림픽의 일정이 점점 다가오자 그의 아내의 출산과 경기 일정이 겹치게 될 것이라는 사실을 알게 되었다. 아내는 경기에 나갈 것을 종용했지만 빌은 고민 끝에 아내를 위해 경기를 포기했다.

그러나 출산은 예상보다 늦어졌고 빌의 경기가 있는 날이 지나서야 아기가 태어났다. 결국 그는 평생의 기회를 놓치고 말았다. 다행인지 불행인지 그가 속해 있던 팀은 그가 없는 상태에서 금메달을 땄다. 하지만 빌은 괴로워하지 않았으며 그 일을 아내와 아기의 탓으로 돌리지 않았다. 그 대신 그는 카누에 대한 그의 애착과 열정을 아들 프랭크(Frank)에게 물려주었다. 그리고 28년 후, 그는 그의 아들 프랭크가 헬싱키 올림픽 카누 경기에서 금메달을 땄다는 연락을 받고 기쁨의 눈물을 흘린다.

그가 자신의 운동 경기에 헌신한 것은 의심의 여지가 없었고 올림픽에 출전하는 것이 그에게 너무나 중요한 목표였다. 하지만 그에게 가족에 대한 헌신은 그것 이상의 의미를 지니고 있었다. 빌에게 있어서 더 중요한 헌신은 옳은 선택을 하는 것이었다. 헌신은 단순히 목표를 세우거나 약속을 하는 것 이상의 의미를 갖는다. 헌신이란 그 결정과 열정을 최선을 다해 지키기 위해서 모든 것을 바치는 것을 의미한다.

미국인들은 창의성이 뛰어나다고 알려져 있다. 하지만 미국이 위대하게 된 것은 단지 창의적인 사람들이 많아서라기보다는 그러한 아이디어를 현실화시키기 위해 헌신적으로 노력했기 때문이다. 내가 살고 있는 미시간(Michigan) 주 그랜드 래피즈(Grands Rapids)에서는 대형 경기장을 짓는 문제를 놓고 15년간 논의가 계속되고 있었다. 하지만 나를 포함하여 지역주민들이 모여 경기장을 어떻게 해서든지 지어보자고 의기투합하기 까지는 모든 것이 생각에 불과했으며 실현될 가능성도 희박해 보였다. 우리는 자금을 어디서 확보할 것인지 몰랐고 어설픈 우리의 주장에 이의를 제기하는 사람들의 반대에 직면하게 되었다.

하지만 우리는 그 경기장이 지어지는 것이 지역사회를 위해 옳은 일이라고 판단했고 목표를 세우고 목표를 향해 조금씩 행동하기 시작했다. 결론부터 이야기하면 경기장은 지어졌다. 사람들의 호응을 이끌어내는데 성공하였고 우리의 노력으로 인하여 지역사회 주민들은 아름답게 건설된 새로운 경기장에서 국제수준의 스포츠 경기와 많은 문화행사를 즐기고 있다.

목표를 세우고 우리의 신념을 유지하며 진정성 있게 일을 추진한다면 못할 일이 없다는 것은 분명한 사실이다. 켄터키(Kentucky) 주의 머드 크릭(Mud Creek) 지역에서 무료 병원을 운영하는 율라 홀(Eula Hall)의 이야기를 들으면 더 많이 공감할 것이다.

켄터키 주 동부 시골에서 태어나서 정규교육을 5년 밖에 받지 못한 율라는 다섯 명의 자녀를 키우고 아팔라치안(Appalachian) 지역에서도 가장 가난한 사람들을 위해서 복지사업을 시작하였다. 지역 단체의 보건 위원회 위원장으로 선출된 율라는 수년간 그 지역 주민들에게 자주 발생하고 있는 간염, 발진티푸스 및 이질 등의 질병을 없애기 위해 첫 번째 임무로 머드 크릭 식수의 수질개선에 도전하기로 결정하였다. 그녀는 우물에 문제가 있다는 것을 알았다. 하지만 이 문제를 개선하려면 가장 먼저 문제를 입증하고 심각성을 알려야 했다.

율라는 켄터키 주립대 의과대학과 지역 고등학교 학생들 중 샘플을 채취할 자원봉사자를 모집하였고 그녀의 의심이 사실이라는 것을 입증하였고 그 지역 우물 95%가 식수로 적합하지 않다는 사실을 알게 되었다. 이러한 증거를 토대로 지방 정부와의 대화가 시작되었고 문제가 된 우물을 더 깊이 파고 100km가 넘는 새로운 상수도관도 설치하였다. 그 결과 현재 머드 크릭에 사는 약 1,000가구가 안전한 식수를 공급받고 있다.

첫 번째 임무를 성공적으로 완수한 율라는 의료시설 문제로 관심을 돌렸다. 머드 크릭 지역에는 의료시설이 부족해서 자신의 친구와 친척들 중 많은 사람들이 젊은 나이에 생을 마감하는 것을 알고 있었다. 가장 가까운 병원이 20마일이나 떨어진 곳에 있었기 때문에 대부분의 주민들에게는 병원을 가는 것 자체가 부담스러운 일이었다.

율라는 팅커 포크(Tinker Fork) 지역에 처음으로 병원을 개설했다. 사실 병원이라고 부르기에는 창피할 정도의 작은 트레일러에 지나지 않았으며 미국 광부협회의 기부금과 자원봉사자들에 의해 운영되는 작은 시설이었다. 환자들은 대부분 광산에서 오랫동안 석탄 먼지를 들이마신 결과로 흑폐증을 앓고 있는 광부들이었다. 그런데 어느 날 트레일러에 불이 나서 모든 것이 재가 되고 말았다. 너무 슬펐지만 율라는 좌절하지 않았고 버드나무 아래에 피크닉 테이블을 놓고 진료를 시작했다. 하루 만에, 율라는 의사 한 명과 환자 명단을 확보하였고 약간의 의료품과 전화기 한 대를 확보하였다.

언론 매체들은 특이한 이름의 머드 크릭 병원과 그 병원에 모든 것을 헌신한 율라 홀에 대해서 보도하기 시작했고 공공 및 민간단체의 기부가 이어지며 불과 몇 달 만에 병원 건물을 구할 수 있었으며, 두 명의 의사, 두 명의 약사, 네 명의 간호사, 실험 기술자, 조무사, 엑스레이 전문가, 사회사업가 그리고 입원 절차를 도와줄 사무직원과 자원봉사자 등 모든 분야의 필요한 사람들을 구할 수 있었다.

지금도 율라의 헌신에 감동한 의사들이 전국 각지에서 자원봉사를 하기 위해 이 병원을 찾고 있다. 이 병원은 도움을 원하는 그 누구도 거절한 일이 없으며 매년 4,000명 이상의 환자를 돌보는 병원으로 성장하였다.

율라는 헌신이야말로 가장 '강력한 치료제'임을 믿는다. 자기가 믿는 것을 위해 당당히 나설 수 있는 용기와 가치 있는 대의를 위해 사신을 헌신할 수 있는 사람은 다른 사람들에게 긍정적인 영향을 주며 많은 이들을 감동시키고 본보기가 된다.

헌신한 사람들은 자신의 삶을 통제할 수 있다. 그들은 약속을 지키고 정해진 목표를 달성하기 위해 최선을 다할 것이며 결국 자립하여 더 큰 자유를 누리게 될 것이다.

3

주도성
Initiative

Initiative 에 대한 검색 결과 입니다.

Initiative   미국·영국 [ɪˈnɪʃɪ.r] ◀)

[명사] 1.새로운 계획   2.주도권   3.조치
4.이니셔티브   5.선제의

Initiative

우리는 어떤 헌신 또는 결단을 할 때 목표를 정하게 된다. 앞 장에서 설명한 것처럼, 결단을 하는 것만으로 목표에 도달할 수는 없다. 반드시 그 결단의 마음을 유지하고 최선을 다해 노력해야만 한다. 자유를 누리기 위한 세 번째 가치는 우리의 결단을 실현하기 위해 앞으로 나아가는 적극적인 자세이다.

주도성을 갖는다는 것은 변화를 거부하고 변명을 하거나 일을 뒤로 미루려고 하는 나 자신을 용납하지 않는 것이다. 앞에서 다룬 많은 가치들과 마찬가지로서 주도성을 갖기 위해서도 자기절제 용기가 필요하다. 어떤 일을 시작할 때 그 결과를 알고 시작하는 사람은 없으므로 언제나 실패했을 때의 위험부담과 남들의 따가운 시선 정도는 감수해야만 한다.

암웨이 코퍼레이션은 사람들이 기회가 주어진다면 본인들의 꿈을 위해 주도성을 가질 것이라는 기본적인 믿음위에 세워졌다. 나의 아버지 리치 디보스(Rich DeVos)와 제이 밴 앤델(Jay Van Andel) 아저씨가 그들의 아이디어가 현실성이 없다는 말을 수 없이 들었음에도 불구하고 본인들의 생각이 틀리지 않았음을 증명하기 위해 적극적으로 노력했다는 사실을 반박하는 사람은 없을 것이다. 또한 암웨이 회사 직원이나 특히 전 세계에서 활동하고 있는 수많은 ABO(Amway Business Owner)들의 주도적 성향은 설명이 필요 없을 것이다.

내가 아내와 함께 새로운 회사를 시작했을 때도 가파르게 성장세에 있던 가족사업의 안락함에서 벗어나기 위해서는 주도적인 자세와 적당한 도전정신이 필요했다. 그러나 더 많은 경험을 얻고 안목을 넓히기 위해서는 안전지대를 스스로 박차고 나와야만 했다.

우리 주변에는 어차피 기회가 없는데 적극적으로 도전하는 것이 무슨 의미가 있겠냐고 말하는 부정적인 사람들이 있다. 하지만 재미있는 것은 지금보다 기회가 훨씬 많았던 시대에 살았던 사람들도 그리고 또 그 전에 살았던 사람들 중에도 비슷한 생각을 하는 사람들이 있었다는 사실이다.

누군가가 주도성을 가졌다는 것은 그가 동시에 창의적인 사람이라는 뜻이기도 하다. 나는 이러한 자세가 기업가들에게는 반드시 필요한 자세가 아닐까 생각한다. 주도적인 자세가 남들이 할 수 없거나 하기 싫어하는 일을 한다는 것만을 의미하지는 않는다. 이러한 자세를 갖기 위해서는 다른 사람들이 보지 못하는 것을 볼 수 있는 능력이 필요하다. 유명한 하키 선수 웨인 그레츠키(Wayne Gretzky)는 공이 있는 곳이 아니라 그 공이 갈 곳을 예상하여 먼저 움직인다고 한다.

그런가 하면 조각가가 대리석으로 작품을 조각하는 모습을 넋이 나간 것처럼 며칠을 바라보던 한 소년이 완성된 작품을 보며 "돌 덩어리 속에 이런 멋진 작품이 들어 있는지 어떻게 아셨어요?"라고 물어

보았다는 이야기를 들은 적이 있다.

나의 아버지는 한 낡은 건물 앞에서 비전을 보았고 그 낡은 건물은 나중에 유명한 그랜드 래피즈의 그랜드 플라자호텔로 재탄생하였다.

헨리 포드(Henry Ford)나 라이트(Wright) 형제나 토머스 에디슨(Thomas Edison)이 이러한 비전과 주도성을 가지고 있지 않았다면, 그리고 우리의 조상들이 자유라는 개념 위에 세워질 나라를 꿈꾸지 않았다면 미국은 지금과 많이 다른 모습이었을 것이다.

사람들은 어려운 상황을 극복하고 자신의 목표를 달성한 사람들을 인정하고 존경한다. 하지만 과연 우리가 살아가면서 적극적으로 도전 정신을 발휘할 만한 일이 얼마나 될까?

어떤 사람들은 그저 반복되는 지루한 일상에서 벗어나는 것으로도 충분한 사람들도 있을 수 있다. 그렇다면 그러한 삶은 누가 만들었을까? 그 환경은 우리 스스로 만들어낸 것일 수도 있고 원하지 않았지만 어느 순간 익숙해진 것일 수도 있고 누군가에 의해 어쩔 수 없이 그렇게 살게 되었을 수도 있다. 이유가 무엇이든 그곳에서 벗어나기 위해서는 첫 발을 내디뎌야 한다. 그리고 그 첫 발이 대단한 것일 필요는 없다. 그 첫 발은 우리를 올바른 방향으로 인도하는 것이면 된다. 그리고 첫 발을 내딛고 나면 두 번째 발을 내딛는 것이 쉬워질 것이며 분명히 세 번째는 더 쉬워질 것이다.

스스로 그 첫 발을 용감하게 내디딘 사람 중에는 버지니아 주 노퍽(Norfolk) 출신의 여인 베시 펜더(Bessie Pender)가 있다. 그녀는 콜맨 플레이스(Coleman Place) 초등학교에서 5학년을 가르치고 있는 선생님이다. 특이한 점은 그녀가 처음부터 선생님으로 일한 것이 아니라 수위 보조로 일을 시작했다는 점이다. 놀랍게도 그녀는 수위 보조로 17년 동안이나 일을 했다.

펜더는 평생 꿈이었던 선생님이 되기로 결정한 순간을 아직도 기억한다. 그녀는 래리모어(Larrymore) 초등학교에서 청소를 하기 위해 한 5학년 교실에 들어갔다. 그런데 그 교실은 폭탄을 맞은 듯 엉망이었다. 교실 여기저기에 종이가 흩트려져 있었고 책상은 줄이 하나도 맞지 않았으며 유리창은 손자국 투성이었다.

"저는 제 일이 부끄럽다고 생각해본 적이 없습니다." 펜더가 말했다. "청소하는 일은 멋진 직업이고 아이들이 더 잘 자라는 데 도움을 줄 수 있는 일이라 생각합니다. 하지만 그날 그 교실을 바라보면서 제가 아이들을 위해서 더 많은 일을 할 수 있겠다는 것을 깨달았습니다. 저는 최고의 선생님은 아닐지라도 선생님이 될 수 있다는 것을 알았습니다. 그게 제 꿈이었고 제 마음속에서 저는 이미 선생님이었습니다."

바로 그날 펜더는 대걸레를 내려놓고 교사 휴게실에서 본 사범대학 전화번호로 전화를 걸었고 입학원서 양식을 메일로 받았다. 그녀는 원서를 작성하여 발송하였고 2주 후에 학교에 입학하게 되어 결국 교사 학위를 취득하게 되었다. 하지만 과정은 결코 쉽지 않았다. 대부분의 강사들보다 나이가 많았던 펜더는 경제적인 이유로 일을 해야 했고 딸 뒷바라지를 하면서 공부를 해야 했다. 학위를 취득하기까지는 무려 7년이 걸렸다.

"하지만 저는 해냈습니다. 여러분도 할 수 있습니다." 그녀는 학생들에게 항상 이렇게 이야기한다.

첫 발을 내딛게 하는 주도성은 우리 마음으로부터 나온다. 우리 모두가 베시처럼 목표를 세울 수는 있지만, 첫 발을 내딛지 않는다면 7년이 아니라 아무리 많은 시간이 흘러도 아무런 결과를 얻지 못할 것이다.

주도성은 인사 관련부서 직원들이 좋아하는 특성이다. 그들의 관점에서 일이 성취되는 것을 지켜보는 사람과 일을 실제로 성취하는 사람의 차이는 하늘과 땅 차이다.

주도성을 속이기는 쉽지 않다. 노력과 훈련에 의해 발전시킬 수 없는 것은 아니지만 사람에 따라 적극적인 사람도 있고 그렇지 못한 사람도 있다. 창의적인 사람들은 적극적일 가능성이 매우 높다. 하지만 그것만이 주도성을 결정짓는 것은 아니다.

우리에게 아무리 많은 아이디어가 있다고 하더라도 그 아이디어로 무슨 일을 할 것인지 혹은 그러한 아이디어가 얼마나 구현될 수 있는지의 여부는 우리의 주도성과 관계가 있다.

주도성은 그리스도인의 중요한 특성이기도 하다. 왜냐하면 그리스도인이라면 때로는 우리 내부의 욕망이 아닌 어떠한 사명 혹은 명령에 반응해야 하기 때문이다. 우리는 모두 생명이라는 선물을 받았고 그 삶을 통해 하나님의 뜻에 합당한 가치 있는 일을 해야 할 사명이 있기 때문이다. 신약 성경에서 야고보가 말한 것처럼 "행위 없는 믿음은 죽은 것"이다. 달란트에 대한 성서의 비유가 이 점을 잘 설명해 준다. 세 명의 종이 주인으로부터 각각 달란트(화폐)를 받고 주인을 대신하여 투자를 하라는 지시를 받았다. 두 명의 종은 주도성을 발휘하여 투자를 하여 이익을 냈고 나머지 한 종은 그 돈으로 아무 일도 하지 않고 그냥 땅에 묻어두었다. 주인이 돌아왔을 돈을 땅에 묻은 종은 주인으로부터 받은 돈을 그대로 되돌려 줄 수밖에 없었지만 다른 두 종은 자기들이 받은 돈과 투자를 통해 얻은 이익을 주인에게 돌려 주었고 주인은 무척 기뻐하여 나중에 그들을 통치자로 삼았다. 한편 받은 돈을 땅에 묻어두었던 종은 "악하고 게으른 종"이라는 꾸지람을 듣고 결국 쫓겨난다. 이 유명한 달란트의 비유에서 예시하듯이 우리는 주도적인 자세와 행동으로 우리의 믿음을 증명할 수 있다.

주도성과 행동에 정답이 있는 것은 아니다. 우리의 목표와 동기는 가지각색이며 시간이 지나면서 변하기도 한다. 예를 들어, 젊은 아버지가 바쁜 직장 생활 중에서도 가족과 더 많은 시간을 보내기 위해 일주일에 몇 시간을 더 할애하는 것일 수도 있고 오십 대 어머니가 자녀들이 독립한 후 본인의 꿈을 찾아 다시 취직을 하거나 학업에 뛰어드는 것도 주도적으로 행동하는 것일 수 있다.

주도성을 발휘하려면 수동적인 태도를 적극적으로 먼저 바꾸어야 한다. 그러기 위해서는 긍정적이고 헌신적인 자세가 필요하며 실패의 두려움을 극복하는 것도 필요하다. 완벽주의와 욕심은 큰 방해요소가 될 수 있다. 나의 아버지는 이 말을 하는 것을 즐겼다. "처음에 성공하지 못하면 다시 시도하고, 실패하면 또다시 시도하면 된다."

또 다른 종류의 주도성은 다른 사람보다 먼저 필요를 알아차리고 그 필요를 위해 일하는 것이다. 이러한 주도성은 다른 사람이 사무실 바닥에 떨어뜨린 종이 한 장을 줍는 것처럼 단순한 것일 수도 있고 지구의 늘어나는 인구에 대비해 식량을 확충하는 방법을 찾아내는 것처럼 중요하고 어려운 것일 수도 있다. 그러나 인류가 주도적이지 않았다면 어쩌면 우리는 현대 과학이 제공하는 많은 편리한 문명의 혜택을 누리는 대신 아직도 원시인처럼 살아가고 있을 지도 모른다.

과학자 존 지븐스(John Jeavons)는 예일 대학을 졸업하고 국제 개발기구와 스탠포드 대학에서 근무하면서 한 가지 연구에 매진했다. 내용은 과연 한 명의 사람이 의식주와 필요한 소득을 얻기 위해서 필요한 최소공간이 얼마인지를 알아내기 위한 연구였고 이 연구와 함께 또 하나의 연구가 함께 진행되었는데 그것은 한 개인의 필요를 충족하기 위해서 발생하는 환경에 대한 부정적인 영향을 어떻게 하면 최소화시키고 나아가 긍정적인 영향으로 바꿀 수 있는지에 대한 것이었다. 세계 인구의 급속한 증가와 제한된 공간, 농작물의 실패와 그로 인한 기근 등 지븐스는 미래를 위한 해답이 필요했고 명확한 답을 찾기 위해 평생을 바치며 적극적으로 연구에 집중하였다.

지븐스는 이러한 문제들이 비효율적인 토지이용과 자원의 고갈에 의한 것이라고 결론지었다. 이러한 문제에 대한 해결책을 찾는 과정에서 지븐스는 고대 전통 농경방식에서 실마리를 찾게 되었고 그가 찾아낸 환경친화적인 농경법은 현재 전 세계에 보급되고 있다. 지븐스는 현재 캘리포니아 주 윌리츠(Willits)에 있는 [에콜로지 액션(Ecology Action)] 이라는 단체에서 일하면서 이 농경법 보급에 힘쓰고 있다.

지븐스가 개발한 방법은 현대 농경법보다 훨씬 작은 공간에서 수확량을 2배에서 많게는 6배까지 향상시킬 수 있는 것으로 보고되고 있으며, 그가 개발한 농작법은 토양을 고갈시키기는 것이 아니라 오히려 비옥하게 만들고 병충해 문제도 거의 없다.

지븐스는 토지의 활용과 보존 사이에서 균형을 찾으려고 노력한다. "땅의 9분의 5 정도를 자연 그대로 유지하면서도 전 인류가 필요로 하는 양을 충족시키는 것이 가능합니다. 지구와 생태계의 보존을 위해서 우리는 이 문제에 관심을 가져야 합니다." 지븐스는 이렇게 주장한다.

그는 수많은 연구들을 통해 괄목할만한 결과를 얻어냈으며 그가 처음 가졌던 질문들 중 다수에 해답을 얻었고 그중에서도 한 명의 사람이 살아가는 데 필요한 공간에 대한 연구결과가 매우 흥미로웠다. 그의 연구에 따르면 400평방피트 크기의 땅에서 6개월만 경작하면 4인 가족이 1년 동안 필요로 하는 모든 야채와 과일을 생산할 수 있으며 4,000평방피트의 땅만 있으면 한 사람이 필요로 하는 모든 것을 공급받을 수 있다고 한다. 이는 현재 1인당 사용되는 토지인 42,000평방피트의 10의 1밖에 안 되는 것이다.

25년간의 연구를 통해 그는 30권 이상의 저서, 팸플릿, 소책자 및 매뉴얼을 출판하였다. 그는 자신의 저서들과 강의를 통해서 이러한 문제들에 대한 현실적인 해결책을 전 세계에 보급하고 있다.

그는 전문가로서의 명성과 재정적 보상을 기대할 수 없는 상황 속에서도 본인의 신념을 지키고 인류에 도움이 된다고 생각한 그의 연구에 주도적으로 임했다. 지븐스는 이렇게 말했다. "처음에는 이 일이 나에게 주어진 책임인 것처럼 느껴졌지만 시간이 지나면서 이 일은 우리 모두가 함께 고민해야 할 문제라는 사실을 인식하게 되었습니다."

지븐스가 지적하였듯이 우리가 우리의 삶에 대해 얼마나 주도적인 자세를 취할 것인지의 여부는 모두 우리 자신에게 달려 있다. 베시 펜더가 그랬던 것처럼 5학년 학생들의 삶에 영향을 주겠다는 작은 목표를 세우는 것도, 그리고 지븐스처럼 인류의 역사를 바꾸겠다는 거대한 목표를 세우는 것도 결국은 모두 우리의 마음가짐에 달려 있는 것이다.

4

일
Work

Work 에 대한 검색 결과 입니다.

Work   미국식 [wɜːrk] 🔊   영국식 [wɜːk] 🔊
[명사] 1.일하다 2.연구 3.작업 4.작품 5.작동하다

Work

'**일**'이라는 단어가 단순히 어떤 직업을 의미하는 것은 아니다. 일을 한다는 것은 무엇인가를 생산하거나 개선하거나 또는 사람들의 삶을 조금 더 나은 상태로 만들기 위해 하는 모든 활동을 일컫는다. 일에는 새로운 마케팅 전략을 수립하거나 우주 왕복선에 설치할 부품을 만들거나 군대를 이끌고 전쟁터로 나가는 것처럼 거창하고 어려운 것도 있지만 매일 자녀들을 돌보고 집 청소를 하는 것과 같은 일상적인 것도 포함이 되며 그 모든 각각의 활동은 나름대로 모두 의미가 있고 보람 있는 것이다.

스터즈 터켈(Studs Terkel)은 그의 저서에서 일을 다음과 같이 정의하였다. "일을 한다는 것은 매일 먹고살기 위함이기도 하나 하루하루를 의미 있게 살기 위함이요, 현금을 얻기 위함이기도 하나 인정을 얻기 위함이요, 지루한 것이기도 하나 놀라움의 연속이요, 월요일부터 금요일까지 사망선고를 받는 것이라기보다는 살아 있음을 증명하는 것이다." 나는 좋은 일이란 사람들이 자유, 보상, 인정 및 희망을 얻을 수 있는 일이라고 생각한다. 다시 말하자면, 우리는 일을 통하여 물질적인 것뿐만 아니라 심리적 그리고 영적인 만족도 얻을 수 있어야 한다고 믿는다.

일은 그 자체로도 언제나 의미 있고 보람 있다는 생각은 모든 사람들에게 적용되는 것은 아닌 것 같다. 그리고 우리가 다른 어떤 활동보다도 많은 시간을 출퇴근하는데 보낸다는 점을 생각해 볼 때, 우리가 일을 통해 충분한 기쁨과 성취감을 얻지 못한다는 사실은 매우 안타깝고 불행한 일이다.

'일'이라는 단어는 너무 흔하게 사용하는 단어이기 때문에 이 단어를 정의하는 것이 무의미하다고 생각될지 모르나 대부분의 사람들이 이 단어의 진정한 의미를 이해하지 못한 채 이 단어를 사용하고 있는 경우가 많아 함께 고민해 보고자한다.

일에는 에너지가 필요하다. 에너지라는 단어는 라틴어 에너곤 (energon)에서 유래되었는데 이 단어는 '~에서'를 의미하는 엔(en)과 '일'을 의미하는 어곤(ergon)으로 구성된 합성어이다. 물리학에서는 일을 단순히 '에너지의 이동' 정도로 정의하고 있다.

일을 단순히 에너지의 이동으로 생각하고 우리의 일상생활에 적용한다면 우리가 하는 많은 것들을 일이라고 규정할 수 있다. 학창시절의 기억을 더듬어보면 에너지 보존의 법칙으로 인하여 에너지는 만들 수도 없앨 수도 없으며 단순히 이동하거나 변형되는 것이다.

우리가 하는 모든 일들은 에너지를 사용한다. 계속해서 숨을 쉬고 움직이기 위해서는 우리가 먹는 음식을 에너지로 바꾸는 작업이 필요하다. 에너지로 바꿀 음식을 지속적으로 우리 몸에 공급하기 위해서는 직접 씨를 뿌리고 채소를 키워 수확을 하거나 아니면 음식을 살 돈을 벌어야 한다. 물론 이러한 활동에도 에너지가 사용되므로 그러한 에너지를 대체할 수 있는 또 다른 에너지가 필요하다. 그렇다면 우리의 '일과'는 단순한 에너지의 이동이며 전체 흐름 속에서 본다면 하나의 연결 고리에 불과하다는 것이 분명해진다.

우리가 만약 살기 위해 먹고, 먹기 위해 일하고, 일하기 위해 살아간다면 과연 우리가 사는 의미가 무엇인지 의문을 제기하는 사람도 있을 것이다. 그러한 삶은 정말 따분할 것이다. 우리가 키우는 애완견이라면 그러한 삶이 만족스러울지 모르지만 적어도 사람이라면 그러한 삶에 흥미를 느낄 사람은 없을 것이다.

모든 일은 의미가 필요하다. 어떤 사람들은 중요한 직업과 그렇지 못한 직업이 있다고 생각하지만 어떤 일의 성공여부는 그 역할을 맡은 각 개인들이 각자가 맡은 책임을 얼마나 성실하게 달성하느냐에 달려있다. 하지만 그 성취가 모든 사람들을 행복하게 만들지는 않는다. 우리가 그 일을 어떠한 태도로 임했느냐에 따라서 그 성취가 만족감을 주기도 하고 그렇지 않을 수도 있는 것이다. 요리사가 햄버거를 만들면서 자신이 만드는 음식을 어떤 가족들이 행복하게 즐기는 모습을 상상한다면, 병원 환경미화원이 환자용 변기를 청소하면서 자신의 일이 사람들의 치료에 일조하고 있음을 인식한다면, 그리고 자동차 공장 근로자들이 단순히 조립 라인에서 일하는 것이 아니라 시민들에게 안전과 기동성을 제공하는 일을 하고 있음을 깨닫는다면, 그들은 그 일을 하는데 있어서 더 큰 만족감을 느끼게 될 것이다.

일에 대해 올바른 태도를 가지고 있는데도 불구하고 여전히 일을 통한 만족을 얻을 수 없다면, 어쩌면 우리가 하는 그 일이 우리의 적

성과 맞지 않을 수도 있다. 나는 우리 모두가 하나님이 주신 재능을 통해 일할 사명이 있다고 믿는다. 우리가 진정성을 가지고 일한다면, 우리의 일은 봉사가 될 수도 있다. 나는 모든 일은 하나님의 영광을 위해서 해야 한다고 믿고 있다. 그런 관점에서 본다면 모든 일은 재정적인 보상의 크기와 상관없이 소중한 것이다.

윌리 게리(Willie Gary)는 유능한 연설가이자 헌신적인 아버지이며 실력 있는 변호사이다. 플로리다(Florida) 주 스튜어트(Stuart)에 있는 그의 사무실 벽에 걸린 화려한 학위들을 보면 상상할 수 없겠지만 그의 거친 손은 그가 얼마나 힘든 유년시절을 보냈는지 짐작할 수 있게 한다. 미국으로 이민 온 농부의 아들이었던 게리는 열 명의 형제자매들과 함께 트럭에서 자랐다. 그들은 조지아 주에서 복숭아를 따고 노스캐롤라이나 주에서는 사과를 따고 플로리다 주에서는 콩을 따며 자랐다. 그의 삶은 고된 일의 연속이었다.

다른 이민자들의 자녀들처럼, 게리 역시 오전에는 학교에 가고 오후에는 부모를 도와 일을 했다. "탁아소가 뭐하는 곳인지도 몰랐고 들판에서 어른들 일하시는데 방해되지 않도록 어린 동생들 돌보면서 자랐습니다." 게리는 덤덤하게 말했다.

그는 뜨거운 태양아래 일하는 것에 대해 불평하지 않았고 오히려 부모님을 도울 수 있는 기회에 감사했다. 그럴 수 있었던 이유 중 하나는 힘든 하루의 노동의 보상을 바로 저녁 식탁 위에서 찾을 수 있었기 때문이다. "그래서 노동의 가치와 자립의 중요성을 더 빨리 깨우쳤던 것 같습니다." 그는 밝게 웃으며 말했다.

일요일이 되면 들판 한쪽 끝 그늘진 나무 아래에 포장용 상자를 쌓아 설교단을 만들어 예배를 드렸는데 그의 가족과 함께 일하는 많은 친척들이 참석하였고 게리는 그들을 통해서 규칙을 준수하며 산다는 것이 얼마나 중요한지도 알게 되었고 남들이 나에게 해주기를 바라는 대로 남을 대접해야 한다는 것도 배우게 되었다.

무엇보다 그의 아버지는 게리가 어떤 일을 하던 열심히 할 것을 요구했다. "제 아버지는 포기가 무엇인지 모르시는 분이셨습니다." 게리는 회상했다. "밭을 가는 일이든, 과일을 따는 일이든, 트럭에 멜론을 싣고 판매하는 일이든, 아버지는 그 누구보다도 일을 열심히 했고 더 많이 했습니다. 아버지가 농사지은 과일의 품질은 최고였고 항상 가장 비싼 가격에 팔렸습니다. 실수는 용납하셨지만 그 다음엔 반드시 다시 일어나서 계속 시도하기를 원하셨습니다. 진정한 챔피언은 쓰러져도 반드시 일어난다고 하시면서요."

게리가 열여섯 번째 생일을 맞았을 무렵 아버지는 플로리다 주 인디안헤드(Indianhead) 외곽에 있는 작은 콩 농장을 살 수 있을 정도의 돈을 마련했다. 농장 일을 돕는 것을 멈추지는 않았지만 고등학생으로서 해야 할 공부와 미식축구부 활동도 게을리하지 않았다. 무엇이든 한번 시작하면 집중하는 그의 성격 덕분에 공부도 잘하는 편이었고 운동도 남들과 비교해서 못하지는 않았으나 장학금을 받고 대학교에 갈 수 있는 수준은 아니었다.

게리가 지원한 대학교들은 안타깝게도 장학금 신청을 받아주지 않았다. 계속 수소문 한 끝에 미식축구팀 감독이 어렵게 노스캐롤라이나 주 랄레이(Raleigh)에 있는 쇼(Shaw) 대학에서 인터뷰를 할 수 있게 도와주었다.

랄레이에 도착하여 버스에서 내린 게리는 어깨가 무거웠다. 그의 가족들이 얼마나 많은 기대를 하고 있는지 알고 있었고 이 학교에 입학한 사람 중 플로리다 주 인디안헤드 출신의 아프리카계 미국인은 아직까지 한 명도 없었기 때문이다.

그러나 안타깝게도 그곳에서 만나기로 했던 미식축구팀 감독은 그가 왜 왔는지조차 잘 모르고 있었고 그에 대해서 관심도 없어 보였다.

"정말 미안하다." 감독은 말했다. "우리 팀은 더 이상 학생을 받을 수가 없어."

게리는 눈앞이 깜깜했다. 집에 돌아갈 돈도 없었고 심지어는 전화를 걸 동전도 없었기 때문이다. 어디로 가야 할지 막막했던 게리는 학생 식당에서 음식이라도 좀 얻어먹을까 하다가 미식축구 선수들이 사는 기숙사에 들르게 되었다. 그리고 그는 휴게실 소파에서 하룻밤을 보냈다.

게리는 학교 기숙사에서 구걸하며 살기는 싫었기 때문에 다음날 아침부터 돈을 못 받더라도 자신의 몫의 일을 하기로 결정했다. 그는 선수들을 따라 탈의실에 들어갔고 선수들이 옷을 갈아입고 경기장으로 나간 후에 그들의 옷과 물건들을 정리하고 바닥을 청소했다. 나중에 선수들이 시합을 끝내고 다시 돌아와 샤워를 하고 떠나고 나면 다시 청소를 했다.

그에 대해서 코치가 감독에게 말해 주었고 감독은 게리를 자기 사무실로 불렀다.

"네가 탈의실에서 열심히 일한다고 들었다." 감독이 말했다. "식권이 한 장 있으니 받아라. 미안하지만 내가 해 줄 수 있는 것은 이 정도인 것 같구나."

다음날 게리는 트레이너가 운동장으로 장비를 운반하는 것을 도와주었다. 감독이 다시 그를 불렀다. 감독은 게리에게 잠은 어디서 자냐고 물어보았고 게리는 잘 곳이 있다고 거짓말을 했다.

"거짓말은 하지 말게." 코치는 다 알고 있다는 듯이 말했다. "이번 주말까지 기숙사에 침대를 하나 마련 할 테니 그곳에서 자고 그 다음에는 정말 집에 가야 한다."

금요일 오후 연습이 끝나자 게리는 더 이상 방법이 없다고 느꼈다. 그는 그곳에 취직을 할 수도 없었고 대학교 입학 원서를 작성하기는 했지만 원서를 접수할 돈도 없었다. 감독이 찾고 있다는 말을 코치가 전해 주었을 때, 게리는 이미 포기한 심정이었다. 하지만 감독의 말을 듣고 그는 놀랄 수밖에 없었다.

"집에 간 줄 알았는데… 다행이다." 감독이 말했다. "라인 백커가 연습 중 부상을 당했는데 혹시 네가 원한다면 라인 백커로 한번 뛰어 보겠나?"

그는 최선을 다했고 그 노력의 보상은 많은 사람들에게 용기와 희망을 주었다. 게리는 자기 고향에서 처음으로 대학에 들어간 흑인 학생이 되었을 뿐만 아니라 학위를 받은 최초의 아프리카계 미국인이 되었다.

그 후 대학교수들의 도움으로 게리는 노스캐롤라이나 센트럴 대학 법대에 지원하여 합격하였고 그 곳에서도 그는 자신이 가진 모든 에너지를 쏟아부었다. 3년 후, 어릴 때부터 친하게 지내던 여인과 결혼하여 가정을 꾸린 게리는 플로리다 주 스튜어트에서 개업한 최초의 흑인 변호사가 되었다.

오늘날 게리의 회사는 플로리다 주에서 가장 성공한 변호사 사무실 중 하나가 되어 있다. 그는 대학교로부터 받은 도움에 보답하는 마음으로 최근에 학생들에게 장학금을 주고 교수들을 채용하고 학교 건축 기금으로 1,000만 달러를 기증하였다.

게리는 하나님이 주신 재능과 용기 그리고 결단을 통해 삶의 목적을 성취할 수 있었다.

나의 부모님 역시 하나님이 주신 재능을 활용하여 최선을 다해 일하는 것이 얼마나 기쁘고 행복한 일인지 가르쳐 주심으로써 믿음의 굳건한 기초를 세워주셨다. 성공이라는 축복을 누리게 된 지금도 나는 계속 새로운 목표를 세우고 다시 열심히 일할 준비가 되어있다.

나는 우리가 하는 일의 중요성이 우리가 그 '일'에 보내는 시간에 따라서 결정된다고 생각하지 않는다. 일의 성격에 따라서 얼마나 많은 시간 투자와 노력을 할 것인지를 결정하게 되지만 그 모든 결정들은 모두 소중하며 나름대로 의미가 있을 수 있다.

생태학자인 존 빌(John Beal)이 시애틀의 햄(Hamm) 강을 정화하기로 결정하였을 때, 그를 아는 대부분의 사람들은 그가 55제곱 마일에 달하는 넓은 지역을 책임질 만한 사람은 아니라고 생각했다. 그는 고등학교 중퇴자였고 로데오 카우보이였으며 스트레스 질환을 앓고 있던 베트남 참전용사이자 비전문 환경론자였기 때문이다. 그는 10년이 넘도록 안정적인 직업을 가져본 적이 없었고 1년 동안 심장 마비를 두 번 일으켰고 오토바이 사고로 뇌를 다쳤으며 간질과 정신질환을 앓고 있어 의사들은 그가 몇 달 밖에 살지 못할 것이라는 진단을 내리기도 했다.

하지만 빌은 이러한 상황 때문에 포기하지 않았다. 그는 아무도 그가 강을 살려낼 것이라고 믿지 않는다는 사실을 알고 있었으며 그래서 더 이 일을 직접 하고자 했다. 그가 처음 이 강과 마주했을 때의 모습보다 조금이라도 상황이 나아졌으면 하는 것이 그의 작은 바람이었으며 노력에 대한 보상에는 관심이 없었다.

"제 삶을 되돌아보니 제가 이 세상에 기여한 것이 별로 없다는 것을 깨달았습니다. 아마 제가 처음 이 세상에 태어났을 때보다 훨씬 더 망가진 상태로 이 세상과 이별할 것 같아서 마음이 아팠습니다. 제가 햄 강을 선택한 이유는 단순합니다. 그 강이 제 집 근처였고 상태가 심각했기 때문입니다."

실제로 당시 대부분의 사람들은 공장 폐수와 생활 쓰레기를 햄 강을 통해 두와미쉬(Duwamish) 강으로 흘려보내고 있었다. 빌이 일을 시작하자 마을 사람들은 강둑에 우두커니 서서 그 광경을 내려다보았다. 처음에 그는 흙더미 속에서 버려진 냉장고를 꺼내더니 그다음에는 타이어, 고장 난 TV, 고철, 페인트통, 자동차 부품 등 다양한 물건을 꺼냈고 놀랍게도 1년도 채 안 돼서 그가 강에서 건져낸 쓰레기의 양이 무려 1톤이 넘었다.

빌은 자신이 강에서 쓰레기를 치우다 심장 마비로 죽을 거라고 생각했지만 다행히 그런 일은 일어나지 않았다. 그는 강가에 풀과 작은 나무들과 관목들을 심어 강을 꾸미기 시작하였다. 조경이 시작되면서 그는 가재 몇 마리를 실험 삼아 물에 풀어놓았지만 즉시 죽을 만큼 아직도 강은 오염되어 있었다.

"제가 하고 있는 일에 대해 진지하게 생각하게 된 것이 아마 그때였던 것으로 기억합니다. 그전까지는 강의 미관에만 신경을 쓰고 있었는데 그 다음에는 강물 자체의 오염 문제를 해결해야 했습니다. 50년에 걸쳐 오염된 강물을 한순간에 깨끗하게 할 수는 없겠지만 그래도 시도는 해봐야겠다고 결심했습니다."

그는 가장 먼저 기름과 석유 제품으로 인한 오염을 해결해야 했다. 그가 심은 식물들이 어느 정도 효과는 있었지만 근본적인 문제를 해결하기에는 역부족이었다. 사람을 시켜 조사를 해 본 결과 한 회사가 돈을 주고 석유 부산물들을 정기적으로 강에 버리고 있다는 사실을 알게 되었다. 빌은 쓰레기를 버리는 트럭 운전사와 직접 만나서 이야기도 나누고 그 일을 맡은 하도급자의 속 사정도 들어보았다. 결론적으로 빌이 내린 결론은 이 문제를 당국에 신고한다고 해결될 문제가 아니라는 사실을 알게 되었다. 그런가 하면 그 회사를 고발하게 되면 누군가는 직장을 잃게 될 것이 뻔했다. 빌은 고민 끝에 회사에도 좋고 강에도 좋은 경제적인 해결책을 찾아 나섰다. 그 해답은 재활용 협동조합이었다. 그 협동조합에 소속된 기업들은 자신들의 석유 부산물을 모아두었다가 나중에 재판매하고 있었던 것이다. 결국 이 문제는 그 협동조합을 알게 되면서 단번에 해결 되었다.

"경영자들이 돈도 아끼고 강도 살릴 수 있다는 것을 알게 되자 그들은 더 이상 반대하지 않았습니다. 그들은 전부 이러한 해결책에 동참해 주었습니다."

나중에 이 협동조합 회원사들은 빌이 주차장으로부터 유입되는 오염 물질 문제를 해결하고자 노력하였을 때 빌의 후원자가 되어 주었다. 물론 차들을 우회시킬 수는 없었기 때문에 독특한 여과장치가 필

성장하는 리더의 핵심가치

요했다. 이 여과장치는 배출된 기름을 강 표면에 떠 있는 활대 모양의 장치에 모아주었다. 문제는 장치에 걸러낸 오일의 처리였다. 다시 한 번 빌은 기질을 발휘하였다. 그는 강둑에서 자라고 있는 미나리 아재비에서 해결책을 찾았다.

빌은 이전부터 오염된 환경에서 유일하게 살아남은 연약하고 화려한 노란 꽃을 보고 의아해했었다. "그 꽃이 죽지 않았던 이유는 기름을 흡수해서 분해하기 때문이었습니다." 빌은 신나서 말을 이어갔다. "활대에다 그 식물을 심었더니 문제가 해결되었습니다."

작업이 진행되는 중간에 빌은 강에 또다시 가재들을 풀어놓아 보았다. 이번에도 그들은 죽었지만 다행히 열흘을 버텼다. "아직도 뭔가 문제가 있었고 그것이 무엇인지 알 것 같았습니다."

빌은 강바닥에 있는 토양 샘플을 채취하여 시애틀 대학교에 분석을 의뢰하였다. 그가 의심했던 것처럼, 토양 자체가 중금속에 심하게 오염되어 있었던 것이었다. 빌은 강바닥의 흙을 교체하는 것도 생각해 보았지만 너무 많은 비용이 필요했다. 결국 생각해 낸 방법은 전자 자석을 강바닥에 가라앉혀서 중금속을 끌어모으는 방법이었다.

"강이 이렇게 빨리 깨끗해질 것이라고는 저도 몰랐습니다. 처음에는 그렇게 오랫동안 방치된 강이 정화되는 것이 가능하다고 믿은 사람은 아무도 없었습니다. 물론 지금은 깨끗해진 강이 가장 확실한 증거이지만요." 빌이 밝게 웃으며 말했다.

가장 먼저 돌아온 것은 물벌레들과 가재들이었다. 그 다음은 빌이 직접 키운 한 쌍의 붉은 꼬리 매가 강둑에 둥지를 틀었고 강 주변에는 여우, 두더지와 들쥐 그리고 여러 종류의 개미들이 서식하기 시작하였다. 하지만 가장 기뻤던 일은 그 강에 코호(Coho) 연어들이 알을 낳기 위해서 돌아온 것이었다. 강 정화작업이 너무나 성공적이어서 많은 환경 단체들이 빌이 사용한 방법을 적용하기 시작하였다. 햄 강에 사용되었던 정화기술과 방법들은 현재 다섯 군데의 강과 두 군데의 호수 그리고 두와미쉬 강 전역에서 사용되고 있다. 환경 단체들은 동일한 기술을 러시아와 인도에도 도입하기로 했다.

17년이 지난 지금, 햄 강의 진흙은 너무도 순도가 높아 일부 고급 헬스클럽과 리조트에서 사용하고 있다. "헬스클럽과 리조트 홍보자료에는 그 진흙을 '치료의 힘을 지닌 햄 강의 흙'이라고 부르고 있답니다."라고 빌은 말했다.

그 말이 사실일 수도 있다. 빌이 적극적으로 그리고 헌신적으로 일했기 때문에 그 지역은 회복되었고 그의 삶 역시 새로운 의미를 갖게 되었다. 하나의 목표에 헌신하고 그 목표를 달성하기 위해 최선을 다해 결과를 만들어낸 멋진 사례라고 생각한다.

불행하게도, 오늘날 많은 어린이들은 일의 가치를 배울 기회가 많지 않다. 몇 세대 전만 해도 자녀들은 부모들과 함께 일하는 경우가 많았고 그들 또한 부모님의 일을 돕는 것을 자연스럽게 받아들였다. 우리 아이들이 가족의 공동 목표 달성에 기여하는 것이 가치 있는 것임을 배우지 못한다면 일과 일을 통한 보상을 분리해서 생각할 수 있다. 예를 들어, 어린이들이 돈은 은행 현금 인출기에서 꺼내 쓰는 것으로 생각하는 순간 일은 매우 추상적인 개념이 되어 버린다. 만약 어린이들이 부모 밑에서 일을 배운다면 그런 일은 많이 줄어들 것이다. 요즘 아이들은 일을 완수하는 것에 익숙하지 않다. 따라서 일을 끝냈을 때 얻는 기쁨이 어떤 것인지 잘 모르는 아이들도 많다. 일을 한다고 해도 단순히 누군가가 시키는 일을 하거나 간단한 집안일을 하는 것이 전부인 경우가 많고 일을 하는 이유를 물어보면 일을 하지 않으면 벌을 받기 때문이라고 대답하거나 게으르다는 말을 듣기 싫어서라고 대답한다면 문제가 정말 심각하다. 아이들이 열정적으로 그리고 자발적으로 일하는 것이 얼마나 즐겁고 의미 있는 것인지 알게 해야 한다.

우리의 자녀들이 스스로 자립하고 자신들이 정한 삶의 목표를 달성하도록 도와주고 싶다면 우리는 그들에게 지금이라도 일의 기쁨과 신성함을 가르쳐야 한다.

직장에서든 가정에서든 학교에서든 예배의 장소에서든, 우리는 무슨 일을 하든지 하나님과 동행하는 삶을 살아야 한다. 히브리인들은 이것을 샬롬(shalom)이라고 불렀다. 성서에서 샬롬이란 번영, 온전함, 기쁨 그리고 평화를 의미한다. 모든 것은 이러한 상태여야 하는 것이다. 우리가 하는 모든 일은 이러한 목표에 부합하여야 한다. 이러한 목표는 우리에게 주어진 가장 큰 계획이며 '일'이다. 우리는 모두 이 거대한 계획안에서 그 목표를 유지하고 달성하기 위한 사명을 받은 것이다.

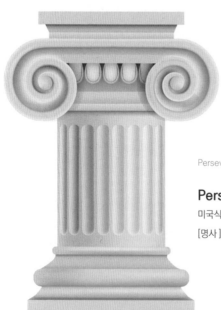

5

인내
Perseverance

Perseverance 에 대한 검색 결과 입니다.

Perseverance

미국식 [ˌpɜːrsəˈvɪr-] 🔊 영국식 [ˌpɜːsɪˈvɪərəns] 🔊

[명사] 1.인내 2.끈기 3.불굴의 의지

Perseverance

"**시합**에 나가지 않으면 이길 수 없다."그리고 "승자는 절대 포기하지 않으며 포기하는 자는 결코 승리하지 못한다."라는 진리의 말이 있다. [로스앤젤레스 타임스]가 성공한 120명의 기업가, 운동선수, 정치가, 연예인 및 학자들을 상대로 진행했던 조사에 의하면 놀랍게도 인터뷰에 응한 대부분의 사람들은 그들의 재능이 성공하는데 아주 미비한 영향밖에는 주지 못했다고 고백하고 있다. 성공한 사람들의 부모들 중에서 그들의 자녀가 지금처럼 성공할거라고 예측한 사람은 많지 않았으며 처음에는 그들의 형제자매들이 더 많은 재능을 보였다는 경우가 많았다. 그러나 결국 그들이 최고가 될 수 있었던 유일한 공통점은 그들이 최고의 자리에 오를 때까지 꾸준하게 노력했다는 점이었다.

오빌 레덴버처(Orville Redenbacher)는 미국의 팝콘 황제이다. 그러나 그가 첫 번째 팝콘을 팔기 위해서 얼마나 노력했는지 아는 사람은 드물다.

레덴버처는 팝콘 사업에서 완전히 망할 뻔한 경험을 가지고 있다. 63세의 레덴버처는 거의 모든 사람이 어리석은 꿈이라고 생각한 일에

십년이라는 세월을 보낸다. 그가 하고자 했던 일은 팝콘용 전용 옥수수를 정상가의 2.5배에 판매하는 것이었다. 그는 이 특수한 옥수수를 위해 수만 달러의 돈을 써가며 전국을 수없이 여행하였다. 슈퍼마켓 주인들의 반응도 한결같이 아무리 팝콘용 옥수수라고 하더라도 돈을 더 주고 그것을 살 사람은 아무도 없을 것이라고 하였다. 하지만 레덴버처는 포기하지 않고 계속 노력하였다.

그는 종종 이렇게 말했다. "좀 진부하게 들릴지는 모르겠지만, 소유할 가치가 있는 것은 추구할 가치도 있는 것입니다. 원하는 것이 있다면 열심히 하는 것밖에 방법은 없지요. 지름길은 없습니다."

팝콘용 전용 옥수수를 팔겠다는 레덴버처의 아이디어는 오랜 시간에 걸쳐 만들어진 것이었다. 인디애나주 지역 한 농부의 아들이었던 그는 툭 튀어나온 돌 위에 얹어놓은 낡은 팝콘 기계에서 아버지가 밤마다 만들어주시던 팝콘의 따뜻하고 고소한 냄새를 아주 좋아했다. 팝콘은 그가 제일 좋아하던 간식이었다. 열두 살이 되었을 때 레덴버처는 용돈을 벌기 위해서 일주일에 두 번씩 15마일을 걸어서 테흐 오트(Terre Haute)시에 가서 농장에서 생산된 과일, 채소, 달걀 및 닭을 팔았다. 하지만 그가 돌아다니면서 팔던 제품들 중 개인적으로 가장 좋아했던 제품이 팝콘용 옥수수였다. 사실 그는 아버지의 농장 중 1에이커 정도의 땅에서 자신이 직접 옥수수를 재배하고 있었고 250년 전에 이로퀴스(Iroquois) 인디언들이 미국 이주민들에게 팝콘용 옥수수를 소개한 방법 그대로의 재배법을 유지하고 있었으며 더 맛있는 옥수수를 만들기 위해 노력도 하고 있었다.

레덴버처는 미 육군사관학교에 입학할 수 있는 기회를 뒤로하고 퍼듀(Purdue) 대학교에 진학하여 농업경제학을 전공하였다. 그리고 졸업과 함께 테흐 오트 시 버고(Virgo) 카운티의 농업 관리자가 되었고 이후 12,000에이커인 프린스톤(Princeton) 농장의 지배인이 되었으며 그곳에서 액체 질소를 사용하여 팝콘 옥수수 종자를 재배하기 시작했다.

그 후 레덴버처는 퍼듀 대학교 졸업생 찰리 바우먼(Charlie Bowman)과 의기투합하여 인디애나 주 밸파라이소(Valparaiso)에 위치한 다품종 농업회사인 체스터(Chester)사를 매입하였다. 바우먼은 곡물 저장 및 관개 시스템을 개발하는 데 집중하였고 레덴버처는 다양한 팝콘용 옥수수와 비료에 관한 실험을 계속하였다. 결국 품종개량 전문가인 칼 하트먼(Carl Hartman)의 도움으로 상점에서 판매되는 일반종자보다 튀겼을 때 더 가볍고 모양이 풍성한 옥수수 변종들을 만들어내는데 성공한다.

하지만 팝콘용 옥수수를 생산하는 것과 만든 옥수수를 홍보하고 판매하는 일은 또 다른 문제였다. 레덴버처는 인디애나 주와 일리노이 주를 4년 동안이나 오가며 옥수수를 재배해 줄 농부와 옥수수를 팔아 줄 소매업자들을 찾아다녔다. 하지만 시중의 옥수수보다 에이커 당 수확량이 적은 이들의 옥수수에 관심을 갖는 사람은 적었으며 이미 시장에 수십 종의 옥수수 종자들이 판매되고 있는 상황에서 가격 경쟁력까지 떨어지는 점을 지적하며 회의적인 반응을 보였다.

레덴버처는 10년이라는 시간동안 모든 것을 걸었지만 그에게 남은 것은 시중에 나와 있는 다른 옥수수와 그다지 달라 보이지 않는 옥수수 낟알들뿐이라는 사실이 실망스러웠다. 하지만 11년째가 되자 모든 상황이 달라지기 시작했다.

그때가 바로 시카고 마케팅 회사 거슨 휴 존슨(Gerson, Howe and Johnson)

이 새로운 마케팅 아이디어를 제안한 해였다. 그들의 제안은 이러했다. 라벨에 레덴버처의 사진을 싣고 제품명을 [레드 보우(Red Bow)]에서 [오빌 레덴버처의 최고급 팝콘]으로 바꾸라는 것이었다. 레덴버처는 그러한 조언이 마음에 들지 않았다. 그는 마음속으로 '오빌 레덴버처라는 이름을 가진 늙은 노인의 사진이 붙어 있는 팝콘을 누가 사겠나?'라고 생각했다고 한다. 하지만 그는 이미 할 수 있는 것은 다 해본 상태였으므로 잃을 게 없다고 생각하고 그 제안을 받아들이기로 했다.

먼저 그는 반응을 보기 위해 시카고 마셜 필드(Marshall Field)에서 가장 큰 소매업자인 한 고급 식품 백화점 매니저에게 한 통의 옥수수를 보냈다. 불안한 마음에 회신 주소와 메모도 없이 제품을 보낸 그는 망설임 끝에 한 달이 지난 후에야 매니저에게 조심스럽게 전화를 하였다. 결과는 기대 이상이었다. 매니저는 한 트럭 분의 제품을 주문하였고 그 백화점에서 판매되는 옥수수 통에 직접 사인을 해달라는 부탁까지 했다.

20년이 지난 지금 [오빌 레덴버처의 최고급 팝콘]은 매년 십억 파운드 이상의 팝콘용 옥수수를 판매하는 세계 최고의 브랜드가 되어 있다.

인생철학이 무엇이냐는 질문에 레덴버처는 이렇게 답했다. "저는 예전에 가정에서 배운 원칙들을 중요하게 생각합니다. 그 원칙은 이렇습니다. '아무리 힘들어도 절대로 죽겠다는 말은 하지 말라. 절대로 만족하지 말라. 고집스럽게 일하라. 그리고 꾸준히 인내하라.' 입니다."

레덴버처는 성공에 이르기까지 오랜 시간을 인내하였다. 하지만 이미 설명한 다른 많은 가치들과 마찬가지로 인내도 옳은 일을 선택

성장하는 리더의 핵심가치

하기 위해 할 때 의미가 있다는 것을 명심하기 바란다.

인내란 중압감을 느끼는 상황에서도 일관성을 유지하는 것이다. 스트레스 없이 사는 사람은 없을 것이다. 하루를 무사히 살아내기 위해서도 인내는 필요하다. 경제적 압박, 실직, 질병, 외로움과 그로 인한 스트레스 등 삶은 고통의 연속이다. 인내는 나에게 주어진 상황을 있는 그대로 받아들이고 그 문제를 직시하면서도 굳건하게 서 있는 것이다.

인내의 힘은 인내를 필요로 하는 다양한 상황들을 통해 설명할 수 있다. 인내는 분명히 내적 동기가 필요하다. 인내는 농부가 수확을 기다리고 것일 수도 있고 나의 아버지처럼 심장 이식수술을 위해 기증자를 기다리는 것일 수도 있고 더 큰 비전을 마음에 품는 것일 수도 있다. 인내할 수 있다면 우리는 우리가 세운 목표를 성취하고 약속을 지켜낼 수 있다.

인내는 도전을 극복하는 데 도움이 된다. 하지만 인내가 융통성 없이 내 뜻을 굽히지 않는다는 뜻이 아니다. 만약 내가 사용하는 방법이 결과를 만들어내지 못한다면 내가 설정한 목표가 맞는지 확인할 필요가 있다. 만약에 그 목표가 맞고 그 목표가 여전히 추구할 만한 가치가 있는 것이라면 우리는 목표 달성을 위한 다른 방법들을 모색해야 한다. 목표의 조정은 배의 돛 각도를 바꾸는 것과 비슷하다고 생각한다.

인내는 우리 자신과 우리의 능력에 대한 확신과 자신감으로부터 나온다. 우리 자신과 우리의 목표에 대한 확고한 신념은 우리에게 인내할 수 있는 힘을 주고 반대로 신념이 부족하면 인내할 수 없게 되어 결국 그 일을 포기하게 된다.

나의 믿음은 내가 인내할 수 있는 가장 근본적인 이유이다. 왜냐하면 나는 하나님이 나를 포기하지 않을 것을 믿기 때문에 목표를 향해 계속 나아갈 수 있다. 하나님은 전에도, 그리고 앞으로도 절대 우리를 포기하지 않으실 것이다.

인내심이 있는 사람들은 대체로 용기가 있고 자기 스스로를 통제할 줄 알며 어려움에 직면하였을 때 그에 당당히 맞선다. 거절은 대부분의 사람들을 좌절시키거나 망가뜨리지만 인내심이 있는 사람들은 그 상황을 극복하기 위해 더 강해지는 성향을 가지고 있다.

암웨이의 성공은 적극적인 자세와 인내의 결과로 이루어졌다고 해도 과언이 아니다. 사업 초창기에 아버지와 제이 아저씨도 포기할 만큼 힘든 상황에 여러 번 봉착했다. 그들은 1940년대에 항공학교를 열지만 활주로가 예정대로 완공되지 않아 사업에 큰 차질이 생겼다. 그러나 이미 학생들이 등록된 상태였기 때문에 어떻게든 수업을 진행할 수 있는 방법을 찾아야만 했다. 고민 끝에 그들은 비행기가 물에 가라앉지 않도록 공기주머니를 옆에 매달고 공항 옆 강가에서 비행훈련을 시작하였다. 그런가 하면 그들이 요트, 엘리자베스 호를 타고 남아메리카를 여행하던 중에 갑자기 배가 쿠바 해안에서 침몰하여 목숨을 잃을 뻔한 사고를 당했을 때도 대부분의 사람들은 그들이 중간에 여행을 포기하고 돌아올 것이라고 예상했지만 놀랍게도 그들은 계획했던 여행을 멈추지 않았다. 또 건강 보조식품에 대한 개념이 전혀 없던 시절에 비타민 판매를 시작했을 때 사람들은 그들이 미쳤다고 생각했고 얼마 후 비누를 팔기 시작하자 더 많은 사람들로부터 비난과 조롱을 당했지만 그들은 흔들리지 않았고 그들의 신념을 지키며 성장했

　　　　　　　　　　　　　　　　　성장하는 리더의 핵심가치

다. 그 결과 현재 자신들뿐만 아니라 암웨이 제품 혹은 암웨이가 제공하는 사업의 기회를 통해 전 세계 수백만 명의 삶에 상상할 수도 없는 영향을 주고 있는 것이다.

우리가 잘 아는 월트 디즈니(Walt Disney)는 성공을 이루기 전에 여러 번 파산하였고 신경 쇠약에 걸리기까지 하였다. 알버트 아인슈타인(Albert Einstein)은 수학 낙제생이었다. 시카고 불스 농구팀의 가드 스카티 피펜(Scottie Pippen)은 고등학교 때 농구팀에서 잔심부름을 하는 후보에 불과했다. 그들 모두 재능이 있었다는 것은 인정하지만 그 뒤에 숨겨진 인내와 노력을 결코 잊어서는 안 될 것이다.

미국의 역사는 꾸준한 인내로 여기까지 올 수 있었다. 미국에 처음 정착한 청교도들의 인내가 없었다면 혹은 자유를 위해 싸운 조상들의 집념이 없었다면 우리는 현재 아주 다른 모습으로 살아가고 있을 것이다. 초기 정착민과 선구자들은 미국의 대초원을 횡단하며 가뭄과 질병에 시달리며 토지를 일구고 주택과 마을을 건설하였다. 그들이 우리를 위해 한 일이 너무 많아 어쩌면 우리가 이 나라를 위대하게 만든 그 도전정신을 더 이상 발휘하지 않게 되었는지도 모른다.

역경을 기대하는 사람은 없겠지만 분명히 이러한 역경을 통해 우리는 성장한다. 역경은 우리가 새로운 목표를 세우고 도전할 수 있는 자극을 주며 우리가 가진 잠재력을 최대한 끌어올릴 수 있게 하는 최고의 촉매가 되기도 하는 것이다.

일리노이(Illinois) 주 라이온(Lyons) 출신인 가정주부이자 어머니인 쥬디 페트루시(Judy Petrucci)는 가정적이고 조용한 성격의 여인이었다. 어느 날 페트루시는 일곱 살 된 딸 지나(Gina)에게 자신의 고모 매리(Mary)

가 젊었을 때는 무대에서 공연을 했었다는 이야기를 해줬다. 그런데 놀랍게도 지나는 그 말을 매리 고모가 남자들 앞에서 나체로 춤을 추었다는 것으로 이해하였다. 이러한 지나의 반응에 정신이 번쩍 들면서 그녀는 최근에 마을에 생긴 스트립쇼를 하는 술집들이 자기 딸에게 부정적인 영향을 미치고 있다는 것을 느끼게 되었다. 실제로 라이온은 작은 마을임에도 불구하고 마흔세 개의 술집과 다섯 개의 스트립 바가 있었다.

심각성을 인식한 페트루시는 지방 자치단체 활동을 시작하였으며 시 의회와 시장에게 그 클럽들과 술집들에 제재를 가해 줄 것을 요청하였다. 하지만 그녀는 그때까지만 해도 이 문제가 많은 사람들의 이권이 개입되어 있고 부패한 권력을 상대해야 하는 힘든 싸움이 될 것이라는 것을 알지 못했다.

페트루시는 수차례 지역 위원회에 출석하여 그녀의 의견을 제시했지만 아무런 조치가 취해지지 않았다. 그녀는 지역 위원회의 회의에서 발언을 하려고 했으나 기회가 주어지지 않았다. 그녀가 발언을 할 수 없는 이유를 물어보면 법학을 전공한 사람이어야 한다는 황당한 이야기를 하는 등 납득이 가지 않는 이유를 댔다.

하지만 페트루시는 단념할 생각이 없었다. 그녀는 반드시 삶의 터전인 동네를 아이들에게 물려줄 수 있는 깨끗한 곳으로 만들고 싶었기 때문이다. 그녀를 적극적으로 지지해준 남편의 도움으로 그녀는 다시 공부를 시작하였고 졸업 후 변호사 자격을 취득하고 나중에는 출마까지 하게 된다. 그러나 여러 번의 도전에도 불구하고 그동안 튼튼한 기반을 다져온 막강한 정치인들에게 수없이 패배하였다. 그녀는 세 번의 선거에서 모두 떨어졌다. 어느덧 십대가 된 그녀의 딸 지나도 어머니의 도전이 매번 실패로 끝나는 것이 안타까웠다. 실망하는 딸을 향해 페트루시는 주저 없이 말했다. "확신이 있다면 끝까지 싸워야 한단다."

결국 페트루시의 끈기가 승리한다. 그녀는 결국 지역 위원으로 낙선되었고 각종 기록에 접근할 수 있게 되자 지방 정부가 수년간 저지른 부정부패를 낱낱이 파헤쳤다. 그녀가 폭로한 내용은 충격적이었다. FBI가 합류하여 추가조사가 진행되면서 수많은 비리들이 폭로되었고 결국 76명이 기소되었다.

시장과 그의 동료들도 라이온을 망가뜨린 부도덕한 사업에 연루되었다는 이유로 여러 차례 기소되었다. 결국 대부분의 술집과 스트립 바들은 문을 닫았다.

쥬디 페트루시는 다시 한번 시장에 출마하기로 결심했고 개혁 운동가로서의 명성 덕분에 78%라는 놀라운 지지율로 시장에 당선된다.

의회 발언권을 그토록 오래도록 거부당한 쥬디 페트루시 시장은 가장 먼저 모든 공무회의를 시민들에게 개방하여 자신들의 의견을 개진할 수 있게 하였다. 또한 그러한 회의의 의제를 미리 발표하여 관심이 있는 시민들이 적극적으로 참여할 수 있도록 격려하였다.

페트루시 시장이 다음으로 한 일은 경찰서장과 소방서장, 시 변호인, 시 행정관 및 건축 감사를 해임하였고 이전 시장이 자신과 연루되어 있는 사람들에게 발급했던 3백 개 이상의 [특수 경찰] 배지를 회수하였다. 마지막으로, 그녀는 자신의 관할 구역 내에서 아직도 술집이나 스트립 바를 운영하려는 사람들을 직접 방문하여 자신의 행정부는 도박, 미성년자 주류 판매 혹은 매춘을 절대로 용납하지 않을 것임을 통보하였다.

술집이 있던 자리는 다른 상점으로 대체되었고 라이온 지역의 부동산 가격은 오르기 시작하였다. 그러나 쥬디 페트루시는 그러한 효과보다 마음에 드는 변화가 있었다. 그것은 바로 시민들의 자부심이었다. 이 작은 마을의 시민들은 다시 자기 마을에 대해서 자부심을 갖게 되었고 자신들과 자신들의 가족의 삶의 질을 결정할 수 있는 기회를 돌려받게 된 것이다.

쥬디와 시민들 모두 더 큰 자유를 누리게 되었고 마을 사람들은 쥬디 페트루시가 끈기를 가지고 이 모든 변화를 가져다준 것에 대해 감사했다.

6

책임

Accountability

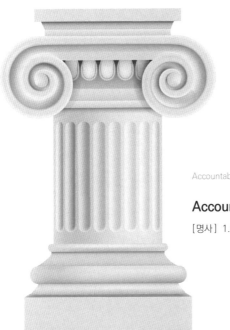

Accountability 에 대한 검색 결과 입니다.

Accountability 미국식 [əkàuntəbíləti] 🔊
[명사] 1.책임 2.책무 3.의무

Accountability

우리가 살아가는 세상의 많은 것들이 우리의 통제 밖에 있는 것은 사실이지만, 우리 자신의 행동과 반응만은 통제할 수 있다. 우리가 만약 자신의 행동과 반응에 책임을 질 능력이 없거나 그 책임을 받아들이려 하지 않는다면 우리는 자유를 누릴 자격이 없다.

우리가 자신의 과거 행동에 대해서 책임을 지지 않는다면, 미래에 대해서도 책임을 지지 않을 가능성이 매우 크다. 우리가 헌신적이고, 주도적이고, 인내심을 가지고 열심히 일한다고 해도 같은 실수를 반복한다면 결코 목표에 달성할 수 없을 것이다.

자신들의 삶의 모든 문제의 원인을 남에게 돌리는 사람들이 있다. 우리가 자신의 삶에 대한 책임이 우리 자신에게 있음을 과감히 인정하면 잘못된 결정에 대한 책임도 우리 자신에게 있음을 인정할 수 있을 것이다. 책임감은 나의 신앙의 일부이다. 우리 모두는 자신의 결정에 책임을 져야 한다. 하나님은 용서하시는 분이기는 하지만, 우리는 우리 자신의 실수를 인정하고 하나님 앞에 내려놓을 수 있어야 한다.

성장하는 리더의 핵심가치

책임감이란 과거의 잘못이나 현재의 상태에 대해 인정하고 받아들이는 것이다. 우리는 자신의 성취와 승리에 대한 보상을 받기도 하지만 실패와 패배에 대한 책임도 질 수 있어야 한다. 일부 사회는 단체가 움직이며 책임을 지는 구조를 가지고 있지만 미국은 철저히 개인의 자유와 개인적 책임을 강조하는 나라이다.

책임감은 스스로 배울 수 있는 것이기는 하지만, 우리는 다른 사람들에게 책임감을 가르쳐야 할 의무가 있다. 듀크 대학교 블루 데블(Blue Devils) 팀의 감독인 마이크 크르지위스키(Mike Krzyzewski)는 젊은 시절에 자신의 책임감 덕분에 화려한 경력을 쌓을 수 있었다고 고백한다. 크르지위스키는 본인이 가르치는 학생들에게 책임감의 중요성에 대해서 자주 강조한다.

승강기 기사였던 아버지와 환경미화원이었던 어머니 사이에서 태어난 크르지위스키는 시카고 북부 폴리시(Polish)라는 곳에서 성장하였다. 그는 학업 성적이 우수했으며 운동에도 소질이 있어서 미 육군사관학교에 입학할 자격을 얻게 되었다. 1학년이었던 어느 날 크르지위스키와 그의 룸메이트가 캠퍼스를 걷고 있었는데 그의 룸메이트가 흙탕물을 밟는 바람에 크르지위스키의 바지와 신발에 물이 튀었고 근처에 있던 상급생이 크르지위스키를 불러 세웠다.

"이게 뭐야?" 그는 크르지위스크의 얼굴에 대고 소리를 질렀다. "깨끗한 유니폼을 입어야 한다는 규칙도 모르나?"

크르지위스키에게 생도로서 허용되는 대답은 오직 세 가지였다. "예, 그렇습니다!", "아닙니다!" 그리고 "맞습니다!" 꾸지람을 듣는 동안 그의 머릿속에는 이 세 가지 대답이 교차했지만 어떤 대답도 그 상황에 맞지 않는다고 생각했고 반박할 수 있는 말들이 많았지만 그는 크게 외쳤다. "맞습니다!"

처음에는 부당한 취급을 받은 것 같아서 억울했지만 시간이 지나면서 다시 그 상황을 돌이켜보며 자기가 한 대답이 참으로 정확한 것이었음을 알게 되었다. 상급생의 말은 맞는 말이었다. 그와 그의 룸메이트는 주위를 잘 살피면서 걸어갔어야 했다. 자신의 결함과 실수는 그것이 심각한 것이든 사소한 것이든 스스로 책임을 져야 한다. 그것을 인정할 때에만 우리는 배울 수 있다. 그러한 깨달음은 크르지위스키에게 큰 영향을 주었고 농구코치가 된 후에도 "맞습니다!"라고 인정하는 자세를 그의 코칭의 제1 원칙으로 삼았으며 그 원칙으로 인해 그는 전국 대학농구 선수권대회에서 우승할 수 있었다.

크르지위스키와 함께 운동을 했던 선수들에게 책임감이라는 단어는 '승리하는 팀'이상의 의미를 지녔다. 책임감은 그들이 삶을 대하는 태도를 변화시키며 더 많은 것을 성취할 수 있게 하였고 선수들끼리 서로를 더 아끼고 신뢰하게 하였기 때문이다.

책임감을 인정하고 그것을 통해 배우는 과정은 매우 중요하다. 우리가 우리의 실수를 받아들이는 태도는 우리의 현재와 미래에 큰 영향을 미칠 수 있다.

책임감 있는 사람이 되기 위해서는 실수를 만회하려는 노력이 필요하다. 실수를 인정하고 그에 대해 사과하는 것도 만회하는 것이지만 때로는 그 이상의 보상이 요구되는 경우도 있다.

스무 살이었던 로저 존슨(Roger Johnson)은 비행기 조종사이자 폭격수이자 사격수로서 B-17 폭격기 비행대대에 파견되어 폴브룩(Polebrook)

성장하는 리더의 핵심가치

근처의 부대에 주둔하고 있었다.

어느 날 부대로 복귀하는 막차를 놓치는 바람에 마을에서 꼼짝도 할 수 없는 상황이 되었다. 그에게 배정된 다음 임무를 수행하려면 제 시간에 부대 안으로 들어가야 했기 때문에 방법을 찾던 그는 우연히 건물 벽에 기대어져 있는 자전거를 빌리기로 했다. 다행히 정해진 시간 안에 부대에 돌아와 명령을 수행했지만 문제는 빌린 자전거를 돌려주려고 찾았지만 이상하게도 자전거는 온데간데없이 사라졌다.

존슨은 중위 제대 후 복학하였고 의대를 졸업했다. 외상 외과의가 된 그는 아내와 함께 브리티시 웨스트 인디스(British West Indies)의 작은 섬에 최초의 병원을 세우는 데 중요한 역할을 한다. 그리고 동료들이 은퇴하기 시작할 나이가 되자 그는 또다시 법대에 진학하여 동료 의사들의 법정 소송을 돕는 변호사로서 제2의 인생을 시작하였다.

40년이라는 세월을 헌신적으로 봉사하였지만, 존슨의 마음속에는 항상 뭔가 마음에 걸리는 것이 있었는데 그것은 바로 젊었을 때 돌려주지 못한 자전거였다. 그도 어렸을 때 아끼던 자전거를 잃어버린 경험이 있었다. 외상으로 산 자전거였기 때문에 자전거를 잃어버리고 난 후에도 한참 동안 용돈을 모아서 자전거 값을 지불하며 억울한 생각이 들기도 하였으나 동시에 책임감이 무엇인지 느끼는 계기가 되었다. 그는 폴브룩 마을과 그 마을 사람들에 대한 좋은 추억들이 많았다.

68세가 된 존슨은 그에 대한 보상을 할 때가 되었다고 생각하고 영국에 있는 랄레이(Raleigh) 자전거 회사에 100대의 자전거를 주문하고 마을로 배달하도록 하였다. 자전거가 도착한 날 오후 자신이 비행기를 타고 이륙하던 활주로에서 자전거를 필요로 하는 아이들에게 그 자전거들을 나누어주었다.

사실 그는 그 일을 충분히 잊으려고 노력하고 덮을 수 있었다. 그
때는 전시였고 자신의 임무를 수행하기 위해서 그런 행동을 취했다고
합리화할 수 있었다. 하지만 그는 생각하는 것으로 만족하지 않았고
본인의 생각을 적극적으로 실행에 옮겼다.

베트남 전쟁에 참전했던 일리노이 주 로즈몬트(Rosemnt) 출신의 전
중위 진 스파노스(Gene Spanos) 이야기를 해보겠다.

스파노스가 가지고 있는 군 복무에 대한 기억이라고는 벽장 신발상
자 속에 넣어둔 메달정도밖에는 남아 있지 않았다. 그는 북베트남과
남베트남 사이 비무장 지대의 정글에 주둔해 있던 11대대의 해병대
하사관이었습니다. 그가 2년간의 군복무를 마치고 20년이 지나서야
그는 자신과 자신의 대대가 비무장 지대에 매설한 75,000여개의 지뢰
가 아직도 베트남 시골 지역에 묻혀 있다는 사실을 알게 되었다.

스파노스가 [보스턴 글로브]에서 우연히 접하게 된 기사에 따르면,
전쟁이 끝난 뒤 방치된 수만 개의 지뢰, 폭탄들이 묻힌 곳에서 마을
아이들이 뛰어 놀고 있으며 심지어는 이런 화기들을 시장에 고철로
팔기 위해 땅을 파는 아이들도 있다는 것이었다.

놀란 스파노스는 그의 전 사령관에게 연락을 하여 이 기사의 내용
이 사실임을 확인하였고 미국인 사상자가 추가로 발생하는 것을 우려
하여 지뢰를 제거 또는 폭파하지 않기로 결정이 내려졌다는 것도 알
게 되었다. 그가 또 한 번 놀란 이유는 베트남 전쟁이 미군이 지뢰를
제거하지 않고 철수한 유일한 전쟁이었다는 사실 때문이었다.

"저는 너무나 충격을 받았습니다." 스파노스는 말했다. "저는 전쟁

　　　　　　　　　　　성장하는 리더의 핵심가치

이 다시 시작된 것 같은 느낌을 받았습니다."

스파노스는 불안했다. 아이들이 들판에서 꽃을 따러 오솔길을 벗어나거나 반짝이는 금속에 호기심을 느끼고 다가갔다가 목숨을 잃을 수도 있다는 생각을 지울 수가 없었다. 비무장 지대 주변에 수백 개의 지뢰를 직접 묻은 기억이 떠올라 머리가 복잡했다. 물론 군인으로서 명령을 받고 한 일이며 매설한 지뢰들이 자신과 동료들의 목숨을 보호하였다고 생각해보려고 노력하였지만 소용이 없었다. 자신의 행동으로 인하여 아무것도 모르는 아이들이 위험에 처할 수도 있다는 생각에 어떻게든 이 문제를 해결하기 위해서 자신이 할 수 있는 일이 무엇인지 고민하기 시작하였다.

아는 사람들과 의논해보았지만 이 문제의 심각성을 공유하는 사람들을 모아 정부를 움직이게 하는 것은 너무 많은 시간이 소요될 것으로 판단되었다. 그리고 양국이 이 문제를 해결하기로 합의한다 해도 의회를 통해 예산을 마련하고 집행하려면 많은 과정과 협상이 필요했다. 그런가 하면 지뢰 문제는 전쟁 포로와 전쟁 실종자 반환 문제와 같은 산재되어 있는 문제에 비하면 상대적으로 작은 문제로 인식하는 사람들이 많았다. 하지만 스파노스는 심각했다. 즉시 어떠한 조치가 취해지지 않는다면 수백 명의 아이들의 생명이 위험한 상황이었기 때문이다.

스파노스는 곧 마음이 맞는 11대대 다섯 명의 참전 군인들과 함께 민간단체의 도움을 받아 시민들이 주축이 되는 지뢰 제거 운동을 시작하기로 결정하였다. 한 사업가의 기부금과 정부기관 그리고 군사 자문위원의 도움을 받아서 기술 자료와 지뢰의 정확한 위치를 표시한 군사지도를 확보하기 시작하였다. 이를 위해 실제로 지뢰를 매설했던 군인들의 도움을 받기도 하였다. 다음 스파노스와 그의 동료들은 베트남 정부로부터 비무장 지대에 들어갈 수 있는 허가를 취득하고 지뢰 제거 업무를 위해 협력할 현지 군인 및 경찰관들과 연락을 취하기 시작하였다.

"많은 사람들이 우리를 지지하고 도움의 손길을 내미는 것을 보고 정말 감격했습니다." 스파노스는 말했다. "지뢰 제거를 위해서 베트남으로 돌아가겠다는 참전 군인들이 비행기 두 대를 가득 채웠습니다."

지뢰 제거를 시작하고 2년이 지나 그와 동료들은 베트남 하노이를 방문하게 되었다. 공항에 도착하자 북베트남군 다섯 명이 그들을 향해 거수경례를 하였고 그들을 시내로 안내하였다. 며칠 후 그들은 베트남 전쟁 당시 가장 치열한 전투가 벌어진 케산(Khe Sanh)과 비무장 지대를 방문하였다.

"안개가 걷히면서 너무나 아름답고 평화로운 풍경이 펼쳐졌고 마치 그림을 보고 있는 것 같았습니다. 그 광경을 바라보는데 갑자기 지뢰밭 생각이 나더군요."

스파노스와 일행은 그 즉시 비무장 지대에 주둔했던 베트남군 사령관과 연락을 취했고 지뢰가 묻혀 있을 것으로 예상되는 곳을 알려주었으며 확인해본 결과 예상대로 지뢰의 80%가 여전히 제거되지 않은 상태로 남겨져 있었다. 스파노스는 기쁜 마음으로 지뢰밭의 위치를 대략적으로 표시한 지도와 지뢰 해체를 위한 기술 자료를 현지 군인에게 전달하였다.

그들이 만난 지역 주민들 중에는 전 북베트남군 대령이었던 호민탄

성장하는 리더의 핵심가치

(Ho Minh Thanh)이 있었다. 스파노스는 그와 많은 이야기를 나누었고 특별히 의료시설과 의약품 부족 그리고 부상을 당하거나 장애를 입은 아이들에 대한 문제의 심각성을 인식하여 지뢰제거를 위한 장기목표를 수행하기로 결정하였으며 그 후 이십만 달러에 해당하는 의약품을 가지고 다시 비무장지대를 방문하였다.

스파노스의 도움을 받은 사람은 셀 수 없지만 6살짜리 느구옌 주안 응그힌(Nguyen Xuan Nghin)도 그 중 한 명이었다. 스파노스는 팔을 잃은 아이를 시카고에 있는 장애아동 병원에서 치료하고 새로운 '의수'를 선물한 적이 있었다. 스파노스는 자랑스럽게 주안의 최근사진을 내보였고 그 사진 속에는 산악자전거를 타며 호치민 시내를 달리고 있는 주안의 모습이 있었다.

"저는 그 나라에서 일어난 변화는 물론이고 제 마음속에서 일어난 변화들이 믿을 수가 없습니다. 전쟁 당시 제가 경험한 베트남은 죽음의 그림자가 드리워져 있는 암울한 곳이었는데 이제 더 이상 그런 모습은 어디에서도 찾아볼 수 없습니다. 참전용사로서 평화가 가득한 베트남을 바라보는 것만큼 가슴 벅찬 일은 없을 것입니다."

로저 존슨처럼, 진 스파노스도 과거에 그들이 했던 행동들이 명령을 따르기 위해서 한 일이라고 충분히 정당화 할 수 있었음에도 불구하고 그들은 양심이 지시하고 본인들이 옳다고 믿었던 그 일을 위해 수년을 바쳤다.

우리가 책임감을 갖고 자신의 행동에 책임을 진다면, 옳은 선택을 할 수 있으며 그 선택을 통해 나 자신의 자유와 타인의 자유를 보호할 수 있다.

7

협력
Cooperation

Cooperation 에 대한 검색 결과 입니다.

Cooperation

미국식 [koʊˌɑːp-] 영국식 [kəʊˌɒpəˈreɪʃn]
[명사] 1.협력 2.협조 3.교류 4.협동조합

Cooperation

우리는 살아가면서 필요로 하는 모든 것들을 스스로 해결할 수는 없다. 자립은 분명히 필요하지만 그렇다고 혼자서 모든 것을 해결하려고 하는 것은 어리석은 일이다. 상호 협력은 여러 가지 측면에서 개인과 사회에 긍정적인 영향을 준다.

우리 모두가 각각 다른 재능을 가지고 태어난 것처럼, 우리는 서로 다른 필요와 견해를 가지고 있으며 일하는 방식도 가지각색이다. 다른 사람들이 가지고 있는 자원을 효율적으로 이용하려면, 우리는 생산적이고 조화롭게 이러한 차이를 극복하고 협력하는 방법을 찾아야 한다. 협력을 통해 우리는 각자의 다른 목표와 생각들을 하나로 모을 수 있다.

결혼 상대자이든, 가족 구성원이든, 직장 동료이든, 학생이든, 우리는 우리가 하는 거의 모든 일에서 협력을 위해 노력해야 한다. 협력은 인간관계가 부드럽게 작동할 수 있도록 도와주는 '윤활유'같은 것이라고 말할 수 있을 것이다. 우리의 바쁜 삶에서 협력은 반드시 필요하다. 분주한 교차로를 통과할 때도 충돌을 방지하려면 그곳을 지나는 운전자들과 협력하여 규정을 지켜야 한다. 우리가 정해진 절차를 따르지 않고 타인의 권리를 존중하지 않는다면, 매일 마주치는 수많은 사람들과 협력하는 것은 불가능하다. 협력은 불가능한 것을 가능하게 하며 우리가 더 많은 것을 성취하고 목표를 달성할 수 있게 한다.

암웨이 코퍼레이션의 성공이 대표적인 사례이기도 하다. 두 가족이 살던 집 지하실에서 시작된 조그만 가족 사업이 불과 30년 만에 수십억 달러 규모의 다국적 기업으로 성장하기 위해서는 협력이 무엇보다 필요했다. 처음에는 두 명의 창업자가 서로 협력하였으며 나중에는 창업자의 가족들이 서로 협력하였다. 물론 회사 직원들과 디스트리뷰터(Distributor)들 사이의 협력도 그들의 성공에 큰 역할을 하였다. 지금 이 순간에도 아버지의 동업자의 제이 아저씨의 아들인 스티브 밴 앤델(Steve Van Andel)과 나 사이에도 협력은 이어지고 있다. 나는 암웨이 코퍼레이션의 사장으로, 그리고 스티브는 회장으로 경영의 일선에서 일하고 있다. 우리의 성격과 일하는 스타일이 아버지들과는 다르기 때문에 협력하는 방식 또한 다를 수밖에 없지만 우리의 협력관계는 그 어느 때보다 좋다. 아마도 그 이유는 스티브와 내가 공유하는 가치 즉, 신앙, 가족에 대한 사랑, 부모에 대한 존경심 및 암웨이 디스트리뷰터들과 고객 그리고 우리 회사직원들에 대한 믿음이 있기 때문이라고 생각한다.

우리 회사는 마케팅 방식의 특성상 '신뢰'라는 단단한 기초 위에 세워져 있다. 디스트리뷰터들은 절대로 신뢰할 수 없는 회사에 자신들의 생계와 운명을 걸 수 없다. 디스트리뷰터들이 암웨이 비즈니스를

성장하는 리더의 핵심가치

확장시키기 위해서 최선의 노력을 다하는 것처럼, 연구소 직원들은 최고 품질의 환경친화적인 제품을 개발하기 위하여 혼신의 힘을 다하고 있으며 본사 직원들은 원활한 제품 공급과 합리적이고 안정적인 보상체계를 만들기 위해 노력하고 있다.

협동정신은 우리의 선조들의 역사를 통해 쉽게 찾아볼 수 있는데, 그들은 무엇보다 정착민들을 돕는 정착민들과 이웃을 돕는 이웃을 높이 평가하는 문화를 가지고 있었다. 사람들은 곡물을 수확할 때, 헛간을 지을 때, 눈보라의 엄청난 피해를 극복해야 했을 때, 화재를 진압할 때, 그리고 병으로 일을 할 수 없게 되었을 때 협력하였다. 그렇게 작은 일로 협력하던 사람들은 결국 함께 마을과 도시를 건설하고 도시와 도시를 연결하는 철도를 건설하게 된다. 자유기업 시스템은 결국 협력의 힘 위에 세워졌다고 해도 과언이 아닌 것이다. 내가 감자를 키우고 다른 사람이 옥수수를 키운다면 우리는 협력을 통해 감자와 옥수수를 같이 먹을 수 있다. 이러한 제도는 사람들이 각자가 잘하는 일을 자기 방식대로 하며 전체의 유익에 기여할 수 있게 한다.

협력은 이론적으로만 좋은 것이 아니라 실제로 좋은 것이다. 개인들이 서로 협력하거나, 회사가 합병하거나, 전략적 동맹관계를 맺는 이유는 그들의 능력이 결합되었을 때 1 + 1 = 11의 효과를 낼 것임을 알고 있기 때문이다. 1982년 [새터데이 이브닝 포스트(Saturday Evening Post)]에 실린 한 기사도 아버지와 제이 아저씨의 협력관계와 암웨이 코퍼레이션의 성공의 배경을 설명하면서 협력의 긍정적인 효과에 대해 언급하였다. 협력은 시너지(Synergy)를 만들며 목표를 달성할 수 있게 한다.

불행히도 우리는 거대 조직이나 기업들이 제공하는 제품이나 서비스에 익숙해져 있어서 협력의 본질을 잊고 있다. 우리 자녀들은 우리가 살아가기 위해 필요한 많은 것들이 어떻게 제공되는지 알지 못하며 따라서 그것을 제공하는 사람들에 대한 감사도 없다. 누군가는 전기를 생산하고 과일을 재배하고 우편물을 배달하거나 쓰레기를 치우지만 그들을 만날 기회가 없어 그들과 인간적인 유대감을 갖지 못한다. 우리가 어렸을 때 지역사회의 구성원들, 친구들 그리고 이웃들과 잔잔한 정을 나누던 모습은 찾아보기 힘들며 그저 어색하고 낯선 관계만이 존재한다. 가족들에 의해 운영되던 동네 시장은 계산대가 끝도 없이 늘어선 창고형 할인매장으로 대체되었다.

어떤 면에서 보면 교류가 부족한 비인간적인 요즘 시대를 살아가기 위해서는 더 많은 협력이 필요할 수도 있다. 낯선 사람들과 자연스러운 유대관계를 형성하거나 의사소통이 쉽지 않기 때문이다.

따라서 의사소통을 위한 기술이 그 어느 때보다도 절실히 요구된다. 의사소통의 중요성은 많은 대학에 의사소통 관련 학과가 있다는 것을 보면 알 수 있다. 협력과 마찬가지로 의사소통 역시 대상이 필요하다. 당연한 이야기지만 의사소통을 하려면 정보를 전달하는 사람과 정보를 받는 사람이 있어야 한다. 대부분의 사람들은 말을 하는 것보다 듣는 것을 더 어려워한다. 하지만 협력을 위해서는 두 가지를 다할 수 있어야 한다.

나는 전망이 밝은 벤처 기업들이 의사소통의 문제로 성공하지 못하는 경우를 많이 보았다. 한 번은 한 목회자가 교회의 샹들리에의 구매를 승인해 달라고 교구회에 요청을 하였다. 그가 샹들리에 승인을 요청할 때마다 그 요청은 표결에서 부결되었다. 실망한 목회자는 교회 직원에게 무엇이 문제였는지를 물었고 그 직원은 이렇게 답했다. "이유는 세 가지입니다. 첫째, 신청서에 샹들리에라고 적어야 하는데 제가 철자를 잘 모르고 둘째, 교회에 신청을 해 본 사람이 없습니다. 그리고 셋째로 우리 교회에 필요한 것은 샹들리에가 아니고 전구입니다."

소통과 협력을 거부하면서 우리의 목적을 이루기는 쉽지 않다. 우리가 협력하지 않고 독립적으로 행동하려 한다면 목표를 달성할 확률은 줄어들 수밖에 없고 타인의 장점과 재능을 활용할 수 없으며 우리 스스로의 한계에 갇혀 많은 기회를 놓치게 될 것이다.

잘못된 통념 중 하나가 비슷한 사람들끼리 협력해야 효과가 난다는 것이다. 그러나 나의 경험에 의하면 기술과 재능은 서로 보완할 수 있는 사람들이 만났을 때 가장 좋은 결과를 만들어낸다. 나의 아버지와 동업자인 제이 아저씨가 그 점을 잘 증명해 주었다. 그들의 협력관계는 암웨이 사를 시작하기 오래전에 시작되었다. 제이 아저씨의 아버지는 자동차 딜러였기 때문에 자동차를 타고 등교했고 나의 아버지는 일주일에 1쿼터의 휘발유를 대기로 하는 방식으로 그들의 동업이 시작되었다. 그들은 함께 차를 타고 다니면서 사업의 꿈을 키워나갔고 제이의 아버지가 그들 두 명을 고용하여 호흡을 맞춰가며 서로에 대한 신뢰가 쌓였고 어느 순간 서로가 운명적인 파트너였음을 직감하게 되었다. 둘은 다른 부분이 많았지만 각자의 재능을 발휘하고 서로 부족한 부분은 보완해 가면서 협력하는 법을 터득해 나갔다. 아버지는 사람들에게 동기를 불어넣는 능력이 있었고 제이 아저씨는 업무를 체계적으로 처리하는 능력이 있었다.

많은 경우 그들의 생각은 달랐지만 목표는 항상 같았다. 스티브와 나도 그들처럼 동일한 목표를 가지고 있다는 것이 매우 기쁘다. 아버지는 인터뷰에서 이렇게 말한 적이 있다. "제이와 내가 잘 지내고 있다고 해서 우리 아이들도 그러리라는 보장은 없습니다. 그 아이들은 그들 스스로 협력하는 법을 찾아야 합니다." 우리는 어렸을 때부터 둘의 관계를 지켜보며 협력의 가치를 배웠다. 그래서인지 스티브와 나는 여러 가지 면에서 너무 잘 맞는다.

협력을 위해서는 목표를 공유하는 것이 가장 중요하다. 서로의 공통점을 발견하고 일을 시작하는 것도 좋은 방법이 될 것이다. 평범한 일을 통해서도 이를 알 수 있다. 고속도로를 달리는 운전자들은 동일한 목적지를 향해 가는 것은 아니지만, 그들은 사고 없이 안전하게 목적지에 도착하는 것을 원한다.

공동의 목표는 사람들이 서로 협력할 수 있도록 기폭제 역할을 할 수 있다. 최근에 버지니아(Virginia) 주 아이반호(Ivanhoe)에 사는 맥 월러(Mack Waller) 이야기를 해보겠다.

어느 날 그는 어머니가 기억하는 아름다운 아이반호에 대한 추억을 듣게 된다. 극장과 오페라 공연장 및 좋은 상점과 레스토랑들이 많았지만 경제가 침체되면서 가게들이 문을 닫기 시작했다는 것이다. 먼저 제조 회사들이 떠났고 그 다음에는 은행, 법률 사무소 그리고 극장과 레스토랑 및 약국이 없어졌다. 한때 4,500명이었던 인구는 600명으로 급격히 줄어들었다.

맥은 아이반호의 중심가에 우두커니 서서 그 마을을 한참 바라보았다. 그녀의 눈에 들어온 것은 음침하고 페인트가 벗겨진 집들과 유리창이 깨지고 잡초가 무성한 학교였다. 아이들은 학교에 가기 위해서 매일 50km를 움직여야 했고 그들 중 다수는 학교를 그만두었다.

우연히 읽게 된 신문기사에는 카운티 당국이 아이반호의 대지를 팔아서 다른 마을에 투자할 기금을 확보할 계획이라는 내용이 실려 있었고 그 기사를 읽는 순간 그는 더 이상 이 상황을 바라보고만 있을 수 없다는 것을 깨달았다. "너무 오랫동안 정부를 믿고 기다렸습니다. 하지만 이제는 우리 주민들이 나서야 한다는 것을 깨달았습니다."

맥의 리더십에 감동한 아이반호의 주민들은 그와 함께 일하기 시작했다. 그들은 아이반호 재기의 시작을 알리는 축하행사를 계획하였다. 주민들은 팀을 짜서 건물에 페인트칠을 하고, 공터를 정리하고 마을 전체를 청소하였다. 그 주말에 주민들은 손에 손을 잡고 마을을 가로지르는 3km 길이의 상징적인 인간 사슬을 만들어 그들의 공동 노력을 기념하였다.

행사를 통해 모은 돈은 지역사회 발전 기금을 확보하는 데 사용하였다. "이제 좌절이 미래에 대한 믿음으로 바뀌었습니다." 맥은 말을 이어갔다. "서로 손을 맞잡은 결과 아이반호 마을은 이제 하나가 되었습니다."

서로 협력하고 함께 노력한 결과 그들은 목표를 달성하였을 뿐만 아니라 공동의 노력을 통해 성취감도 갖게 되었다. 함께 일하는 것은 일을 잘 완수할 수 있다는 실용적인 측면만 있는 것은 아니다. 협력은 바람직한 것이다. 서로를 지지하고 함께 협력하는 사람들은 더 행복하고 건강한 삶을 누리게 된다. 좋은 인간관계를 유지하기 위해서도 협력은 반드시 필요하며 이것이 하나님의 섭리이기도 하다.

하나님과 동행하는 평화로운 삶은 협력하는 삶이다. 내가 제일 잘났다고 생각하면서 협력하는 것은 쉽지 않다. 따라서 협력을 위해 가장 필요한 것이 나를 낮출 수 있는 자세이다. 만약 우리가 같은 "하나님 나라"의 백성임을 인정한다면, 자존심을 버리고 어깨를 맞대고 함께 일할 수 있을 것이다.

협력정신은 인생의 어려움을 극복하기 위해 필요한 우정과 유대를 만든다. 미국의 역사는 협력의 역사이기도 하다. 많은 시민들의 협력을 통해 미국의 자유가 정착되었고 현재까지 유지되어 나가고 있다.

노스캐롤라이나(North Carolina) 주 보스틱(Bostic)의 조이(Joy)와 대니 머레이(Danny Murray) 부부 역시 자신들의 목장을 보존하기 위해 협력정신을 발휘하였다.

심한 가뭄으로 인해 러더퍼드(Rutherford) 카운티 지역 110에이커 농장을 소유하고 있던 머레이 가족은 고민에 빠졌다. 정원의 채소들은 넝쿨에 붙은 채 말라가고 있었고 100마리가 넘는 젖소들도 말라버린 초장의 그루터기들을 뜯어 먹고 있었다.

2대째 목장을 운영하는 대니 머레이는 스쿨버스를 운전하면서 짬짬이 제초기와 트랙터를 운전하며 부수입을 올리고 있었고 조이는 학교 식당에서 일을 하고 있었다. 가뭄이 길어지면서 곳간은 텅 비고 더 이상 노스캐롤라이나 주에서 건초를 구할 수 없게 되자, 머레이 부부는 젖소를 팔거나 그냥 굶주리는 것을 지켜보는 것 말고는 아무것도 할 수 있는 것이 없었다. 그런데 어느 날 다른 지역에 사는 한 착한 농부가 가축들이 굶주리고 있다는 소식을 전해 듣고 건초를 트럭 한

성장하는 리더의 핵심가치

가득 싣고 찾아왔다. 그것만으로도 감사한 일이었는데 그 농부는 대가를 거절하였다. 머레이 가족은 피 한 방울 섞이지 않은 그 농부의 선행에 감동하였다.

그로부터 얼마 지나지 않아서, 머레이 가족은 또 반가운 소식을 전해 듣는다. 지방 공무원으로 근무하는 에느 비닉스(Eric Biddix)로부터 전화를 받은 것이다. 켄터키 주 농부 몇 명이 건초를 보내왔다는 것이었다. 머레이는 너무 기뻤지만 형평이 어려워 돈을 마련할 때까지 시간을 좀 달라고 부탁하였다. 그런데 비딕스는 이렇게 대답했다. "돈에 대해서는 걱정 안 하셔도 됩니다. 우리의 어려운 상황을 알고 무상으로 공급해준다고 합니다."

나중에 알게 된 사실은 켄터키 주 역시 건초가 넉넉하지 않은 상태였으나 러더퍼드의 심각한 상황을 전해 듣고 기꺼이 도움을 주기로 결정했다는 것이었다. 감동은 여기에서 끝나지 않았다. 그들이 보낸 건초 속에는 따뜻한 격려의 메시지가 담긴 편지가 들어있었다.

이 일을 계기로 대니는 하나의 아이디어가 떠올랐다. 그는 가뭄의 영향을 받지 않는 다른 지역에서도 건초를 구할 수 있지 않을까 하는 생각을 하게 되었던 것이다. 에드 비딕스에게 도움을 청한 머레이는 오하이오 주에 있는 한 농부 알바 클라크(Alva Clarke)를 소개 받게 되었다. 대니가 그 농부에게 연락을 하여 상황 설명을 하자 그는 제공할 수 있는 건초 꾸러미가 200개 정도 된다고 하였다. 남은 문제는 그 건초를 보스틱 지역으로 어떻게 운반할 것인가 하는 것이었다. 다음으로 에드는 대니를 에칠레이(Atchley) 건축 회사의 더그 에칠레이(Doug Atchley)와 연결해 주었다. 안타깝게도 그는 앞으로 몇 주일 내에 그 방향으로 가는 트럭이 없을 것이라고 했지만, 얼마 후 다시 연락을 하여 다음날 오하이오 주로는 배달이 가능하다고 하였다. 그는 자신의 트럭을 무료로 사용하도록 배려해 주었고 트럭 운전사인 주니어 카이저 (Junior Kiser) 역시 대가 없이 운전을 해주기로 하였다.

다음날 트럭은 오하이오 주에 있는 농장에 도착하였고 알바 클라크의 이웃들이 모여들어 그들을 적극적으로 도와주었다. 협력의 힘이 얼마나 놀라운 것인지 다시 한번 실감하게 되는 순간이었다.

그들이 200개의 건초 더미를 차에 다 싣고 대니가 트럭 짐칸을 닫으려고 하자, 클라크가 말했다. "일이 아직 안 끝났습니다. 창고에도 건초가 더 있을 겁니다. 트럭에 빈틈이 있으면 조금이라도 더 실어봅시다."

그들은 총 430개의 건초 더미를 실을 수 있었고 이틀 후 보스틱에 도착하자 더그 에칠레이와 수십 명의 사람들이 건초 더미를 내리는 일을 돕기 위해 기다리고 있었다.

조이와 대니 머레이 부부는 살면서 누군가로부터 이렇게 큰 도움을 받아본 경험이 없었다. 아마도 그들의 도움이 없었다면 농장은 유지될 수 없었을 것이다.

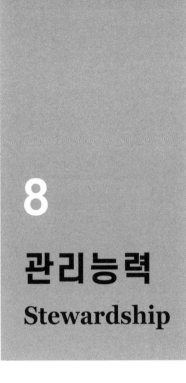

8

관리능력
Stewardship

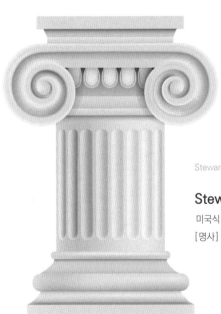

Stewardship 에 대한 검색 결과 입니다.

Stewardship

미국식 [ˈstuːərdʃɪp] 🔊 영국식[ˈstjuːədʃɪp] 🔊
[명사] 1.steward의 직무 2.책무

Stewardship

관리 능력은 시간과 자원 및 하나님이 주신 재능을 잘 관리하고 활용하는 것을 말한다. 믿음의 시각에서 우리는 모두 소유자가 아니라 관리자이자 청지기이다.

우리가 가진 돈, 자산, 업무, 그리고 재능을 잠시 위임받은 것이다. 훌륭한 관리자가 되기 위해서 가장 먼저 해야 할 일은 우리의 몸과 물질 그리고 모든 환경이 하나님의 것임을 인정하는 것이다. 그런가 하면 우리의 재능, 우리의 능력 그리고 우리에게 주어진 기회 역시 그의 것이다.

나는 그러한 재능을 존중하고 최대한 발휘하는 방법이 바로 관리라고 믿고 있다. 재능을 잘 관리하는 것은 중요한 일이다. "각자 남에게 봉사하기 위해서 자신이 받은 선물을 사용하고 하나님의 은혜를 다양한 형태로 나타내야 한다."라고 사도 베드로는 말했다.

하나님은 만물의 창조주이다. 우리는 하나님의 형상에 따라 만들어졌기 때문에 그분의 관리인이 되어야 한다. 하나님은 우리에게 지구상의 모든 것을 다스릴 권한을 주셨다. 한편으로는 그 권한을 마음

성장하는 리더의 핵심가치

대로 사용해서는 안 된다는 뜻도 포함하고 있다.

특히 우리가 쉽게 처분할 수 있는 것들의 관리에 주의해야 한다. 우리에게 주어진 돈이 가장 좋은 예이다. 우리는 돈을 잘 관리해야 하며 그에 대한 책임을 져야 한다. 물질만이 아니다. 하나님이 주신 재능과 기술을 옳은 일에 직절히 사용하는 것도 중요하다. 그런가 하면 사람들과의 관계도 관리해야 할 대상이다. 우리가 다른 사람들과의 관계를 잘 관리하지 않는다면, 우리는 앞 장에서 설명한 것처럼 협력하며 살 수 없다.

주어진 권리를 통해 사회에 영향력을 행사한다는 측면에서 지역사회에 참여하는 것도 관리능력을 발휘하는 것으로 볼 수 있다. 우리는 모두 우리가 속한 크고 작은 사회의 구성원들이다. 구성원으로서 지역사회에 참여하는 방법은 매우 다양하지만 우리의 견해와 의견을 개진하고 소통해 나가는 것은 언제나 필요하고 중요한 일이다. 하지만 그것이 말로 그치지 않고 영향력을 행사하려면 옳은 일을 위해 행동해야 한다. 우리가 선출한 대표들은 우리가 선택한 관리자라는 것을 명심하고 그들에게 우리가 원하는 것을 요구하지 않는다면 그것은 우리의 자유와 권리를 스스로 포기하는 것이다.

우리가 지역사회에 참여하는 다른 방법들도 있다. 비영리 단체와 자선 단체들은 언제나 자원봉사자들의 도움의 손길을 기다리고 있기 때문에 우리는 언제든지 우리의 재능과 기술을 이러한 단체들을 통해 나눌 수 있다. 베시와 나도 지역사회를 위해 우리의 시간, 노력 그리고 재원을 제공해야 한다는 강한 책임의식이 있기 때문에 다양한 형태의 활동에 참여하고 있는 것이다.

민주주의에서 참여는 중요한 의미를 갖는다. 만약 우리가 뒤로 물러나서 다른 사람들이 결정을 내리게 내버려 둔다면 관리자로서의 책임을 포기하는 것이다.

미시시피(Mississippi) 강에서 동쪽으로 30km 떨어진 인구 4,000명 미만의 작은 마을 위스콘신(Wisconsin) 비로쿠아(Viroqua)에서 있었던 일이다.

비로쿠아의 거대한 상업 지구는 한때 화려하고 번창하여 사람들로 붐비던 곳이었지만 대부분의 경영자들이 상황을 돌이키기에는 늦었다고 생각할 만큼 깊은 침체의 늪에 빠져 있었다. 기반 시설들은 낙후되어 초라해 보였고 철도역은 폐쇄되었다. 고등학교를 졸업한 인재들은 모두 기회를 찾아 더 큰 도시들로 떠나갔고 마치 도시 전체가 '패배자'같은 모습이었다.

이 지역 북쪽의 옥수수 밭에 월마트가 조만간 개업을 한다는 소식이 돌자 마을은 초상집 분위기가 되었고 특히 오래된 상업 지구의 상점 주인들은 절망할 수밖에 없었다.

모두가 희망을 저버린 그때 비로쿠아 마을이 유령 도시가 되는 것을 차마 보고만 있을 수는 없다고 생각한 사업가가 있었는데 그녀가 바로 낸시 로즈(Nancy Rose)였다. 그녀는 남부 캘리포니아 주에서 15년을 사는 동안 정착할 마을을 찾아 여러 지역을 돌아다니다가 우연히 방문한 이 마을의 아름다운 풍경과 정이 넘치는 사람들의 매력에 빠져 이곳으로 이주한 사람이었다. 이곳에서 숙박시설을 운영하고 있었던 그녀는 마을회의에 참석한 자리에서 지역주민들에게 그들이 사는 곳이 얼마나 특별한 곳인지 그리고 왜 그들이 이 마을을 포기해서는 안 되는지를 설명하고 마을을 구하기 위한 구체적인 계획을 세우기

성장하는 리더의 핵심가치

시작했다.

마침 그녀는 위스콘신 주에서 일하는 버트 스티트(Bert Stitt)라고 하는 도시계획 전문가에 대해서 듣게 되었다. 소문대로라면 그는 이 분야의 전문가였다. 일을 잠시 쉬려고 생각하고 있던 스티트는 정중히 거절했지만 로즈는 물러설 생각이 없었다. 그녀는 스티트가 자신과 서른네 명의 마을 대표를 만나줄 때까지 집요하게 따라다녔고 결국 약속을 잡는데 성공한다. 그렇게 어렵게 첫 만남을 실현시킨 마을 대표들은 스티트를 둘러앉아 마을의 문제들을 마구 쏟아냈지만 그들의 말을 듣고 난 스티트는 해결책을 제시하는 대신 마을 주민들이 스스로 변하고 이 일을 해내야 한다는 이야기를 하였다. 정부에서 제공하는 '가로 정비계획 프로그램'을 적용하거나 새로운 전략과 계획을 세우는 것은 그가 얼마든지 도와줄 수 있으나 결국 이 일의 성공여부는 주민들 손에 달려있다는 것이었다.

로즈는 모인 마을 대표들이 스티트가 이야기한 것처럼 마을을 재건할 의지가 정말 있는지 확인하고 싶었다. 진지한 대화는 계속되었고 그 해 가을 65명의 지역 대표들이 회의를 통해 여섯 개의 팀을 조직하고 '역사보존을 위한 국민신탁'을 통해 위스콘신 주가 제공하는 '가로 정비계획 프로그램'을 신청하기로 했다. 하지만 스티트는 그 프로그램을 진행할 수 있는 자격을 획득하기 위해서는 3년 동안 총 15만 달러의 활성화 기금이 모금되어야 한다는 사실을 알고 있었다. 17,000달러인 상공회의소 회비를 내는 것도 힘든 상황에서 15만 달러는 상상을 할 수 없이 큰 금액이었다. 하지만 그 사실을 알게 된 스테이트(State) 은행의 지점장인 더피 호프랜드(Duffy Hoffland)는 용감하게 일어나서 본인이 활성화 기금을 모금하는 일을 맡아보겠다고 자원하였다.

"바로 그 순간, 우리 마을은 승리를 향한 긴 여정을 시작했습니다." 로즈는 말했다.

결과는 놀라웠다. 호프랜드와 낸시 로즈가 소속된 모금 위원회는 많은 사람들로부터 총 17만 달러에 육박하는 기부금을 약속받았다.

그다음 절차는 프로그램의 허가를 득하는 것이었다. 그들은 매디슨(Madison)시 위원들의 관심을 끌기 위해서 20세기 초 복장으로 프로그램 진행계획을 설명하였다. 다행히도 로즈의 모래시계처럼 생긴 우스꽝스러운 가운과 함께 참석한 남자들이 입은 줄무늬 바지가 효과가 있었다.

시가지 프로그램이 본격적으로 시작되면서 환경설계 전문가이자 평화 봉사단 테레사 워시번(Theresa Washburn)이 팀에 합류하였다. 워시번은 먼저 마을 미화에 집중하였다. 그녀는 이를 위해서 저금리 융자를 주선하여 열세 개의 상점이 개보수 작업에 들어갔다.

또한 중심 상업 지구에 가로등을 재설치하고 건물 옥상 위에는 장식용 전등을 설치하여 활기찬 분위기를 조성하였다.

그로부터 불과 3년 만에 어둡고 생기를 잃었던 옛 도시는 새롭게 부활하였다. 이 지역에 7개의 회사가 개업을 하였고 22개의 일자리가 창출되었으며 4개 블록 규모의 상업지구가 새로 탄생되었다. 한편 이런 많은 변화와 함께 기대하지 못한 또 하나의 큰 수확이 있었는데 그것은 다름 아닌 마을 사람들의 밝고 긍정적인 태도였다.

로즈는 자신들이 만든 결과에 크게 고무되어 위스콘신 주 매디슨에 있는 버트 스티트의 회사 '버트 스티트 앤드 어소시에이츠(Bert Stitt and

Associates)'와 지속적인 협력을 통해 현재까지도 다양한 도시 재개발 사업과 관련된 컨설팅을 제공하고 있다.

"마치 우승팀 팀원이 된 것 같아요."그녀는 말했다. "한 순간에 모든 사람들의 태도가 '해야만 해'에서 '할 수 있어'로 완전히 바뀐 것을 느낍니다."

감사하게도 낸시 로즈, 더피 호프랜드, 테레사 워시번과 같이 책임감 강하고 섬길 줄 아는 많은 사람들 덕분에 비로쿠아는 다시 생기를 얻게 되었으며 그 마을 전체에 긍정적인 분위기와 희망이 회복될 수 있었다.

관리자로서의 직분을 수행하는 방법 중에는 지역사회를 돌보는 일도 있지만 더 중요한 역할이 바로 지구와 환경을 지키는 일이다. 우리 모두에게는 하나님의 창조물을 잘 관리해야 할 책임이 있다. 그것이 길거리에 떨어져 있는 휴지를 줍는 것처럼 작은 일이든 오염을 막거나 이미 발생된 오염을 제거하는 연구처럼 복잡하고 어려운 일이든 상관없이 우리에게 맡겨진 소중한 자연을 후손들에게 물려주려는 노력은 소중하지 않은 것이 없다.

암웨이 코퍼레이션은 환경보호에 대한 노력으로도 잘 알려진 기업이며 그 노력에 대한 공로를 인정받아 여러 차례 상을 받기도 하였다. 사실상, 암웨이가 받은 [유엔 환경보호 공로상(UN Environment Program Achievement Award)]은 단체와 개인이 아닌 기업에게 주어진 단 두 번의 공로상 중 하나이기도 하다.

나는 미국 보이스카우트 헌장 중 '내가 머문 곳은 도착했을 때보다 떠날 때 더 아름다워야 한다.'는 태도를 모든 사람들이 받아들여야 한다고 믿는다. 이러한 믿음으로 인하여 존 빌은 햄 강을 정화하였고 진 스파노스는 베트남에 묻힌 지뢰를 제거하였다. 우리의 마지막 때에 스스로의 삶을 되돌아보며 내가 살았던 세상이 나로 인하여 조금 더 나은 곳이 되었다며 고백할 수 있는 우리가 되기를 바란다.

직장인이든, 고용주이든, 사업가이든 우리는 모두 우리가 일하고 있는 회사의 관리자이다. 경영자들 역시 다음 세대에 좋은 유산을 물려주는 것이 관리자로서 큰 책임이라고 생각한다. 그렇게 할 수 있는 한 가지 방법은 차기 경영자들을 육성하는 것이며 또 다른 방법은 회사의 제품과 직원들, 고객들 및 지역사회에 장기적으로 도움이 될 수 있는 책임감 있고 옳은 결정을 내리는 것이다. 우리의 결정이 단기적인 이익만을 추구하는 것이라면 그 결정은 장기적으로는 잘못된 것일 수도 있다. 미국의 원주민들 사이에서는 "우리가 하는 생각, 행동과 말은 7대가 유익한 것이어야 한다."라는 말이 있을 만큼 장기적인 안목으로 세상을 바라보고 신중하게 결정을 내리는 것을 중요하게 생각하였다. 그렇다면 우리는 과연 얼마나 고민한 후 말하고 결정하고 행동하는지 다시 한번 생각해 볼 필요가 있다.

한 기업의 성공여부를 판단한다는 것은 결코 쉬운 일이 아니다. 주식회사의 최대 목표는 주주들에게 이익을 되돌려 주는 것이라는 견해가 지배적이며 이익은 모든 회사의 생존과 성장에 중요하고도 필수적인 것이다. 하지만 이익이 회사의 성공의 유일한 잣대가 되어서는 안된다고 생각한다. 우리의 행동이 사회와 지역사회에 미칠 영향 역시 회사의 직접 비용만큼이나 중요한 것으로 간주되어야하기 때문이다. 만약 우리가 이익만을 위해서 기업을 경영한다면 그것은 마치 테니스

경기에 나간 선수가 경기내용은 무시한 채 점수만 따려고 뛰어다니는 것과 다를 바가 없는데 그런 자세로는 절대로 승산이 없다.

재산 역시 우리가 관리자로서 관리의 책임을 다해야 하는 중요한 것 중 하나이다. 이유는 분명하다. 많은 사람들이 우리가 하는 일에 끝이 없다는 사실을 인정하고 싶어 하지 않는다. 설거지가 끝나면 다른 일을 해야 하고 지난주에 청소한 앞길도 어느새 지저분해져서 다시 청소해야 한다. 지난주 회의로 인하여 이번 주에 다시 회의를 하게 되고 어제 자녀의 학교 과제를 도와주었다 하더라도 오늘 해야 할 과제는 줄지 않는다. 이러한 과정은 끝없이 계속되고 이제 좀 쉬어야겠다고 생각하는 순간 우리는 다시 일어나 새롭게 모든 일을 시작해야 하는 것이다.

관리자의 일을 잘하려면 우리는 우리에게 주어진 것들을 잘 관리해야 한다. 정직이 그러하듯이 어릴 때 몸에 익힌 습관은 어른이 되어서도 나타나기 마련이다. 내가 아는 한 가정은 자녀들이 장난감을 잘 관리하지 않으면 그 장난감을 압수하고 창고에 보관하는 방식으로 본인의 소유물을 관리하고 책임지는 법을 어렸을 때부터 가르치기도 한다.

관리자로서의 책임을 다한다는 것은 우리의 소유를 보다 더 현명하게 사용하는 것이다. 재산이 많은 사람들은 물건을 소유하려는 더 큰 유혹에 노출되어 있을 뿐만 아니라 충동적으로 물건을 구입할 가능성도 크다. 따라서 우리가 재산을 잘 관리하기 위해서는 가진 것을 관리하기에 앞서 먼저 소유하려는 마음을 통제하고 물건을 계획하고 구매하는 습관이 필요하다.

그런가 하면 우리 자신을 돌보는 것도 관리자의 역할 중 매우 중요한 부분이다. 우리는 건강을 유지하기 위해 필요한 양질의 음식과 영양소를 섭취하고 충분한 수면을 취해야 한다. 물론 정기적으로 운동을 하거나 스트레스 해소를 위한 적당한 여가활동도 하고 있다면 육체적인 건강과 함께 정신적인 건강에도 도움이 될 것이다.

다른 많은 사람들처럼 나 역시 일과 삶의 균형을 잡기 위해서 많은 노력을 하고 있다. 그러나 우리 대다수의 영양섭취는 과다하고 운동량은 적으며 오래 일하는 것에 비해 충분한 휴식을 취하지 못하고 있는 것이 사실이다. 일의 가치에 비해 여가의 중요성이 과소평가되는 경향이 있는 것이다. 여가(recreation)라는 단어 자체가 '재창조(re-create)'라는 뜻을 가진 것을 생각한다면 휴식의 본질을 조금 더 이해할 필요가 있다.

우리 아버지 세대의 남자들은 가족을 책임져야 하는 위치에 있는 남자가 자기 자신의 건강을 챙기는 것 자체를 이기적인 것 또는 나약함을 스스로 인정하는 것으로 여기는 경우가 있었다. 하지만 그러한 편견은 빨리 버릴수록 좋다. 성경은 우리의 몸이 '살아계신 하나님의 성전'이라고 말한다. 따라서 우리가 우리에게 맡겨진 소중한 몸을 지키기 위해 시간을 투자하고 최선의 노력을 하는 것은 너무나 당연한 것이다.

그러나 건강을 관리한다는 것이 신체적인 것만을 뜻하는 것은 아니다. 육체적인 관리와 함께 관심을 가져야 하는 것이 바로 우리의 감정이다. 사랑과 우정과 교제를 나누는 사람들은 그렇지 못한 사람들보다 더 행복하고 더 건강하게 오래 산다고 한다. 건전한 사회적 유대관계를 갖지 못한 사람들은 스트레스와 염려로 인하여 많은 질병이 노출되며 병의 경과도 좋지 않다.

또한 우리의 생각도 관리대상이다. 벤자민 프랭클린(Benjamin Franklin)은 수학을 공부하도록 사람들을 격려하였는데 수학은 생각하는 힘을 키워주기 때문이다. 그는 체스(Chess)도 난순한 놀이로 생각하지 않았으며 끈기와 예지능력, 집중력 그리고 신중함을 배울 수 있는 좋은 훈련이라고 강조하였다. 우리의 생각은 우리의 미래를 결정할 수 있다. 생각은 목표를 설정하게 할 뿐만 아니라 그 목표를 달성하게 하는 힘도 가지고 있기 때문이다. 그런가 하면 우리는 매일 노출되어 있는 것에 의해 영향을 받는다. "쓰레기가 들어가면 쓰레기가 나온다."는 말을 한번쯤은 들어보았을 것이다. 이 말이 어린이들에게만 해당되는 것이 아니라는 사실을 우리는 명심해야 한다.

우리의 성품은 어떨까? 우리는 우리의 행동과 반응을 스스로 결정한다. 좋은 성품은 타고나는 경우도 있으나 노력이 필요하다. 특히 우리를 지켜보고 있는 자녀들을 위해서 본이 되는 삶을 살아야 할 것이다.

우리가 관리해야 하는 마지막 한 가지는 우리의 믿음이다. 모든 사람이 다 신의 존재를 믿는 것은 아니지만, 신이 있다고 믿는 사람들 중에서도 본인의 믿음을 제대로 돌보지 않는 사람들이 많다. 기도와 묵상 그리고 하나님에 대한 감사는 믿음을 성장시킬 수 있는 가장 좋은 방법이다. 신앙생활은 우리 가족에게 있어서 그 어떠한 물질적 보상보다도 큰 유익을 가져다주었음을 나는 고백한다.

우리에게 주어진 재능과 능력은 옳은 일을 하기 위하여 사용되어야 한다. 스페인 바르셀로나 올림픽에서 우승을 차지한 운동선수 재키 조이너 커시(Jackie Joyner-Kersee)에 대한 이야기를 들어본 사람이 많을 것이다. 아마도 사람들은 그녀를 역사상 가장 위대한 여자 선수로 기억하고 있을 것이다.

재키의 인생은 세인트 루이스(St.Louis) 동쪽 빈민가의 피곳(Piggot) 거리에 있는 초라한 단층집에서 시작되었다. 다행히 그녀의 집 건너편에는 팝 마일즈(Pop Miles)가 운영하는 지역 복지센터가 자리하고 있었고 재키는 그곳에서 친구들과 어울리며 많은 시간을 보냈다. 그곳에는 실내 수영장과 육상 트랙도 있었지만 댄스와 음악 교습이 열리기도 하였다.

아홉 살 재키는 처음으로 이곳에서 육상 경기에 출전하게 된다. 처음 육상을 시작한 그녀의 성적은 보잘것 없었다. 하지만 그 경기가 있은 후 불과 몇 주 지나지 않아 2등을 세 번 하더니 바로 이어서 다섯 번의 경기에서 1등을 하게 되고 그 이후로 한 번도 1등을 놓치지 않았다.

그녀는 주어진 일에 최선을 다했다. 노력하면 경기 성적도 좋아진다는 것을 알게 되었고 학교 성적도 좋아진다는 것을 알게 되었기 때문이다. 이해가 안 되는 내용이 있으면 이해가 될 때까지 반복하며 공부하였다.

일찍이 올림픽 선수로서의 자질을 알아본 팝 마일즈는 그녀를 돌보며 다양한 종목을 가르치기 시작하였다. 5종 경기를 훈련하던 열네 살 재키는 전국 청소년 선수권대회에서 우승을 차지한다. 그녀는 고등학교를 졸업할 때까지 매년 우승을 거듭하며 미국에서 가장 뛰어난 운동선수 중 한 명으로 성장하였고 동시에 상위 10% 안에 드는 좋은 성적으로 고등학교를 졸업하게 되었다.

UCLA 대학에서는 농구팀의 포워드로 활약하였고 그녀의 남편이 된 밥 커시(Bob Kersee)의 도움으로 1984년 로스앤젤레스 올림픽에는 농구선수로 출전하여 0.06초를 남기고 승부를 결정짓는 극적인 슛을 성공시켜 금메달을 목에 걸었다. 4년 후 모스크바에서 열린 굿윌(Goodwill) 대회에서는 세계 신기록을 200점이나 갱신하며 미국 여자선수로는 처음으로 50년 만에 다종목 세계기록 보유자가 되었고 1988년 서울 올림픽에서는 두 개의 금메달을 획득하였으며 1992년 바르셀로나 올림픽에서도 하나의 금메달을 추가하였다.

재키는 자신의 놀라운 성공은 그녀의 어머니로부터 물려받은 강한 의지 덕분이었다고 말한다. 그러나 그녀의 성공의 비결이 그것만은 아니었다. 그녀는 타고난 낙천주의자는 아니었지만 신앙의 도움을 받아 부정적인 생각을 의도적으로 차단하여 어려운 상황을 잘 극복할 수 있었다고 하였다. 또 일이 원하는 방향대로 흘러가지 않았을 때는 낙심하는 대신 그 상황을 받아들이고 인정하려고 노력하였다.

재키의 할머니는 케네디(Kennedy) 대통령의 영부인 재클린(Jacqueline)의 이름을 따서 재키의 이름을 지었는데 그 이유는 그녀가 언젠가 최고가 될 것을 믿었기 때문이었다고 한다. 그리고 그녀는 실제로 강한 신념과 피나는 노력 그리고 주변의 많은 사람들의 지원에 힘입어 '세계에서 가장 위대한 운동선수'가 될 수 있었다.

재키는 자신에게 주어진 재능과 기회를 잘 관리한 사람이다. 하지만 그녀는 또한 자신에게 주어진 부와 명성도 잘 관리하였다. 그녀는 그녀에게 쏟아진 찬사로 인하여 자만할 수 있었지만 그녀는 겸손한 태도를 유지하면서 자신의 행동이 많은 젊은 여성들에게 미칠 영향에 대해 진지하게 고민하였다. "저는 제가 어릴 때 어떻게 살았는지 잊지 않으려고 합니다. 나이 어린 아이들이 제가 꿈을 이룬 이야기를 듣고 희망을 가질 수 있기를 바라며 본인도 도전할 수 있는 용기를 얻기 원하기 때문입니다."

그녀는 운동장 밖에서도 많은 사람들의 모범이 되고 있다. "저는 치어리더라고 생각합니다." 조이너 커시는 말한다. 서울 올림픽에서 큰 성과를 거둔 그녀는 미국 도시 어린이들이 자신들의 잠재력을 발견할 수 있도록 돕기 위한 '재키 조이너 커시 사회재단'을 설립하였다. 그녀의 광고 수입 중 상당 부분이 이 재단의 기금으로 적립되었고 지금도 지속적으로 재단 운영에 참여하고 있다. 이 재단을 통해 많은 학생들이 스포츠뿐만 아니라 학업과 예술 분야에서도 지원을 받으며 자신들의 능력을 키워나가고 있다. 그녀는 또한 [여성들의 역할은 어디까지인가(Woman's Place is Everywhere)]라는 책을 공동 집필하여 미국의 수만 명의 청소년들에게 감동을 주기도 하였다. 그녀가 많은 정성을 들이고 있는 또 하나의 일은 바로 자신이 어린 시절을 보낸 세인트 루이스 동부지역을 조금 더 살기 좋은 곳으로 만드는 일이다. 그녀는 자신이 다니던 고등학교 학생들에게 장학금을 전달하기도 하고 동네의 아이들을 매년 여러 명씩 선발하여 AAU 청소년 올림픽 선수권 대회에 출전시키고 있으며 최근에는 100명의 어린이들을 뉴욕에 초대하여 함께 추수 감사절 퍼레이드를 즐기기도 하였다. 현재는 자신의 성공의 출발점이 되었던 지역 복지센터를 재개장하기 위한 리모델링 사업에 전념하고 있다.

그녀의 업적과 명성 덕분에 그 이후로도 상당한 부를 얻게 된 재키는 그러한 재정의 축복을 당연한 것으로 받아들이지 않았으며 잠시 맡겨진 부를 의미 있는 곳에 환원하기 위하여 많은 노력을 기울이고 있다.

재산을 잘 관리한다는 것은 현명하게 투자하여 열매를 맺게 하는 것이다. 성경은 달란트와 종의 이야기를 통해 어리석고 게으른 종을 지적하고 있다. 우리는 주어진 달란트를 땅에 묻어두는 실수를 범하지 말아야 한다. 그렇다면 열매란 무엇일까? 지식의 축적일 수도 있고 아픈 사람들을 고쳐주는 의약품일 수도 있고 새로운 직업의 창출일 수도 있고 제품과 서비스의 질을 개선하여 삶의 질을 높이는 것일 수도 있고 자녀들에게 더 좋은 환경을 제공하는 것일 수도 있고 새로운 기회를 제공하는 것일 수도 있고 희망을 주는 일일 수도 있고 동기부여를 하는 것일 수도 있다. 결국 우리가 가진 모든 것이 열매가 될 수 있는 것이다.

우리 모두는 자녀들에게 돈에 대한 책임감을 가르쳐야 한다. 내 아내와 나도 아이들에게 책임감을 가르치기 위해 매월 용돈을 주고 있다. 용돈은 나이에 따라 다르게 지급된다. 정해진 비율만큼 저금도 해야 하고 십일조도 내야 하므로 어쩔 수 없이 아이들은 지출 계획을 짜기 시작했고 그 계획에 따라 용돈을 사용하고 있다. 이러한 훈련을 통해 아이들도 어느 순간 재정을 관리하는 습관이 몸에 베일 것이라고 생각한다.

관리를 한다는 것은 현명하게 재원을 사용하고 무엇을 사고 소유할 것인지를 신중하게 선택하는 것을 의미한다. 돈은 원래 악한 것이라고 단정 짓는 사람들이 있지만 사실 돈은 물물교환 경제를 한 단계 진보시켜 준 하나의 수단에 불과하다. 돈은 미국 원주민들이 사용했던 구슬이나 조개껍질과 마찬가지로 자유 무역경제를 가능하게 만들었다. 돈은 누구의 손에 의해 사용되느냐에 따라 악의 근원이 될 수도 있고 축복의 도구가 될 수도 있는 것이다.

1. 격려 (Encouragement)

2. 용서 (Forgiveness)

3. 봉사 (Service)

4. 자선 (Charity)

5. 리더십 (Leadership)

6. 기회 (Opportunity)

7. 교육 (Education)

8. 인류애 (Brotherhood)

자유를 보존하기 위한 여덟 개의 기둥

- 전달하기 -

자유를 보존하기 위한
여덟 개의 기둥

1. 격려 (Encouragement)

2. 용서 (Forgiveness)

3. 봉사 (Service)

4. 자선 (Charity)

5. 리더십 (Leadership)

6. 기회 (Opportunity)

7. 교육 (Education)

8. 인류애 (Brotherhood)

우리 개개인의 자유가 보호받기 위해서는 우선 우리가 속한 사회가 자유를 누릴 수 있는 사회가 되어야 한다. 사회 구성원들의 진정성 있는 말과 행동은 이러한 사회를 만드는데 기여할 수는 있으나 몇몇 소수의 노력만으로는 결코 우리가 추구하는 그런 사회가 만들어 지지는 않을 것이다.

만약 모든 사람들이 함께 노력하지 않는다면 우리가 아무리 정직하다 할지라도 우리는 여전히 문에 잠금장치가 필요하며, 자녀의 안전한 귀가를 위해 아이들 옆을 지켜야하며, 공항에서 가방을 조사받아야 하며, 충분히 믿을 만한 사람임에도 불구하고 보험으로 자신의 수입의 일부를 지출해야 할 것이다. 다시 말하면, 선량한 시민들이 책임감 없고 타인의 권리를 존중하지 않는 사람들을 위해서 값비싼 대가를 대신 치르게 되는 것이다.

모든 사람들이 다 같이 자유를 누리는 사회가 되려면 진정성의 범위가 개인에서 사회로 확장되어야 한다. 한 사회가 보장하는 자유의 크기는 그 사회를 구성하는 시민들의 진정성과 책임감의 수준에 따라 결정되기 때문이다.

따라서 우리는 필연적으로 다음과 같은 두 가지 결론에 도달하게 된다. 우리 사회가 하나가 되고 화합하려면 같은 목표를 지향해야 하고 만약 그 목표가 자유를 누리는 사회라면 우리는 진정성과 자립능력을 키울 수 있도록 서로 도와야 할 것이다. 나는 우리 모두의 마음속에는 하나님이 우리에게 주신 권리를 지키고자 하는 강한 신념이 있다고 믿는다. 이 장에서는 그 신념을 키우고 우리가 누리는 자유를 다음세대에 전달하기 위해 반드시 필요한 여덟 가지 가치에 대해 함께 생각해보고자 한다.

1

격려
Encouragement

Encouragement 에 대한 검색 결과 입니다.

Encouragement

미국식 [-ˈkɜːr-] 🔊 영국식[ɪnˈkʌrɪdʒmənt] 🔊

[명사] 1.격려 2.장려 3.용기

Encouragement

격려 란 타인의 잠재력을 인정하고 과소평가하지 않는 것을 의미한다. 자립하고 목표를 달성할 수 있도록 돕는 것도 격려지만 그들의 좋은 성품을 칭찬하고 개발하여 진정성 있는 사람이 될 수 있도록 독려하는 것도 매우 중요하다. 우리는 다른 사람들이 정직하고 공정하고 믿을 만한 사람이 되도록 격려해야 할 뿐 아니라 책임감과 인내심을 가지고 그들이 가진 잠재력을 최대한 발휘하도록 격려해야 한다.

개인적으로 자존감은 가르치고 배울 수 있는 것은 아니라고 생각하지만 꾸준한 관심과 격려를 통해 키워질 수 있다고 믿는다. 효과적인 격려는 사실에 근거한 격려이다. 막연하고 근거 없는 격려는 공허하게 들릴 것이며 오히려 듣는 사람의 자신감을 떨어뜨릴 수 있다. 우리는 반드시 다른 사람들이 가진 장점들을 격려해야 하며 부족한 점들에 대해서는 도움과 지원을 아끼지 않아야 한다.

우리가 긍정적인 눈으로 사람들을 바라본다면 사소한 것에서도 칭찬하고 격려할 부분을 발견할 수 있다. 고등학교 재학 시절, 미식축구

팀 감독님은 나를 따로 부른 자리에서 나를 쿼터백으로 기용하겠다는 이야기를 하였다. "비록 너는 다른 아이들처럼 체격조건이 좋지는 않지만 너에게는 우리 팀을 잘 이끌어 갈 수 있는 리더로서의 자질은 충분하다고 생각한다." 감독님은 나도 모르고 있던 능력을 인정해주었고 그의 따뜻한 한 마디는 내 스스로에 대한 믿음과 자신감을 심어주었다. 당연히 나는 감독님의 기대에 부응하기 위해서 열심히 노력했고 그때의 경험은 아직도 내가 잠재력을 최대한 발휘할 수 있는 원동력이 되고 있다.

심리학자들의 말에 따르면 아이들은 모두 무한한 가능성을 가지고 태어난다고 한다. 아이들이 커가는 모습을 보면 신기할 때가 많다. 처음 목을 가누기 시작하는 순간부터, 아이들은 반복을 통해 스스로의 능력을 키워나간다. 물론 이 과정에서 부모의 지속적인 격려와 도움이 필요한 것은 당연하다. 능력에 대한 격려는 단순히 심리적인 영향뿐만 아니라 육체적으로도 긍정적인 영향을 줄 수 있다는 사실이 최근 다양한 연구들을 통해 밝혀지고 있다. 격려를 받게 되면 더 잘하고 싶은 긍정적인 생각을 갖게 되며 이는 두뇌의 신경 전달물질을 실제로 자극하여 창의력과 인내심을 강화시켜 준다.

스포츠 세계의 유명한 코치들은 이미 이러한 격려의 긍정적인 효과에 대해서 수십 년 전부터 알고 있었다. 격려(Encouragement)라는 글자 안에는 '용기(Courage)'라는 단어가 들어있다. 문자 그대로 해석하면 격려란 '용기를 주는 것'이다. 격려는 코치들이 선수들에게 이용하는 가장 강력한 도구 중 하나이다. 따라서 최고의 코치들은 대부분 뛰어난 트레이너들이면서 동시에 훌륭한 심리학자이자 동기부여가인 경우가 많다. 이는 평범한 선수가 어떤 코치를 만나서 어떤 훈련을 받느냐에 따라서 최고의 선수가 될 수도 있다는 것을 의미한다.

천재 야구선수 레지 잭슨(Reggie Jackson)은 훌륭한 코치에 대해서 이렇게 요약하였다. "그들은 선수들이 스스로 본인을 대단한 사람이라고 생각하게 만드는 재주가 있습니다. 그리고 선수들에 대한 그들의 확신과 믿음을 충분히 느낄 수 있게 합니다. 좋은 코치는 언제나 선수들이 자신들의 능력 이상을 발휘하고 싶게 만드는 사람들입니다."

크리스티 야마구치(Kristi Yamaguchi)는 미국의 피겨 스케이트 역사상 가장 돋보이는 선수 중 한 명이다. 그녀는 알베르빌(Albertville) 동계 올림픽에서 금메달을 획득하며 국제적 명성을 얻게 된다. 팬들은 그녀의 성공을 당연한 것으로 생각하지만, 육체적으로 매우 힘든 이 종목에서 성공을 거둔다는 것은 결코 쉬운 일이 아니었다.

놀라운 사실은 그녀가 선천성 기형인 내반족이라는 심각한 질병을 가지고 태어났다는 것이다. 캘리포니아 주 헤이워드(Hayward)에서 자란 그녀는 어렸을 때부터 다리에 교정 장치를 달고 살았으며 다리의 근력을 강화시키기 위하여 운동치료와 무용 및 아이스 스케이팅 교습을 받았다.

교정 장치는 힘줄과 인대를 잡아당겨 굽은 다리 모양을 바로잡는 것이었기에 착용하는 것 만으로도 고통스러웠고 또 한참 민감할 수 있는 나이에 같은 또래 친구들 앞에서 어색한 모습으로 걸어다니는 것이 창피할 때도 있었고 반복되는 운동치료에 지칠 때도 있었지만 그럴 때마다 주위 사람들로부터 받은 격려와 응원이 큰 힘이 되었다. 그중에서도 그녀의 곁에서 격려를 아끼지 않으며 든든한 버팀목이 되어 준 것은 바로 그녀의 부모였다. 그들의 사랑과 긍정적인 태도로 인하여 그녀는 바르게 자랐고 결국 삶의 제약이 되었을 수도 있는 신체적 장애를 극복할 수 있었다.

크리스티는 열 살이 되면서 크리스티 크잘스가드 네스(Christy Kjarlsgard Ness) 코치와 함께 정식으로 스케이트 훈련을 시작하게 된다. 크리스티의 부모처럼 네스 역시 끝없는 격려와 사랑으로 그녀를 가르쳤다. 크리스티는 코치와 친밀한 관계를 가지고 있었고 그를 전적으로 신뢰하였다. 그러한 확고한 믿음 위에 더해진 코치의 격려는 더욱 큰 효과가 있었다. 기본 기술을 연마한 크리스티는 루디 갈린도(Rudi Galindo)와 함께 짝을 이루어 본격적인 훈련을 시작하게 된다.

결국 그녀는 갈린도와 함께 미국 피겨 스케이팅 대회 주니어 페어 부문에서 우승을 차지하게 되고 그 우승을 시작으로 그들은 피겨 스케이팅의 새로운 역사를 써 내려가기 시작한다. 크리스티는 [세계 주니어 스케이팅 선수권 대회] 싱글 부문 우승을 하였고 갈린도와 페어 부문에서도 우승을 차지한다. 이후 미국에서 열린 피겨 스케이트 선수권 대회에서 또다시 페어 부문 우승을 차지하였고 크리스티는 싱글 부문에서 2위를 하게 된다.

그때부터 프랑스 알베르빌 동계 올림픽에서 금메달을 딸 때까지, 다양한 고난도 기술을 선보이며 자신만의 스타일을 만들어 나간다. 같은 해에 그녀는 또다시 세계 피겨 스케이트 선수권 대회와 미국 피겨 스케이트 선수권 대회에서 우승하며 스코트 해밀튼(Scott Hamilton)이나 카타리나 비트(Katarina Witt)처럼 당대 최고의 피겨 스케이트 선수의 반열에 오르게 된다.

크리스티는 자신이 꿈을 이룰 수 있도록 도와준 부모님과 선생님, 그리고 여러 코치들과 트레이너들이 그녀에게 베풀어준 놀라운 사랑과 격려를 결코 잊을 수 없었다. 그들의 노력은 이제 그녀가 다른 사람들을 격려하고 도와줄 수 있는 열정과 원동력이 되었다. 그녀가 지원하는 단체 중에는 '소원을 말해보세요'라는 재단이 있는데, 이 단체는 치료가 불가능한 말기 어린이 환자들의 특별한 소원을 들어주는 일을 하고 있다. 그녀가 어릴 때 그랬던 것처럼 꿈을 잃은 어린이들에게 새로운 삶의 희망을 주는 일은 그녀에게 매우 중요한 일이 되었다. 그녀는 이렇게 사람들을 격려한다. "최선을 다하고 나 자신을 믿어보세요."

나의 용기의 근원은 하나님에 대한 믿음이다. 누군가를 진심으로 '격려'하면 그들도 나와 같은 믿음을 갖게 될 것이라고 믿는다. 격려의 방법은 매우 다양하다. 등을 다독거리거나, 안아주거나, 꽃다발을 선물하는 것이 될 수도 있고 단순히 관심을 가져주는 것일 수도 있다. 그런가 하면 회사 내에서의 격려는 위로의 메시지가 담긴 쪽지, 응원의 전화 한 통 또는 공개적인 칭찬 한마디가 될 수 있으며 이러한 격려의 방법 중 가장 중요한 것이 바로 인정이다.

암웨이 사업은 감사와 격려의 사업이다. 새로운 성취를 한 회원들에게는 핀을 수여하고 박수와 보상도 준다. 우리 회사에서 진행하는 행사에 처음으로 참여한 사람들은 관객의 주도성, 그리고 박수와 환호로 열광하는 사람들의 모습을 보며 이것이 사업인지 운동경기인지 혼동하며 놀라는 사람들이 많다. 암웨이 사업을 진행하는 디스트리뷰터들에게 있어서 격려는 참으로 중요한 힘의 원천이다. 사실, 회사가 이렇게까지 성공할 수 있었던 가장 큰 원동력이 무엇이었냐고 묻는다면 나는 망설임 없이 나의 아버지의 격려가 중요한 역할을 하였다고 대답할 것이다. 공동창업자였던 나의 아버지는 처음 회사를 시작했을 때부터 지금까지 직원들과 디스트리뷰터들에게 아낌없이 그리고 지속적으로 격려를 하고 있다. 아버지는 종종 자신을 치어리더(Cheer Leader)라고 표현하였다. 돌이켜 생각해보면 나도 자녀로서 가정에서 많은 칭찬과 격려를 받으면서 자랐던 것으로 기억한다. 아버지는 언제나 나에게 최고의 격려를 잊지 않으셨고 지금도 변함이 없다.

어려운 상황일 때는 함께 있어주는 것만으로도 힘이 되는 경우도 있다. 그러나 격려가 반드시 문제를 해결해 주는 것을 의미하지는 않는다. 예를 들어서, 장례식에 가서 유가족들의 아픔을 대신할 수는 없다. 하지만 용기를 내어 그들에게 다가가서 아픔을 함께 나누며 위로할 수는 있다. 용기가 동정심으로부터 나오는 것임을 생각한다면, 힘든 순간의 격려는 마치 우리 자신의 심장의 일부를 떼어내어 그들에게 주는 것과 같다.

부정적인 반응과 잔소리는 절대로 격려가 될 수 없다. 벌을 주거나 통제하는 것, 또는 지시하거나 남과 비교하는 것도 격려가 아니다. 누군가를 격려하기 위해서는 그 사람의 성취에 집중하고 장점을 보려고 노력해야 한다.

우리는 가끔 누군가에게 상처를 주고도 깨닫지 못하는 경우가 있다. 내가 고등학교 때 나의 잠재력을 인정해 준 감독님에 대해 아직도 감사한 마음을 간직하고 있는 것과는 반대로 같은 시기에 시험을 보던 중 부정행위를 했다고 오해를 받았던 일을 떠올리면 아직도 화가

치밀어 오른다. 물론 내가 대단한 학생은 아니었지만 결코 부정행위를 하는 비양심적인 학생은 아니었기 때문이다. 근거도 없이 다른 사람들을 의심하는 것은 가장 비열한 방법으로 그들을 낙담하게 만드는 것이다. 사람들은 부당한 대우를 받거나 열심히 노력해도 성공할 수 없다고 느낄 때 좌절하며 쉽게 포기하게 된다.

우리는 통제를 풀어주고 자율에 맡기는 방법으로 그들을 격려하고 그들에 대한 믿음을 보여줄 수 있으며 한 발짝 뒤로 물러나서 그들 스스로 책임을 질 수 있게 해주는 방법으로 "넌 할 수 있어"라는 응원의 메시지를 전달할 수도 있다. 누군가에게 더 많은 책임을 부여한다는 것 자체가 그들을 신뢰하고 있고 격려한다는 뜻이기 때문이다.

때로는 어린이들을 칭찬하고 격려하는 것이 단지 아이들에게 힘을 주는 것으로 끝나지 않는다. 아이들과 많은 시간을 보내는 선생님이나 부모들은 이미 이 사실을 알고 있다. 어른들은 아이들이 칭찬을 통해서 힘을 얻는 것을 보고 행복을 느끼게 될 뿐 아니라 그러한 어린이들의 에너지는 또 다른 격려의 메시지가 되어 고스란히 어른들에게 되돌아온다. 만약에 그러한 격려를 통해 그 어린이가 어떠한 성취를 하게 된다면 이는 더 큰 기쁨으로 돌아오게 된다. 어렸을 때 들었던 말이 생각이 난다. "다른 사람이 언덕에 오르는 것을 도와주는 만큼 우리 자신도 언덕 꼭대기에 가까워진다." 격려는 전염될 수 있다. 웃음이 그러하듯이 한 사람에 의해 시작된 격려가 여러 사람으로 번지며 수많은 사람들의 삶을 바꿀 수도 있다.

도미노 피자의 창업자 토머스 모너간(Thomas Monaghan)에게 격려는 그에게 놀라운 성공을 가져다준 행운의 열쇠였다. 그는 어린 시절부터

성장하는 리더의 핵심가치

아주 큰 꿈을 가지고 있었다. 그는 꿈이 워낙 많아 하나로 결정하지는 못했지만 프로 야구선수나 신부 또는 건축가가 되고 싶었다. 하지만 그가 아홉 살 때 아버지가 돌아가시는 바람에 경제적으로 어려워진 어머니가 그와 그의 동생 짐(Jim)을 미시간 주 잭슨(Jackson)에 있는 성 요셉 고아원(St.Joseph's Orphanage)에 맡기게 된다. 그리고 그가 고아원에 들어서는 순간 그의 꿈은 사라진 것처럼 보였고 그 후 6년 동안 그는 그곳에서 생활하게 된다. 그런데 그는 새로운 꿈을 꾸기 시작한다. 그의 삶의 전환점이 된 그곳에는 매리 베라다(Berarda) 수녀가 있었다. 그녀는 격려의 힘을 알고 있었다.

"하나님을 믿고 또 너 자신을 믿어야 한다."라고 베라다 수녀는 그에게 항상 말했다. "그 다음에는 무조건 해보는 거야. 넌 무엇이든 할 수 있어!"

모너간은 자신이 어떠한 목표를 세우든 베라다 수녀가 자신을 지원해 줄 것을 믿고 있었지만 그녀의 꿈은 모너간이 그녀가 가장 좋아하는 디트로이트 타이거즈(Detroit Tigers) 팀의 유격수가 되는 것이었다.

베라다 수녀는 언제나 그를 지원하고 격려하였으며 모너간이 출전하는 모든 경기를 관람하였고 결코 그를 나무라지 않았다. 베라다 수녀는 또 그에게 유명한 사람들의 전기와 책들을 많이 읽어주었다. 헨리 포드(Henry Ford), 나이먼 마르커스(Neiman Marcus)사의 스탠리 마르커스(Stanley Marcus), 맥도날드 창립자인 레이 크록(Ray Kroc) 같은 유명한 사람들에 대한 성공이야기를 통해 배경이나 출신은 결코 성공의 방해요소가 되지 않는다는 사실을 각인시켜주었다.

그의 피나는 노력 덕분에 학창시절에 이미 최고 수준의 야구선수로 인정받았지만 그의 어릴 적 꿈이었던 건축가가 되기 위하여 부전공으로 건축학을 공부하던 중 해병대에 지원하여 4년을 보내기도 하였다. 그 후 미시간 대학교에서 공부하면서 신문 가판대에서 신문을 팔았다. 사업수완이 좋았던 그는 얼마 지나지 않아 신문 가판대를 매입하고 여러 명의 신문 배달원을 고용하게 된다.

신문 가판대 사업을 확장하던 중, 당시 우편배달부로 일하던 동생 짐이 그에게 전화를 걸어서 미시간 주 입실란티(Ypsilanti)에 있는 도미니크(Dominick) 피자집을 구매할 수 있는 기회가 있다고 이야기했고 가게 경영을 맡아줄 것을 제안하였다.

처음에는 가게를 밤에만 운영하려고 생각했던 형제는 낮에 하던 일을 중단하지 않았다. 하지만 가게를 인수한 지 얼마 지나지 않아 일이 바빠지면서 결정을 해야 하는 순간이 왔다. 짐은 두 가지 일을 계속할 수 없다고 판단하여 피자 가게를 그만두고 조금 더 안전하다고 느낀 우체국으로 돌아간 반면 모너간은 학교를 중퇴하고 뉴스 가판대도 처분하며 본격적으로 가게에 전념하기 시작한다.

그가 경영에 본격적으로 뛰어들면서 월 500달러의 적자를 내던 가게는 금세 흑자로 돌아섰다. 얼마 지나지 않아 두 번째 가게를 하나 더 열 게 되었고 사업은 성공적이었다. 문제는 두 번째 가게가 소문이 나기 시작하면서 공간을 확장하고 싶었지만 상황이 여의치 않았고 그는 그에 대한 해결책으로 배달을 생각하게 된다.

그러나 배달을 하려면 먼저 여러 가지 문제들을 해결해야만 했다. 가장 먼저 해결한 것이 배달시간이었다. 그는 30분 미만 배달을 고집하였다. 또한 휴대용 오븐을 구입하여 피자가 식지 않도록 하였고 업계 최초로 반죽용 기계를 도입하였다. 골판지 상자를 이용하여 피자의 눌림 현상을 방지하는 등 당시에 그가 고민하여 최초로 시도했던 많은 것들이 지금은 피자가게의 표준이 되어 있다.

2년 후가 되면서 그는 여섯 개의 가게를 더 열었고 얼마 지나지 않아서 60개 그리고 또 얼마 지나지 않아 100개로 프랜차이즈 가게를 확장해 나갔다. 그 사이 도미니크 피자는 도미노로 이름을 바꾸며 현재는 세계 45개국에 진출한 거대한 기업으로 성장하였다.

수천만 달러를 가진 백만장자가 된 지금도 그는 베라다 수녀의 격려의 말을 마음속 깊이 간직하고 있다. 그것은 바로 하나님과 자신에 대한 믿음을 가지라는 말이었다.

시간이 지나 그는 또 하나의 꿈을 이루게 된다. 선수는 아니지만 구단주로서 디트로이트 타이거즈 팀의 일원이 된 것이다.

우리는 누구나 다른 사람들이 옳은 선택을 하고 자립할 수 있도록 도울 수 있다. 베라다 수녀가 모너간에게 그랬던 것처럼 누군가를 가슴에 품고 응원하고 격려하여 그들이 다시 희망을 이야기하며 앞으로 나아갈 수 있도록 용기를 줄 수 있는 사람이 되려고 노력해야 한다.

2

용서
Forgiveness

Forgiveness 에 대한 검색 결과 입니다.

Forgiveness

미국식 [fərˈg-] ◀‿ 영국식 [fəˈɡɪvnəs] ◀‿

[명사] 1.용서 2.탕감 3.면제

Forgiveness

실수는 누구나 할 수 있는 것이고 실패가 우리 인생의 일부라는 사실을 인정할 수 있다면 용서는 어려운 일이 아니다. 완벽한 사람은 없다. 인간은 원래 불안전한 것이다. "용서와 함께 잊는다."라는 표현이 있듯이 용서를 한다는 것은 더 이상 분한 마음을 품지 않는 것이다.

용서는 신뢰의 강한 메시지이기도 하다. 우리가 누군가를 신뢰하고 있다는 메시지를 지속적으로 전달하면 상대방은 그 신뢰를 깨지 않기 위해서 노력할 것이다. 우리의 용서는 좋은 본보기가 되어 또 다른 사람이 용서할 수 있는 힘을 준다.

용서는 나의 믿음의 핵심이다. 예수 그리스도의 사랑과 희생으로 구원을 얻었다고 믿는 사람들이라면 반드시 다른 사람들을 용서할 수 있어야 한다. 하나님은 용서하라고 명령하신다. 용서는 옳은 일이며 용서하는 삶은 '그리스도인'의 삶이다. 용서는 기독교의 본질이다.

용서는 실용적인 가치이다. 용서는 성장의 동기가 될 수 있으며 좋은 격려가 되기도 한다. 특히 부모, 교육자, 경영자 또는 사회 지도층의 위치에 있는 사람들이 누군가를 용서하는 모습은 많은 사람들에게 좋은 본보기가 될 수 있다. 발전하기 위해서는 혁신과 위험을 감수하는 것이 필요하며 성취하기 위해서는 용서가 필요하다.

IBM사의 톰 왓슨(Tom Watson)의 이야기를 들어보면 그는 이러한 원칙을 잘 알고 있었던 것으로 보인다. 그는 한 프로젝트를 책임지고 있던 직원이 실수로 회사에 수백만 달러의 손실을 입히고 난 후 그 죄책감에 스스로 사직서를 제출하였을 때에도 그 사직서를 수리하지 않았다. 그는 오히려 "직원을 교육하는데 수백만 달러를 썼는데 내가 그 직원을 왜 내보내겠습니까?"라고 말했다.

기업과 회사의 안정적인 발전에도 용서는 필요하다. 나의 아버지는 제이 아저씨와의 동업을 시작할 때 절대로 해서는 안 될 말이 있다고 믿었다. 그것은 바로 "내가 뭐라고 했어. 난 그렇게 될 줄 알았다니까."라는 말이었다. 동업관계를 지속하며 성공하기 위해서는 항상 상대방이 좋은 뜻을 가지고 최선을 다하고 있다고 믿는 것이 중요했다. 실수가 있더라도 그 책임을 묻기 전에 해결책을 찾으려고 노력하는 것이 먼저라고 생각한 것이다.

베시와 나는 결혼하면서 서로에게 화난 상태로 잠자리에 들지 말자고 약속했고 우리는 이 약속을 잘 지켜가고 있다. 이것이 가능한 이유는 의외로 간단하다. 화가 나면 한 명은 사과를 하고 다른 한 명은 용서를 하면 된다. 그 문제가 무엇이든 우리는 해가 지기 전에 그 문제를 해결하려고 노력한다. 종종 문제를 해결하느라고 잠이 부족해지는 경우는 있지만 이 약속 덕분에 우리의 관계는 아직 문제가 없다.

우리는 또한 아이들에게도 본이 되려고 노력한다. 우리는 자녀들

성장하는 리더의 핵심가치

이 우리에게 순종하지 않으면 서운하다는 의사 표현을 분명히 하며 그들의 잘못에 대해서는 벌을 주거나 그 실수를 만회할 수 있는 기회를 충분히 준다. 그런 후에는 서운한 마음을 절대로 남겨두지 않으며 아이들을 안아주고 격려할 수 있는 기회를 찾으려고 노력한다.

용서로 인하여 새로운 삶을 살게 된 론 데니스(Ron Dennis) 이야기를 해보겠다. 그는 걸프 전쟁 때 거스 파거니스(Gus Pagonis) 장군과 함께 [사막의 폭풍 작전]에 참전했던 군인이었다.

어릴 때 부모로부터 버림을 받은 데니스는 유년시절을 조지아(Georgia) 주 애틀랜타(Atlanta)의 감옥과 청소년 보호소를 오가기도 하고 갱단과 어울리며 슈퍼마켓에서 음식이나 옷을 훔치면서 살았다. 열한 살 나이에 이미 50회 이상 경찰에 연행되어 소년원에 다니던 중 네브라스카(Nebraska) 주에 있는 [보이즈 타운(Boys Town)] 기숙사 학교에 대해 듣게 되었다. 그가 관심을 갖게 된 이유는 이 학교에서는 학생들이 스스로 규칙을 정한다는 것이었다. 그는 그를 돕는 사회복지사에게 부탁하여 그 학교 입학 대기자 명단에 자기의 이름을 올렸고 12개월 뒤에 그 학교에 입학하게 된다.

데니스는 오마하(Omaha)에 도착하여 그의 새로운 부모가 될 짐(Jim)과 쉐리 게먼(Sherri Gehman) 부부를 만나게 되었다. 그는 흑인인 자신이 백인 부모를 갖게 된 것도 충격이었지만 더 놀라운 사실은 동시에 여덟 명의 형제가 생긴 것이었으며 그들은 모두 데니스처럼 보이즈 타운에서 살기로 지원한 아이들이었다.

캠퍼스에 도착한 첫날, 데니스는 자신이 새로 살게 된 2층짜리 큰 벽돌집에 '론, 환영합니다.'라고 씌어 있는 큰 현수막을 보고 깜짝 놀랐다.

그곳에 도착한 지 얼마 지나지 않아서 동생을 업고 있는 한 소년의 동상을 보게 된다. 그 동상에는 이런 글귀가 씌어 있었다. '아버지, 그는 무겁지 않아요. 제 동생이니까요.' 그 당시에는 그 글의 의미를 알지 못했지만 나중에 시간이 지나면서 그 글의 깊은 뜻을 알게 되었다.

보이즈 타운에 들어온 첫날밤에 데니스는 집안 구성원으로서 해야 할 일과 책임에 대해 듣게 되었다. 바로 그날 밤 그는 부엌 찬장에서 음식을 훔치다가 형들에게 들키는 바람에 주의를 받게 되었고 다음번에도 이런 일이 발생하면 부모님께 알리겠다고 하는 말에 화가 난 데니스는 창문으로 도망쳤다. 하지만 주변에 마땅히 갈 곳이 없었던 그는 지친 모습으로 돌아왔고 형들 중 한 명이 그를 들여보내 주었다.

첫 날의 가출시도는 시작에 불과했다. 그로부터 2년 간 데니스는 100번도 넘게 도망을 쳤고 그때마다 그의 부모와 형들은 그를 다시 집 안으로 맞아들여 주었다.

다른 보이즈 타운 가족인 휴거닌(Hugunins) 가족의 집에 피해를 입힌 적도 있었다. 데니스의 친구들 중 몇 명이 그 가족을 좋아하지 않았기 때문에 데니스는 그들을 대신하여 그들 집과 테라스에 페인트를 뿌렸고 그해 여름 그는 뜨거운 태양 아래 3개월 동안이나 본인이 뿌린 흰색 페인트를 지우는 일을 할 수밖에 없었다. 그러나 벌을 받고 있는 그를 오히려 걱정하며 몇 시간마다 나와서 레모네이드를 주는 휴거닌 가족을 보며 반성하게 된다.

얼마 지나지 않아 그를 입양한 게먼 가족이 보이즈 타운을 떠날 수밖에 없는 상황이 되자 데니스는 자신이 또 한 번 버림을 받게 될 것을 알고 있었다. 그는 다른 누군가가 자신을 또 가족으로 받아들일 것이라고는 상상조차 하지 못했고 그 가족이 휴거닌 가족이라는 사실에 당황하지 않을 수 없었다. "저는 그 순간 무너졌습니다." 데니스가 말했다. "저를 조건 없이 사랑해주는 사람들이 있다는 사실에 감동했습니다." 그 순간 데니스는 그들이 자신에게 보여준 신뢰를 저버리지 않기 위해서 최선을 다하기로 결심하였다.

데니스는 학교를 졸업하고 보이즈 타운을 떠나 해병대에 지원하였고 가족들은 항상 그를 염려하고 응원해 주었다. [사막의 폭풍작전] 중 쿠웨이트에서 복무할 때, 그는 보이즈 타운에 있는 형제자매들로부터 수백 통의 위문편지를 받았고 전쟁이 끝난 후 보이즈 타운으로 돌아왔을 때에는 그가 처음 그곳에 도착했을 때처럼 현수막이 걸려있었다.

"론, 집에 돌아온 것을 환영합니다."

데니스는 결국 교사가 되어 보이즈 타운에서 그가 도움을 받은 것처럼 봉사하며 여생을 보내고 있다. 용서와 사랑은 그의 인생을 송두리째 바꾸어 놓았다.

용서는 우리 자신과 타인의 실수를 용인하는 것과는 다르며 잘못을 승인해주는 것과 혼동해서도 안 된다. 그 일이 애초에 일어나지 않았던 것처럼 눈감아주는 것은 결코 해결책이 될 수 없다. 또한 실수로 인해 피해를 입은 사람들이 화를 내거나 화가 났다는 사실을 표현하지 말아야 한다는 뜻도 아니다. 용서는 어떤 사람들이 주장하는 것처럼 나약함의 증거가 아니다. 그와는 반대로, 악한 마음을 품는 대신 용서를 하려면 더 큰 용기가 필요하다. 한 신학자는 우리에게 잘못을 저지른 사람들을 용서하는 것은 우리의 의무이며 우리가 그들을 용서하지 않는다면 그것은 우리가 갚아야 할 큰 빚으로 남는다고 말했다.

용서한다는 것이 우리가 그 모든 부당함을 참아내야 한다는 것은 아니다. 그런가 하면 잘못을 저지른 그들에게 책임을 묻지 말아야 한다는 것도 아니다. 그러나 책임을 묻는 것이 복수가 되어서는 안 된다.

평화롭고 생산적인 삶을 살기 위해서는 용서가 반드시 필요하다. 악한 마음을 품거나 복수를 하려고 한다면 결국 더 많은 문제를 초래하게 될 것이다. 이러한 사실을 직접 체험한 한 사람을 소개하려고 한다.

오클라호마(Oklahoma)주 맥알레스터(McAlester) 출신의 베라 맥코이(Vera McCoy)는 주립교도소 근처에 살면서 60년 넘게 교도소 봉사를 한 공로로 백악관 초청을 받은 여인으로 기억하고 있다. 하지만 맥코이가 자신의 아들을 죽인 한 수감자를 용서하기 위해서 얼마나 많은 노력을 했는지 알고 있는 사람은 많지 않을 것이다.

맥코이는 맥알레스터에 있는 침례교회 기도모임 중에 당시 서른여덟 살이던 아들 마크(Mark)가 총에 맞아 숨졌다는 비극적인 소식을 듣게 된다. 아들의 사망소식은 맥코이에게는 견디기 힘든 충격적인 일이었다. 아들을 잃는다는 것은 어떤 부모에게나 상상할 수조차 없는 고통스러운 일이겠지만 맥코이의 상황은 조금 달랐다. 암으로 남편을 잃었고 또 다른 아들 역시 병으로 떠나보낸 상태였으며 사고가 있기 3개월 전에는 마크가 아내와 헤어지고 두 자녀를 데리고 집으로 이사를 왔었다. 텍사스 주 오데사(Odessa)에 사는 딸이 하나 있었지만 이제 맥코이는 사실상 혼자가 된 것이었다.

더 놀라운 사실은 마크의 살인 용의자가 다름 아닌 마크의 장인이라는 것이었다. 경찰에 따르면 마크는 부인 웬디(Wendy)와 장인 찰스(Charles) 사이에 벌어진 싸움을 말리려다 사고를 당했다. 웬디의 전화를 받고 집에 도착했을 때 아버지와 말다툼 중이었고 이 과정에서 찰스가 마크를 총으로 쐈다는 것이었다.

베라 맥코이는 찰스의 공판 때 맨 앞줄에 앉았다. 백발의 찰스는 자신이 자기 방어를 위해서 마크를 쐈다고 증언하면서 눈물을 흘렸다. 찰스는 그들이 자주 말다툼을 했고 마크가 들어오는 순간 자기를 해치려고 찾아온 줄 알았다고 고백했다.

결국 찰스는 2급 살인죄로 유죄 판결을 받아 10년 징역형을 선고받았고 공교롭게도 맥코이가 봉사하고 있는 바로 그 교도소에 수감되게 되었다. 맥코이와 같이 일하던 패이 듀란트(Fay Durant)는 다른 교도소에 가서 자원 봉사를 하는 것을 권했다. 하지만 그녀는 "그건 어렵습니다. 저를 믿는 사람들이 이곳에 너무 많아서요."라고 대답하며 그 제안을 거절하였다.

그 후로도 맥코이는 항상 그랬듯이 매주 두 번씩 그 교도소를 방문했다. 다행히 찰스와 마주치지는 않았지만 언젠가는 그와 만날 수도 있다는 사실을 그녀도 알고 있었다. 시간이 지나면서 찰스에 대한 맥코이의 분노는 점점 더 커져갔다.

그러던 어느 날 맥코이는 우연히 부엌 카운터에 놓여있는 신문지 위에서 자기 아들이 생전에 완성한 낱말 맞추기 퍼즐을 발견하였다.

그날 밤 맥코이는 아들과 그 퍼즐을 생각하면서 침대에 누웠다. 아들의 인생은 완성하지 못한 퍼즐이라는 생각이 들었다. 순간 맥코이 머릿속에는 또 하나의 퍼즐이 떠올랐다. 그것은 바로 본인이 완성해야 하는 퍼즐이었다. 그녀는 찰스를 용서하지 못했다. 자신의 괴로움과 슬픔에 사로잡힌 나머지 그를 용서하지 못했고 나약하고 두려움 속에 살고 있을 찰스를 만날 생각조차 하지 않았던 것이다.

"저는 더 이상 아무도 미워하지 않기로 결심했습니다. 용서하지 않으면 제가 저 스스로를 파괴하게 될 테니까요." 맥코이는 이웃 사람들에게 이렇게 말했다. "저는 정상적인 삶을 원합니다. 그래서 찰스를 사랑하는 법을 배워야만 했습니다."

맥코이는 자신의 말을 실행에 옮겼다. 어느 날 밤 그녀는 교도소 예배당으로 찰스를 초대하였다.

그는 많이 늙어 있었고 마른 어깨는 축 처져 있었다. 맥코이는 머릿속에 스쳐지나가는 슬픈 기억들을 억눌렀다. 사랑하는 아들, 장례식 그리고 아버지를 잃은 두 명의 아이들의 어린 모습까지, 그 순간만큼은 떠올리지 않으려고 애를 쓰며 눈을 감았다. 그리고 찰스에게 다가가 그를 안아주었다.

"제가 당신을 용서하기로 했다는 것을 알려주고 싶었습니다." 그녀는 떨리는 목소리로 힘겹게 말했다. "이런다고 해서 저의 슬픔이 없어지지 않는다는 것은 알고 있지만……. 당신을 용서하려고 합니다."

주일 학교 선생님이자 교도소의 상담사이자 어머니이자 할머니로서, 맥코이는 이렇게 가르친다. "남을 용서한다고 말하는 것도 쉽지는 않지만 용서가 완성되기 위해서는 행동이 수반되어야 합니다." 2년 뒤, 맥코이는 찰스가 가석방을 받을 수 있는 자격이 되었을 때 가석방 심사 위원회에 그를 석방해 줄 것을 요청하는 편지를 전달하며 자신의 용서를 증명하였다.

가석방 허가를 받은 찰스는 맥코이의 가족이 되었다. 그는 맥코이가 폐렴에 걸려서 거동이 어려워진 것을 알고 땔감을 사다 주기도 하고 음식과 필요한 것들을 사다 주었다. 그런가 하면 찰스는 추수감사절 식사를 하자며 맥코이와 그녀의 조카들을 초대하기도 하였다.

자기 아들이 총에 맞아 죽은 바로 그 집에 스스로 걸어 들어가는 데는 큰 용기가 필요했지만 그녀는 그렇게 함으로써 용서를 완성해갔다.

그녀는 후에 이렇게 적었습니다. "내 아들의 삶을 산산조각 낸 그 총성이 제 삶도 산산조각 내며 파괴할 수도 있었습니다. 하지만 이제 저도 제 아들처럼 자유로워졌습니다."

맥코이는 용서는 용서를 받는 사람뿐만 아니라 용서를 하는 사람에게도 유익하다는 것을 알게 되었다. 잘못을 저지른 사람이 꼭 잘못을 인정해야만 용서를 할 수 있는 것은 아니다. 용서는 용서를 하는 사람이 혼자 스스로 생각하고 결정하는 과정이다. 오랫동안 가슴에 묻어둔 앙금을 내려놓으면 혈압이 낮아지고 불안감이 해소되고 심리적으로 더 건강해진다는 것은 많은 연구결과에 의해 밝혀졌다. 연구를 진행한 관계자에 따르면 이러한 변화와 함께 자신감 회복, 우울증 감소와 미래에 대한 기대감이 증가한다는 사실도 관찰하였다.

반대로 용서를 하지 않을 경우에는 용서를 하지 않으려고 하는 그 당사자뿐만 아니라 그들의 가족이나 주변사람들에게까지 부정적인 영향을 준다. 그 이유는 분노와 복수에 대한 집착으로 다른 인생의 중요한 문제에 집중할 수 없게 되기 때문이라고 한다. 문제를 해결하는 방식은 한 가정의 문화이기도 하므로 부모의 이러한 행동은 자녀들의 심리적 건강에도 부정적인 영향을 미칠 수 있다. 결국, 용서는 그러한 악순환에서 우리를 자유롭게 해준다.

마지막으로 강조하고 싶은 것은 다른 사람들을 용서하는 것이 중요한 것처럼 우리 스스로를 용서하는 것이 매우 중요하다는 사실이다. 우리 모두는 완벽하지 않으며 언제든지 실수할 수 있는 나약한 존재라는 사실을 인정하는 것이 필요하다.

베라 맥코이가 알게 된 것처럼, 용서는 자유를 얻기 위해 꼭 필요한 것이다. 세상은 우리가 통제할 수 없는 일로 가득하다. 하지만 우리가 그 일에 어떻게 반응할 것인지는 선택할 수 있다. 용서하면 자유로워질 수 있고 나의 자유뿐만 아니라 다른 사람들의 자유까지도 지켜줄 수 있다.

3

봉사
Service

Service 에 대한 검색 결과 입니다.

Service 미국식 [ˈsɜːrv-] 🔊 영국식[ˈsɜːvɪs] 🔊

[명사] 1.서비스 2.봉사 3.근무

'봉사는 사랑의 열매이다' 봉사에 대해 이보다 더 정확하게 표현한 말이 있을까? 바로 테레사 수녀가 한 말이다. 내가 생각하는 봉사는 다른 사람들을 위해 나의 시간과 재능을 제공하는 것이다. 봉사는 누군가의 자립과 꿈의 성취를 도울 수 있는 강력한 수단이며 관점의 전환을 통해 다른 사람들의 입장을 이해할 수 있는 기회를 제공한다.

섬김을 통해 다른 사람들에게 긍정적인 영향을 줄 수 있는 방법은 수없이 많다. 예를 들어서 아이들에게 읽는 법을 가르치는 것은 그들의 학습을 돕는 것이고 교회 청년부에서 헌신하고 있다면 그들의 영적 발전에 기여하는 것이며 특정 단체의 이사회에서 일하고 있다면 그것은 직접적이지는 않지만 누군가의 자립을 지원하는 정책에 영향을 주고 있는 것일 수도 있다. 하지만 우리의 일상을 조금 더 자세히 들여다보면 의외로 매일 실천할 수 있는 작은 봉사의 기회들이 많다는 것을 알 수 있다. 짐을 든 사람을 위해서 문을 열어주거나 차가 밀리는 상황에서 다른 운전자에게 차선을 양보하거나 우울한 하루를 보낸 친구에게 격려의 한 마디를 건네는 것 등, 우리는 언제든지 우리 주변 사람들에게 도움의 손길을 내밀 수 있다. 만약 나의 이런 작은 배려와 봉사가 나와 누군가의 남은 하루를 기분 좋게 만들 수 있다면 충분히 용기를 내볼만한 가치가 있지 않을까 생각한다.

그런가 하면 보다 공식적으로 봉사할 수 있는 기회도 다양하다. 미국의 자원봉사자의 역사는 오래되었다. 시민들은 그들이 원하는 것을 정부가 충족시켜 줄 때까지 기다리지 않았다. 병원이나 학교 등 우리의 공공 기관들은 자원봉사자들에 의해서 세워졌다고 해도 과언이 아니다. 알렉시스데 토크빌(Alexis de Tocqueville)은 타인에 대한 봉사와 헌신이 미국을 특별한 나라로 만들었다고 주장하기도 하였다. 그의 주장은 아직도 유효하다. 현재 자원봉사자로 지원하여 일하고 있는 미국인은 8,900만 명에 달하며 이들은 매주 평균 4.7시간을 봉사활동에 참여하고 있다. 지구상의 어떤 나라도 이 수치에 근접 할 수 없다는 사실을 알고 있지만 그렇다고 우리의 역할이 끝났다고는 생각하지 않는다. 아직도 여전히 우리의 재능과 전문 지식을 필요로 하는 학교와 단체 및 프로그램들이 많기 때문이다.

봉사의 중요성은 아무리 강조해도 지나치지 않다. 디보스(DeVos), 밴 앤델(Van Andel), 그리고 베시(Betsy)의 집안에는 지역사회에 봉사하는 오랜 전통이 있다. 나도 수년간 보이 스카우트 단원들을 이끌기도 하고 헌혈도 하면서 여러 가지 활동에 참여해 왔고 현재는 대학, 학원, 병원재단 및 미시간 주 위원회의 위원으로 일하고 있다.

암웨이 코퍼레이션 또한 암웨이가 진출한 국가에서 사업과 상품의 현지화를 위해 노력하며 이 사업을 통해 그 나라와 지역사회에 무엇을 되돌려 줄 수 있을지에 대해 깊이 고민한다. 우리는 직원들과 디스트리뷰터들이 지역사회 봉사에 참여하는 일을 적극 격려하고 있으며 이를 위해 휴가를 제공하거나 필요한 제품, 차량, 항공기 등을 기부하는 방식으로 정책을 지원해 나가고 있다. 물론 사회적 책임을 수행하고 있는 기업이 암웨이 하나뿐인 것은 아니며 매년 더 많은 회사들이 자원 봉사 프로그램들에 참여하고 있다. 예를 들어, 애틀란타(Atlanta)에 본사를 둔 이퀴팩스(Equifax)는 은퇴한 직원들에게 봉사활동을 통한 일정한 소득을 보장하고 있고 대형 보험회사인 존슨 앤 히긴스(Johnson and Higgins)는 일 년 중 하루를 지정하여 전 세계 120개 사무소, 8,500명의 직원들이 어린이들을 위한 자원봉사를 진행하고 있으며 올스테이트(Allstate) 보험사는 지역사회의 재개발과 안전을 위해 일하는 자선단체를 자체 운영하고 있다. 사회봉사를 격려하는 기업들은 나열하기 힘들만큼 많으며 방금 언급한 회사들은 그 중 극히 일부사례에 불과하다.

이웃을 섬기고자 하는 사람들의 욕망은 미국 전역에서 쉽게 찾아볼 수 있다. 뉴햄프셔(New Hampshire) 주 랑돈(Langdon)의 지역주민 450명은 매서운 추위를 견디면서 한 고등학교의 농업건물을 재건축하였고 오클라호마(Oklahoma) 주 체리 트리(Cherry Tree)에 사는 주민들은 낡은 헛간에서 모금행사를 열어 청소년들을 위한 여가시설을 건립하였다. 또 뉴멕시코(New Mexico) 주 산타페(Santa Fe)의 자원봉사자들은 굶주린 이웃들과 지역주민들을 돕기 위해서 자원봉사자들이 모임을 조직하였고 허리케인 휴고가 휩쓸고 지나간 후 보카 라톤(Boca Raton)의 최고급 리조트에서 일하던 두 명의 주방장은 자신들이 운영하던 식당 문을 닫고 한 주차장에서 수백 명의 피난민들에게 음식을 제공하기도 하였고 오클라호마 폭탄 테러가 일어나자 폭발의 먼지가 채 가라앉기도 전에 전국에서 수천 명의 사람들이 도움을 주기 위해 도시로 모여드는 것을 우리는 목격하였다.

이 모든 상황에서 사람들은 그들 능력 이상의 성과를 이루어냈다. 그것이 가능했던 이유와 동기는 옳은 일을 한다는 강한 신념이었을 것이다.

린다 스틸맨(Linda Stillman)은 아주 어릴 때부터 시각 장애인을 돕는데 관심이 있었다. 그녀는 자녀를 키우면서 독학으로 점자를 공부했다. 뉴욕(New York) 주 샌즈 포인트(Sands Point)에 있는 '헬렌 켈러 국립센터'에서 그녀는 선천적 장애로 인하여 청각을 잃고 스물두 살 때 사고를 당해 시각마저 상실한 젊은 여성 미셸 스미더스(Michelle Smithdas)를 만나게 되었다.

사고 당시 미셸은 미국에 하나뿐인 청각 장애인을 위한 워싱턴 D.C.의 갤라뎃(Gallaudet) 대학 4학년생이었다. 그녀는 대학에서 어렵사리 학사학위를 따고 헬렌 켈러 센터에서 시간강사로 일하고 있었으나 그녀의 목표는 석사학위를 취득하여 전임강사가 되는 것이었다. 뉴욕 대학과 호프스트라(Hofstra) 대학에서 필요한 강의를 들으려고 노력해 보았지만 상황이 여의치 않자 사실상 석사학위를 포기한 상태였다.

미셸의 사정을 듣게 된 린다는 기꺼이 그녀를 돕기로 결심하고 여러 학교들을 조사하였고 미셸에게 필요한 과정이 콜럼비아(Columbia) 사범대학에 개설되어 있음을 알게 되었다. 린다는 어렵게 대학원 과정 책임자를 만나 설득하여 미셸의 입학 승낙을 받아내게 된다. 앞으로의 과정이 만만치 않을 것을 알고 있었지만 그녀는 미쉘의 성공을 위해 최선을 다하기로 결정하고 두 세트의 책을 구입한다. 한 세트는 자신을 위한 것이었고 또 다른 한 세트는 장별로 나누어 미쉘을 위한 점자로 번역하기 시작하였다.

린다는 매일 미쉘을 차에 태우고 맨해튼까지 32km가 넘는 길을 오가며 수업에 동행하였고 강의를 들으면서 미쉘의 손바닥에 기호를 쓰는 방식으로 수업 내용을 전달하였다.

강의 도중, 손가락으로 소통하며 수다를 떨기도 하고 농담도 주고받았으며 갑자기 웃음을 터뜨려 꾸지람을 듣기도 하였다. 시간이 지날수록 린다와 미쉘은 떼어놓을 수 없는 관계가 되었고 5년 후, 드디어 미쉘은 시각장애인 교육 석사학위를 취득하고 졸업하게 된다. 그 일을 가능하게 만든 린다는 그녀의 성취에 대한 아무런 대가도 바라지 않았으며 오히려 미쉘이 목표를 달성하고 기뻐하는 모습을 바라보는 것이 가장 큰 보상이었다고 고백하였다.

"정말 많은 시간을 투자해야만 했습니다. 하지만 그 모든 과정이 행복했습니다. 미쉘을 만난 것이 제 인생의 가장 큰 행운이었고 그때가 제 인생의 최고의 순간이었습니다."

린다는 미쉘이 하고 싶었던 일을 할 수 있게 해줌으로써 미쉘의 자립을 도왔고 결국 간접적으로 미쉘이 가르치게 될 모든 학생들에게까지 영향을 주게 된 것이다.

봉사를 할 수 있는 기회는 다양하다. 자연 국립공원 및 야생동물 보호구역에서 자원봉사를 하는 사람들 중에는 등산로를 정비하는 사람도 있고 덤불을 치우거나 안내를 하는 사람이 있는가 하면 비상 구조

성장하는 리더의 핵심가치

활동을 하는 사람도 있다. 박물관에서 안내로 봉사하는 사람들은 관람객들이 예술을 더 잘 이해할 수 있도록 돕고 도서관에서 일하는 자원봉사자들은 문학을 가르치기도 하며 어떤 학교에서는 가정 형편이 어려운 학생들을 멘토 역할을 할 수 있는 자원봉사자와 이어주는 프로그램을 시행하고 있기도 하다. 자원봉사의 영역은 한계가 없다. 개인들의 참여뿐만 아니라 가족단위의 참여 기회도 많다. 봉사활동은 어린아이들에게 섬김을 가르치는 좋은 방법이기도 하다. 나의 아홉 살, 열두 살인 두 딸도 격주로 1학년 학생들을 가르치고 있고 아들은 교회 고등부 밴드에서 찬양을 인도하고 있다. 많은 부모들이 그러하듯 우리도 자녀들의 봉사활동을 적극 격려하고 권장하고 있다.

가진 것이 많거나 천재들만 봉사할 수 있는 것은 아니다. 남을 돕고자하는 마음만 있다면 누구나 봉사활동에 참여할 수 있다. 수년 동안 나의 가족은 장인장모가 세운 지방의 한 노인시설에서 봉사하고 있다. 매년 추수감사절이 되면 갈 곳 없는 지역 노인들에게 식사를 제공하고 있다. 조부모와 부모 그리고 손자손녀까지, 3대가 함께 모여 우리 가족이 받은 많은 축복에 대해서 하나님께 감사드릴 수 있는 자리여서 더욱 뜻깊은 가족행사이다. 우리는 예수께서 본을 보이신 것처럼 남을 섬기는 것이 하나님을 섬기는 것이라고 믿는다. 예수께서는 자신이 이 땅에 온 것은 섬김을 받기 위해서가 아니라 섬기기 위해서라고 말씀하셨다. 그리스도인에게 요구되는 행동은 섬김, 즉 봉사이다.

봉사에 헌신하는 사람들은 대가를 바라지 않으며 그들의 작은 노력이 세상을 바꾼다는 것을 인식하는 것만으로도 만족할 수 있다. 우리도 추수감사절 저녁식사 전에 감사기도를 드리는 노인들의 행복한 표정을 보며 우리의 봉사가 가치가 있는 것임을 매번 느낀다. 봉사는 비슷한 가치관과 관심사를 가진 새로운 친구들을 만날 수 있는 계기도 마련해준다. 예를 들어, 나는 보이 스카우트 단원들을 인솔하는 일을 맡고 있는데 이 일을 통해 얻는 보람과 함께 좋은 친구들을 만날 수 있었으며 이들을 통해서 많은 것을 배우고 있다.

봉사를 통해 얻게 되는 수많은 보상들 중 가장 큰 보상은 역시 지역사회에 무엇인가를 환원함으로써 얻게 되는 결과일 것이다. 시카고에 소재하고 있는 제너럴 패키징 프로덕츠(General Packaging Products)사의 사장이자 켈로그(Kellogg)사 창립자의 증손자 빌 켈로그(Bill Kellogg)도 이러한 철학을 가지고 있다. 그는 일반 사람들은 상상하기 힘들 만큼 바쁜 일정을 소화하면서도 그는 일주일에 한 번씩 대도시 저소득층 지역학교에서 영어를 가르치고 있다. 그 뿐만 아니라 그의 인기는 대단해서 그의 수업을 듣기 위해서는 대기자 명단에 이름을 올려야 한다고 한다.

켈로그와 같은 마음을 가진 또 한 사람이 있는데 그의 이름은 아서 캐플란(Arthur Kaplan)이다. 그는 낮에는 애틀란타 지방법원의 판사로 야간에는 응급치료 자원봉사자로 일한다. 캐플란은 38년 동안이나 응급의료전문가로서 자원봉사를 하면서 3만 명에 가까운 부상자를 치료하며 적십자 상을 7차례나 수상하기도 하였다. 켈로그와 캐플란에게 있어서 봉사는 우리가 이전 세대와 국가에 진 빚을 갚기 위한 한 가지 대안일 뿐이며 다음 세대가 새롭게 도전할 수 있는 힘을 싣는 일이기도 하다.

누구나 혼자서 감당하기 힘든 큰 문제를 만나면 도움을 필요로 한다. 지금은 유명한 사립탐정 데니 웰런(Denny Whelan)도 한때는 도움이 절실한 사람이었다. 청소년 시절 그는 마약을 상습적으로 복용하는 알코올 중독자였다. 적절한 시기에 누군가가 손을 내밀지 않았더라면 그는 아마 벌써 죽었거나 아직도 교도소 골방에 갇혀 있을 것이다.

현재 웰런은 네브래스카(Nebraska) 주 오마하(Omaha) 청소년 센터의 상담사 역할을 맡고 있는 자원봉사자이다. 그는 누구보다 이들 청소년들의 아픔을 잘 이해하고 있었기 때문에 아이들 역시 그를 좋아했다. 그는 아무런 조건 없이 도울 수 있는 사람은 누구든지 도왔으며 그가 받은 도움의 일부를 다시 돌려줄 수 있다는 사실만으로도 너무 행복했다.

그가 처음으로 시작한 지역사회의 많은 프로그램 중 하나가 비행청소년들에게 피난처를 제공하는 것이었는데 이곳에서는 의료서비스와 법률상담 서비스를 제공할 뿐만 아니라 알코올과 마약 중독자들을 위한 상담센터도 운영하였다. 이와 함께 가출한 아이들을 부모와 재결합시키는 일도 하고 있다. 열세 살 토드 비퀘트(Todd Bequette)의 부모도 이 문제로 웰런을 찾았다.

비퀘트 부부는 토드가 가출했다고 생각하지 않았다. 그 부부는 끝까지 자기 아들이 납치된 것이라고 확신하고 있었지만 문제는 경찰과 FBI를 포함한 그 누구도 그들의 말에 귀를 기울여주지 않았다.

"이런 일은 제가 경험이 없어서……." 웰런은 망설이며 말했다. "하지만 제가 할 수 있는 일이 있다면 노력해보겠습니다."

웰런의 유일한 단서는 토드가 수신자 부담으로 자신의 이복형에게 걸었던 전화 한 통이었다. 토드는 자신이 가출한 것이니 자신을 찾지 말라고 했다고 한다. 그러나 웰런은 의심을 멈출 수가 없었다. 그의 경험에 의하면 통화의 내용은 의미가 없었다. 통화를 하는 상황을 알 길이 없었기 때문에 토드가 내뱉은 말은 본심이 아닐 수 있었고 버스 정류장에서 사라진 열세 살짜리 아이가 굳이 그런 전화를 할 이유가 없을 것으로 판단하였다.

웰런은 그 전화번호를 추적하여 그 전화가 네브래스카 주 북부에 있는 한 모텔 방에서 걸려온 것을 알아냈고 추가 조사를 통해서 그 방을 빌렸던 사람이 테리 홀맨(Terry Holman)이라는 사실을 밝혀낸다. 경찰은 그 자료를 토대로 대대적인 수사를 벌였으며 그 결과 그가 성범죄 전과가 있는 범죄자이며 다섯 명의 어린이와 청소년을 살해한 용의자임이 확인되었고 십 대 아이와 그 모텔에 묵었다는 사실도 확인하였다.

웰런은 아이오와(Iowa)와 콜로라도(Colorado)를 포함하여 네 개 주에서 집요하게 홀맨을 추적하였고 그럴 때마다 가짜 신분증을 사용하는 바람에 아깝게 그를 놓치기를 반복하였다. 나중에 알고 보니 홀맨은 1년 반 동안 무려 22개가 넘는 가명을 사용하며 수사를 피해 다니며 혼선을 주었다.

결국 콜로라도 주 트리니다드(Trinidad)에 사는 한 여자 아이의 신고로 워싱턴 주 클락슨(Clarkson)에 있는 한 작은 오두막에서 토드를 찾아낼 수 있었다.

"그 오두막의 문을 열었을 때 아이가 살아 있는 것을 보고 눈물이 쏟아졌습니다." 웰런은 말했다. "저의 노력으로 인하여 한 아이가 살았다는 사실이 너무 감사하고 감격스러웠습니다." 홀맨은 곧바로 체포되었고 열여섯 살이 된 토드는 다시 부모와 함께 살 수 있게 되었다.

　봉사는 우리의 능력과 그 일을 하기 위해 투입되는 노력과 시간에 따라서 다양한 모습으로 나타날 수 있다. 데니 웰런의 경우처럼 극적인 결과로 드러나는 경우도 있지만 꼭 그래야 하는 것은 아니다. 누군가를 돕기 위해 고민하고 배려하는 것도 여전히 소중한 봉사이기 때문이다. 영국의 시인 로버트 브라우닝(Robert Browning)은 이렇게 적었다. '하나님은 모든 봉사를 동일하게 평가하신다.'

　섬김과 봉사는 우리 사회를 조금 더 나은 곳으로 만드는데 기여할 수 있다는 측면에서 필요한 것이지만 그것이 드러나지 않는다고 해도 나의 내적성장을 위해서 반드시 필요하며 충분한 의미가 있다는 것을 잊지 않기를 바란다.

4

자선
Charity

Charity 에 대한 검색 결과 입니다.

Charity 미국·영국 [ˈtʃærəti] ◀))
[명사] 1.자선 2.기부 3.모금 4.사랑 5.구호

Charity

우리의 시간, 재능과 노력은 마치 선물처럼 봉사 또는 섬김을 통해 누군가에게 전달될 수 있다. 만약 이 선물들이 바로 전달되지 않고 다른 방법으로 활용되어 물질적인 자산으로 전환된 후 전달된다면 우리는 이것을 자선이라고 말한다.

예를 들어, 내가 아무리 원한다고 해도 나는 집이 없는 알코올 중독자들을 도울 수 있는 자격이 없다. 그들을 교화시킬 능력도 없고 관련된 정식 교육도 받지 못했다. 하지만 나는 다른 많은 사람들처럼 그들을 돕는 사람들을 지원할 수 있는 재원은 가지고 있다. 봉사활동을 통해 직접 누군가를 섬기는 일도 중요하지만 만약 우리가 여러 가지 측면에서 그 필요를 모두 충족시킬 수 없는 사람이라면 봉사가 아닌 다른 수단으로도 사회에 기여할 수 있는 방법은 얼마든지 있다.

경험을 가진 사람들이 자신들의 전문분야에서 일하며 생계를 유지하기 위해서는 지원이 필요하다. 자선은 개인들이 선택할 수 있는 또 다른 자발적 희생이라고 생각한다. 봉사처럼, 자선활동 역시 길고도 의미 있는 역사를 가지고 있다. 미국에는 그 어떤 나라보다도 많은 비

제3장_ 자유를 누리기 위한 여덟개의 기둥

영리단체들이 활동하고 있으며 그들의 일인당 기부액은 단연 세계 최고라고 할 수 있다. 1995년 기록에 의하면 미국인들은 1년에 1,060억 달러를 기부하였다. 그리고 놀랍게도 치열한 경쟁으로 인하여 이기적일 것이라는 선입견이 있는 베이비붐 세대의 기부가 그중 가장 큰 부분을 차지하고 있다.

미국의 이러한 기부의 원천은 동정심과 자유 보존을 위한 사명감이라고 생각한다. 일반적인 통념과는 달리, 최근의 한 조사에 따르면 미국인들은 세제혜택이 줄어든다고 해서 기부금액을 줄이지 않고 오히려 늘리는 것으로 밝혀졌다.

나처럼 많은 사람들이 사회 복지 문제가 우리의 권리이며 동시에 의무라고 생각한다. 복지라는 말이 단지 정부가 가난한 사람들에게 보조금을 지급하는 것을 의미하지는 않는다. 나는 가장 바람직한 형태의 자선은 다른 사람들이 스스로를 도울 수 있도록 돕는 것이라고 믿고 있다. 높아지고 있는 서민들의 정부 의존도와 상관없이 여전히 많은 사람들은 개인과 민간단체의 역할의 중요성에 대해 강조하고 있다. 결국 자선이 책상 위 정책 논의로 끝나서는 안 되며 실제로 자금이 필요한 곳에 사용되어야 한다는 것에 이의를 제기하는 사람은 없을 것이다.

스코틀랜드 이민자 앤드류 카네기(Andrew Carnegie)는 자신의 자선단체를 통해서 미국 전역의 작은 마을과 도시에 2,500개 이상의 도서관을 세웠다. 모든 국민들이 교육을 받을 권리가 있다고 믿었기 때문이다.

국가에 큰 기여를 한 또 한명의 미국인을 소개하고자 한다. 하지만 그의 일생을 새로운 관점으로 바라볼 수 있기를 바라는 마음으로 그의 이름을 먼저 밝히지는 않겠다.

이 남자는 19세기 중반, 뉴욕의 가난한 상인의 아들로 태어났다. 그는 아버지로부터 돈을 벌고 저축하는 방법을 배웠고 어머니로부터는 믿음의 유산을 받았다.

그는 자신에 대해서 이렇게 말한다. "어려서부터 저는 열심히 일하고, 번 돈은 열심히 저축하고, 모은 돈을 남을 위해 사용하도록 배웠습니다."

하루 오십 센트의 일당을 받는 회계경리로 사회생활을 시작한 그는 출근 첫날부터 정직하게 일할 것을 혼자 다짐한다. 그리고 그는 첫 월급을 받은 날부터 수익의 10%를 교회와 해외선교 및 가난한 사람들을 구제하는데 기부하였다. 그의 유명한 십일조 습관은 이렇게 작게 시작되었다.

아직 십 대였던 그는 한 교회 동료와 함께 한참 성장하기 시작하는 정유 정제사업에 동참하게 된다. 자신의 이익을 재투자하며 품질 개선에 노력하던 그는 경쟁력 있는 가격에 등유를 생산하기 시작하였고 시간이 지나면서 미국에서 가장 효율적인 조명 연료 생산업체로 각광을 받게 된다. 이로써 일반 노무자들도 밤에 활동이 가능하게 되었고 20세기 초가 되자 거의 모든 가정에서 조명을 켜고 책을 읽을 수 있게 되었다.

효율성과 가격경쟁력이라는 자신의 철학을 지켜나가며 젊은 사업가는 비약적인 성장을 거듭한다. 비효율적으로 운영되던 경쟁회사들을 매입하고 체계를 잡아가면서 등유의 가격을 파격적으로 낮추었고 결국 그는 세계에서 가장 큰 정유회사의 소유주가 되었다.

그는 돈을 벌면 벌수록 기부액도 늘려갔다. 그는 죽을 때까지 총 5억 5000만 달러를 자선 사업에 사용하였고 그 액수는 그때까지 다른 그 어떤 개인도 기부하지 못한 액수였다.

자신의 부를 사회에 환원하는 것은 물론이고 저렴한 연료의 개발과 생산을 통해 미국인 전체의 삶의 질을 한 차원 높이는데 큰 기여를 하였다. 그의 이름은 존 디 록펠러(John D. Rockefeller)이다.

록펠러와 같은 영향력 있는 사람들의 자선활동을 통해 미국의 많은 시설들이 건설되었고 나의 부모님 역시 웨스트 미시건 지역사회에 그들이 받은 것을 환원하기 위해 노력하였다. 부모님은 수없이 많은 민간, 예술, 사회복지 프로그램에 기부하였고 이를 통해 많은 사람들의 활동을 지원하였다. 어린이 병원과 예술센터, 국제 무역학교와 대학원 등이 부모님의 기부로 세워졌고 이들 기관은 이를 기념하기 위하여 그들의 이름을 기관명으로 정하였다. 나의 양가 부모는 모두 자신들의 수입을 사회에 환원하는 것의 가치와 의미를 잘 이해하고 있었다.

우리가 스스로에게 던져야 할 질문은 이것이다. '과연 얼마를 기부하는 것이 적절한 것인가?' 유대교와 그리스도교의 전통은 수입의 10분의 1을 기부하는 것을 제안한다. 십일조는 훌륭한 가이드라인이 될 수 있다. 하지만 우리는 더 많은 것을 나누기 위해 노력해야 한다. 베시와 나는 소득의 10분의 1 이상을 한 재단에 지속적으로 기부하고 있다. 우리는 우리의 기부금이 복음의 확장과 장학 사업을 위해 사용되기를 원하고 있다. 우리 부부는 1년에 네 번 마주 앉아 기부 요청서들을 검토하여 새롭게 지원할 프로그램들을 검토하고 있다. 나눌 수 있다는 것은 정말 행복한 일이다. 자선은 봉사와 희생의 열매이다. 우리가 용서받았기 때문에 남을 용서해야 하는 것과 마찬가지로 우리는 하나님으로부터 주어진 것이 있기 때문에 줄 수 있어야 한다.

테레사 수녀는 이렇게 설명한다. "당신이 받은 선물을 내어놓는 만큼 하나님은 기뻐하십니다." 아주 사소한 선물이지만 그것이 줄 수 있는 전부라면 그것은 가장 귀한 가치를 지니게 된다. 신약에 나오는 한 과부의 이야기를 해보겠다. 이야기의 주인공인 한 가난한 과부는 자신이 헌금으로 낼 수 있는 돈이 너무 적어 부끄러워했고 반면에 한 부자는 당당하게 거액의 돈을 냈다. 하지만 그녀는 그녀가 가진 전 재산을 기부했기 때문에 예수는 그 여인의 기부가 더 값진 것으로 여겼다.

나눔은 그 나눔의 크기가 문제가 아니라 나누려고 하는 사람의 마음이 얼마나 큰가의 문제여야 한다. 프랭클린 퀘스트(Franklin Quest) 사가 생산하는 프랭클린 플래너는 전 세계 사람들로부터 사랑받는 제품이다. 이 회사 회장인 하이럼 스미스(Hyrum Smith)는 자신의 어린 시절을 회상하며 나눔에 대한 이야기를 들려주었다.

하이럼은 하와이에서 태어나고 자랐다. 그의 가정은 비록 물질적으로는 가난했지만 마음만은 풍요롭고 행복하였다. 하이럼이 여덟 살이 되었을 때 그의 부모는 크리스마스를 준비하며 하이럼과 나머지 6명의 자녀들에게 어떤 선물을 받고 싶은지 물었다. 그의 부모는 비록 형편은 어려웠지만 어떻게든 선물을 주고 싶어서 미리 물어본 것이었다.

하이럼은 자신이 갖고 싶은 것이 무엇인지 곰곰이 생각한 끝에 사과 두 상자를 받고 싶다고 대답하였다.

부모는 그의 엉뚱한 대답에 놀랐다. 아이가 아무리 사과를 좋아한다 해도 그렇게 많은 사과를 혼자 다 먹을 수는 없을 것이라고 생각했다. 그리고 하와이에는 사과가 자라지 않았다. 미국 본토에서 수입한 사과는 구할 수는 있지만 가격이 만만치 않았다. 어느새 크리스마스 아침이 밝아왔고 하이럼은 트리 밑에 노란색 종이로 낱개 포장된 약 두 상자 분량의 사과를 발견하였다.

하이럼은 좋아서 펄쩍펄쩍 뛰었다. 다른 식구들이 선물을 열어보기도 전에 그는 사과 바구니를 들고 밖으로 나가 친구들과 이웃들을 방문하였다. 하이럼에게 사과를 건네받은 사람들은 모두 사과를 맛있게 먹었고 그는 그들이 즐거워하는 모습을 바라보며 나눔의 기쁨을 만끽하였다.

점차 나이를 먹어 줄 수 있는 것이 많아지면 우리는 단순히 베푸는 행위에서 조금 더 책임의식을 가지고 장기적인 관점에서 유익을 줄 수 있는 방향으로 나눔을 실천해 나가야 한다는 것을 알게 된다.

자선은 자발적인 것이어야 한다. 자발적인 기부는 주는 사람이나 받는 사람 모두에게 도움이 된다. 반면 감정이 없는 의무적 기부는 사람들에게 상처를 줄 수 있다.

어떤 사람들은 자선이 그들이 스스로 삶을 개척해 나아가는데 방해가 되며 그들을 더욱 의존적으로 만들 수 있다고도 한다. 그러나 세상에는 심각한 질병이나 정신장애가 있거나 연로하여 자립능력이 전혀 없는 사람들도 있다.

유명한 중세 랍비였던 마이모니데스(Maimonides)는 다른 사람들이 스스로 돌볼 수 있게 도와주는 것을 최고의 자선이라고 하였다. 그의 말에 동의한다. 진정한 자선은 물건을 나누어 주는 것이 아니라 그들의 자립능력을 키워주는 것이다. 사람들이 일정기간 남에게 의존해 살아갈 수는 있지만 그런 상태가 계속된다면 오히려 부정적인 영향을 줄 수 있다.

자립을 도와줄 수 있는 프로그램이 미시간 주 그랜드 래피즈(Grand Rapids)에서 시행되고 있다. '도심지 저소득층 그리스도인 연합'은 집이 없거나 소득이 낮은 시민들에게 집을 마련할 수 있도록 돕는 프로그램이다. 이 단체는 일정한 자격을 갖춘 구매자들에게 저금리 담보대출을 통해 저렴하게 주택을 마련할 수 있는 방법을 안내해주고 있다. 주택을 저렴한 가격에 구입할 수 있는 자격을 갖추기 위해서는 일정기간 정해진 교육을 이수해야 한다. 교육내용은 대출금을 잘 상환하는 방법, 세금에 대한 이해, 집을 잘 관리하는 방법, 재정 관리에 관한 교육 등 집의 소유주로서의 자격과 책임을 가질 수 있도록 필요한 준비를 시켜 나가고 있다.

'물고기를 잡아주지 말고 낚시하는 법을 가르쳐주라'는 말이 있다. 앞에서도 언급했듯이 지속적인 도움이 필요한 사람들도 있지만 그렇지 않은 사람들에게는 그들에게 맞는 방법으로 지원이 이루어져야 할 것이다. 따라서 우리의 기부금이 누구를 위해 사용되고 있는지 그리고 어떻게 사용되는지에 대해서도 관심을 가질 필요가 있다. 우리가 기부하는 돈이 잘 사용되고 있는지 확인하려면 우리가 지원하고 있는 프로그램에 대해서 더 자세히 들여다보고 필요에 따라서는 직접 장부를 확인하고 내용을 검토해야 할 수도 있다. 이것은 매우 중요한 일이다. 물론 일차적으로 우리의 지원을 받는 사람들과 단체들은 자신들의 재정 및 운영에 대해서 책임을 져야 한다. 하지만 우리에게도 그것을 관리할 책임이 있다. 나는 어려서부터 돈의 액수와 상관없이 돈을 관리하려면 그 과정을 명백하게 공개할 수 있어야 한다고 배웠다. 우리가 가진 것은 우리의 것이 아니다. 우리가 가진 것은 하나님이 잠시 우리에게 맡겨주신 것일 뿐이며, 우리에게는 그 위탁물을 철저히 관리할 책임이 있는 것이다.

에드 휴버(Ed Huber)는 뉴욕의 유명 스테이크 하우스 델모니코(Delmonico's)의 주인이다.

이 스테이크 하우스는 찰스 디킨스(Charles Dickens), 마크 트웨인(Mark Twain), 릴리안 러셀(Lillian Russell), 다이아몬드 짐 브래디(Diamond Jim Brady) 및 제임스 몬로(James Monroe)에서 프랭클린 루즈벨트(Franklin D. Roosevelt) 등 유명인의 이름을 딴 화려한 스테이크 메뉴로 유명해진 음식점이다.

휴버는 뉴욕에서 여러 개의 레스토랑을 성공적으로 경영하고 있던 중 친구로부터 맨해튼 월 스트리트(Wall Street) 아래쪽에 낡은 식당 하나가 매물로 나와 있다는 말을 듣게 되었다. 비버 스트리트(Beaver Street)에 있는 낡은 건물은 아파트로 개조되었다가 5년 동안이나 비어 있는 상태였다. 휴버는 건물을 보자마자 구입하기로 결정했다. 델모니코의 화려한 과거를 부활시키고 싶었던 그는 건물을 임대하자마자 즉시 많은 비용을 들여 유리창과 크리스털 샹들리에와 어두운색 패널 등 그곳을 빅토리아풍의 식당으로 재현하였다. 그리고 지하실에 있던 기존의 시설을 전부 철거한 후 멋진 회전 계단이 놓인 홀을 만들었다. 새롭게 단장하여 문을 연 식당은 큰 인기를 끌었다. 그러나 기쁨을 느낄 틈도 없이 그는 노숙자들을 위한 시설인 '존 휴스 하우스(John Heuss House)'가 자신의 레스토랑 바로 옆에 개장할 예정이라는 사실을 알게

성장하는 리더의 핵심가치

되었다.

　휴버는 자신이 그동안 델모니코 식당에 쏟아부은 노력과 투자를 생각하면 할수록 이 상황이 믿을 수가 없었다. 그의 머릿속에는 온통 술 주정뱅이와 거지들이 레스토랑 밖에 서서 손님들에게 구걸하는 모습 밖에 상상할 수 없었다. "제가 그러한 사람들에게 동정심이 없는 것은 아닌데 저는 그저 그들이 제 사업을 망치는 것이 싫을 뿐이었습니다." 휴버는 말했다.

　그는 곧바로 대책을 세워야 했다. 노숙자 시설의 입주를 막기 위해 모든 방법을 동원하였다. 그는 사업주들과 주민들을 모아 놓고 기자 회견을 하고 데모도 하였으며 시설 입주를 막기 위한 소송도 제기하였다.

　그 피난처를 운영하기로 되어 있던 월 스트리트의 트리니티 교회의 목사는 합의점을 찾기 위해 휴버를 만났고 대화를 하는 과정에 휴버는 점차 이 시설의 목적을 명확히 이해하기 시작하였다. 휴버는 이후 운영을 맡은 열정적인 장로교 목사 윈필드 피코크(Winfield Peacock)도 만나게 되었고 모임이 끝날 때쯤 휴버는 생각을 바꾸고 본인이 도울 일이 있는지 물었다. 그리고 그는 정말로 많은 도움을 주게 된다. 시설의 자문을 위한 자리에 다른 지역 주민들과 참석하는 등 지원을 아끼지 않았다. 노숙자 시설이 문을 열자 전날 남은 음식을 배달해 주기 시작했을 뿐 아니라 식당에 있는 장비들도 대여해주었다. 그의 선행이 알려지면서 점차 자선은 다른 사람들에게까지 퍼져 나갔고 시간이 지나면서 점점 더 많은 사람들이 자발적으로 돈과 시간을 나누게 되었다.

자선은 참으로 다양한 형태로 나타난다. 매릴랜드(Maryland) 주 애코킥(Accokeek)에 사는 페니 토머스(Penny Thomas)는 누구도 할 수 없는 특별한 방법으로 자선 활동을 하였다. 페니는 자신의 여섯 살 딸 캔디(Candi)의 생명을 구해 줄 간 기증자를 애타게 기다리고 있었다. 하지만 캔디가 드디어 간을 이식받을 수 있게 된 마지막 순간에 캔디의 부모는 자기 딸보다 상태가 더 나빠 생명이 위급한 다른 아이에게 그 기회를 양보하였다. 그들은 그것이 그들에게 주어진 마지막 기회일 수도 있다는 사실을 알면서도 그런 무모하면서도 숭고한 결정을 내렸다. 참으로 감사하게도 그 후 캔디도 수술을 받고 새 생명을 얻게 되었다.

마지막으로 누구나 자신의 상황과 상관없이 나눔을 실천할 수 있다는 것을 보여주는 좋은 사례가 있어 소개하려고 한다. 이 이야기는 앨라배마(Alabama) 주 파이드몬트(Piedmont) 교회에서 일어났던 일이다.

켈리는 듀크 신학교에서 남편을 만나서 결혼하였으며 앨라배마 헌츠빌(Huntsville)에 있는 한 교회의 부목사가 되었다.

그들은 첫 째 한나(Hannah)가 태어나면서 파이드몬트로 이사하였고 고센(Goshen) 연합 감리교회 목사가 되면서 둘 째 아이인 사라(Sarah)를 낳게 된다.

여성 목회자가 신도 135명의 교회를 이끌어나가는 것은 파이드몬트의 주민들에게는 낯선 일이었지만 켈리는 신도들을 잘 인도하며 교회를 성실히 잘 성장시켜 나갔다. 그러던 어느 날 문제가 발생하였다.

잭슨빌(Jacksonville) 대학에서 목사로 재직 중이던 데일은 학생들을 데리고 오클라호마 주로 하이킹을 떠난 상황이었고 당시 네 살이었던 한나는 엄마와 함께 교회에서 예배준비를 도왔다. 오전 예배가 한창이던 11시 반경에 갑자기 조명이 꺼졌다. 그 때 아이들은 예배당 의자에 앉아 있었고 그 옆에는 한 성도가 어린 아들과 앉아 있었다. 신도들이 무슨 일인지를 살피기 위해 주위를 두리번거리고 있는데 갑자기 우레와 같은 소리와 함께 폭우가 쏟아지기 시작하더니 창문이 바람에 날리며 유리창이 깨졌다.

"모두 엎드려요! 토네이도예요." 몇 초 뒤 회오리바람이 건물을 덮치고 교회를 산산 조각내 버렸다. 벽이 무너지고 벽돌과 목재들은 무기가 되어 흩어졌다. 교회 의자들은 인형의 집 가구들처럼 튕겨나갔다.

켈리가 정신을 차리고 몸을 일으켰을 때 그녀의 얼굴에서는 피가 흘러내리고 있었고 어깨는 탈골되어 있었다. 켈리는 필사적으로 딸들을 찾았다.

비틀거리는 몸을 이끌고 한나가 있을만한 곳으로 기어갔지만 아무 것도 없었다. 마치 폭탄이 터진 것처럼 모든 것들이 사방에 흩어져있었다.

그때 그녀는 한나를 발견한다. 한나의 드레스는 핑크색으로 물들어 있었고 의자 아래 깔려 있었다. 켈리는 미친 듯이 주변 물건들을 거둬냈지만 한나의 몸은 이미 차갑게 변해있었다. "고개를 들었을 때 누군가가 사라를 제 앞으로 내밀었습니다. 사라는 다행히 괜찮아 보였습니다." 켈리는 그때를 회상하며 말했다.

켈리는 멍하니 제자리에 앉아 있었고 어렴풋이 어린 남자아이가 땅바닥 위에 앉아 있는 것이 보였고 그의 옆에는 엄마로 보이는 여성이 쓰러져 있었다. 남자 아이는 울면서 이렇게 말했다. "엄마 죽지 마. 나 혼자 두고 가지마." 이미 숨을 거두었다는 것을 알았지만 그 아이를 위해 그의 엄마 쪽으로 기어가 그녀에게 인공호흡을 시도했다.

수백 킬로미터 떨어진 오클라호마 주 로턴(Lawton)에 있던 데일이 사고 소식을 듣고 절망하였다. 큰 딸 한나의 사망 소식을 듣게 된 것이다. 그는 첫 비행기로 돌아왔고 토네이도로 폐허가 된 교회를 정리하기 시작했다. 이 참사로 20여 명이 사망하였고 많은 피해를 남겼다. 모든 주민과 신도들이 큰 슬픔에 빠졌고 클렘 부부는 그들을 위로하느라 한나를 잃은 슬픔을 가슴속으로 삼키며 딸의 장례식을 준비해야 했다.

"정말 초인적인 힘이 제 안에서 올라왔습니다. 사람들에게 '여러분의 기도의 힘으로 저희가 견디고 있습니다.'라고 말하며 다녔습니다."

비보를 전해 들은 이웃 주민들은 차를 타고 몰려들어 교회 주차장을 채우기 시작했다. 그들 중에는 다른 주에서 온 사람도 있었고 많은 사람들이 재정 지원을 약속하기도 하였다. 어떤 사람은 자신의 노후를 위해 모아둔 돈을 인출해오기도 했고 어떤 아이는 아끼는 돼지 저금통을 들고 찾아왔다. 목숨을 잃은 사람들을 다시 살려낼 방법은 없었지만, 그들의 위로와 지원은 교회를 재건하고 고인들의 기억을 기리기에 충분한 것이었다.

성장하는 리더의 핵심가치

5

리더십
Leadership

Leadership 에 대한 검색 결과 입니다.

Leadership

미국식 [-dərʃ-] ◀》 영국식 [ˈliːdəʃɪp] ◀》

[명사] 1.리더십 2.지도력 3.대표 4.선도 5.권력

Leadership

어떤 의미에서는 자선과 마찬가지로 리더십 역시 봉사의 한 종류라고 볼 수 있다. 리더들은 다른 사람들이 진정성을 가지고 자립할 수 있는 동기를 부여하고, 그들이 자신들의 목표와 동료들의 목표를 달성할 수 있도록 도와주는 노력을 한다.

리더의 기질을 가지고 태어난 사람들도 있는 반면에 후천적인 리더들도 있다. 만약 누군가를 돕고 이끌어주고 싶다면 본인이 가진 자질을 개발하기 전에 진정성 있는 결단이 필요하다. 단순히 권력, 부와 명예를 얻기 위해서 자신의 리더십을 발휘한다면 위험한 결과를 초래할 수 있다. 좋은 리더가 되어 사람들을 인솔하려면 관계의 기술이 반드시 필요하겠지만 그것보다 더 중요한 것이 비전을 제시하고 신뢰 있는 사람이 되며 용기를 갖는 것이다.

요즘 시대를 살아가는 우리는 리더십이라는 말보다 관리라는 말이 더 익숙하다. 선거를 통해 선출되는 사람들의 리더십도 다르지 않아 보인다. 많은 미국인들은 진정한 리더가 아닌 경영자를 원하고 있는 것이 아닌가 하는 의구심이 들 때가 있으며 심지어 나라를 이끌어가

성장하는 리더의 핵심가치

는 대통령조차도 그런 관리자를 선호하는 것 같아 걱정이 된다. 나는 리더의 가장 중요한 역할이 중심을 잡고 나아갈 방향을 제시하는 것이라고 믿고 있다.

영감을 주는 리더가 팀의 가장 큰 잠재력을 이끌어낸다. 그런 리더가 비전을 제시하며 불가능해 보이는 일들을 가능하게 만든다. 반대로 리더의 잘못된 판단은 전체를 파멸시킬 수도 있다는 것을 잊어서는 안 된다. 리더들이 내리는 결정은 그만큼 중요하므로 그에 대한 책임 또한 무거울 수밖에 없다.

우리에게는 영감을 불러일으키는 리더가 필요하다. 용기 있게 미래를 위한 분명한 비전을 제시하고 우리의 가치관과 목표와 일치하는 방향으로 우리를 이끌 수 있는 신뢰할 만한 리더가 필요하다.

리더는 원칙을 지키는 사람이어야 한다. 믿을 수 있는 리더는 사생활과 공적인 생활이 서로 상충되지 않는 사람이어야 한다. 삶의 모든 측면에서 완벽한 사람은 없겠지만, 그의 사생활에서 이중적인 모습을 발견한다면 우리는 그 리더를 더 이상 신뢰하기 어려울 것이다.

언행일치 여부는 리더십을 평가하는 중요한 요소가 될 수 있다. 예를 들어, 공직에 출마한 후보가 세 번째 이혼 소송을 진행하면서 가정의 중요성을 역설한다면 누구나 그의 진정성을 의심할 수밖에 없다. 말과 행동이 다른 사람이 올바른 선택을 할 것이라고 기대하는 사람은 없을 것이다. 리더의 평가를 위해 비현실적인 기준을 세워서는 안 되겠지만, 적어도 그들이 실수를 통해 배우고 있는지 아니면 계속해서 실수를 반복하는지 정도는 살펴보아야 한다. 실수는 누구나 한다. 오히려 삶에서 실수를 하지 않는 사람들은 위험을 감수하려고 하지 않고 결정에 대한 책임을 회피하는 사람들이 대부분이다. 그들은 절대로 리더가 아니다.

리더십은 노력과 경험을 통해 개발된다. 나는 이 나라를 끌고 가는 많은 정치인들이 정치 환경 밖에서 다른 일을 해본 경험이 적다는 사실이 염려스러울 때가 많다. 중요한 결정을 내려야 하는 순간에 위험을 감수하는 것이 어떤 것인지 잘 모르는 사람들도 있고 민간 부문에서의 실무 경험과 이해도가 부족한 경우도 많다고 본다.

미국은 사회 모든 분야에서 훌륭한 리더들을 많이 배출하였다. 그 중 한 명인 제니스 로버슨(Janice L. Robertson)을 소개하려 한다.

그녀는 뉴욕 주 브루클린(Brooklyn) 플래트랜드(Flatlands) 지역에 사는 가정주부였다.

"저는 미국인입니다."제니스는 자랑스럽게 말한다. "그리고 제가 바라는 것은 그리 특별하지 않습니다. 그저 안전한 곳에서 살면서 아이들을 좋은 학교에 보내고 행복하게 사는 것입니다. 만약 소박한 저의 꿈을 위해서 투쟁해야 한다면 언제든지 투쟁하겠습니다."

제니스는 아프리카계 미국인으로서 남편 레오나드(Leonard)와 함께 이사를 하였는데 우연히 이사한 동네가 백인 동네라는 사실을 나중에 알게 되었다.

제니스와 레오나드 그리고 세 명의 자녀, 레오나드(Leonard), 다리오(Dario), 루티(Ruti)는 마약과 갱단의 소굴인 에벳 필드(Ebbets Field)를 떠나 햇볕이 잘 들고 가로수가 늘어선 플래트랜드 이스트 49번가에서 살기로 결정하였다. 푸른 공원과 좋은 학교가 들어서 있는 이 동네가 예전 동네와 불과 15분 거리에 있다는 사실이 믿어지지 않을 만큼 아름다운 동네였다. 비록 부모님 도움을 받아 무리해서 주택을 구입하긴 했지만 그들은 만족했고 잠시나마 말로만 듣던 아메리칸 드림을 실현했다고 믿었다.

하지만 그들의 아메리칸드림은 오래가지 못했다. 그들이 이사한 지 며칠 지나지 않아 제니스는 자신의 집 앞에 백색 페인트가 뿌려져 있는 것을 발견하였다. 그 일로 인하여 그들은 본인들이 처한 현실을 조금씩 느끼기 시작하였다. 알고 보니 그들은 그 블록에 사는 유일한 아프리카계 미국인 가족이었으며 주변 동네를 합쳐도 몇 안 되는 흑인 가족이었던 것이다.

그리고 공공연한 공격이 시작되었다. 동네에 사는 사람들이 길을 걸어가는 아이들에게 침을 뱉기도 하고 어떤 사람들은 다리오에게 공원에서 야구를 못하게 경고했다. 아이들은 어디를 가나 사람들로부터 공격을 받고 험한 말을 들었다. 그제야 새로운 이웃이 예전 이웃만큼이나 위험한 사람들이라는 사실을 알게 되었고 인종 차별이라는 것이 과거에나 있었던 일인 줄로만 알았던 그들은 큰 충격을 받았다.

어느 날 한 백인 여성이 제니스 집을 찾아와서 일부 이웃들이 그들의 집에 불을 지르려 고 한다는 사실을 말해주며 관련된 사람들의 이름을 알려주었다.

고민 끝에 제니스는 놀라운 결정을 한다. 방화를 모의한 사람들의 집을 일일이 찾아가서 그들을 만나기로 한 것이다. 어떤 사람들은 문을 열어주지 않았고 일부는 자신이 연루된 사실을 부인했다. 또 어떤 사람은 그 사실을 들킨 것에 당황하며 도리어 화를 내기도 하였지만 결국 제니스가 그들을 일일이 만남으로써 방화는 막을 수 있었다.

이듬해 제니스는 네 번째 아들 커티스를 출산하였고 자신이 수행하고 있던 연구를 중단하고 집에 있기로 했다. 아이들이 다치지 않도록 옆에 있어주고 싶었기 때문이었다.

그런데 몇 년 후 중학교 2학년이 된 막내가 습격을 받는다. 루티는 친구들과 버스 정류장에 서 있었고 백인 불량배들은 길 건너편에 모여 있었다. 버스가 거의 도착하려고 할 때쯤 불량배들은 루티와 아이들을 둘러싸고 금속 파이프와 돌로 이들을 가격하기 시작했고 놀란 아이들은 필사적으로 버스 위로 뛰어 올라갔다. 불량배들이 유리창을 깨며 아이들을 쫓아 올라가려고 할 때쯤 버스 운전사의 전화를 받은 경찰이 출동했고 사이렌 소리를 들은 불량배들은 대기시켜 둔 차량을 타고 유유히 사라졌다.

제니스는 그 사건이 있던 날을 확실히 기억한다. 루티는 다행히 많이 다치지는 않았지만 겁에 질린 그의 표정을 보며 아들을 잃었을 수도 있었다는 무서운 생각을 하며 경찰에 조사를 의뢰했지만 해당 경찰서에서는 용의자를 찾지 못한다는 이유로 이 사건을 종결하고 말았다.

제니스는 알고 있었다. 이 사건이 우연이 아닌 자신의 가족과 다른 흑인 가족들을 동네에서 몰아내기 위한 조직적인 시도였다는 사실을. 그러나 그녀는 물러날 생각이 없었다. 오히려 이 문제에 정면으로 맞서기로 결심한다.

매일 아침 남편이 출근하고 아이들이 학교에 가고 나면 곧바로 아기를 업고 집을 나섰다. 그녀는 동네 모든 집을 하나씩 방문하기 시작하였다. 그 과정에서 그녀를 만나려 하지 않는 사람도 있었고 무례한 대접을 하는 사람도 있었지만 결국 그녀가 주장한 지역사회 연합이라는 평화의 메시지는 서서히 이웃들의 마음을 녹이기 시작하였다.

"저는 제 아들 루티에게 무슨 일이 있었는지 이웃들에게 말했습니다. 대다수의 사람들은 충격을 받고 저를 위로해주셨습니다." 그녀는 회상했다. "저는 계속해서 우리 동네를 위협하는 이런 폭력적인 사람들을 절대로 묵인해서는 안 된다고 주장하였습니다."

제니스는 이웃들과 많은 대화를 나누게 되었고 대화를 나누면 나눌수록 이 지역의 문제점이 무엇인지 알게 되었다. 이웃 사람들은 불량한 위생서비스와 증가하는 범죄 등 다양한 문제들에 대해 불만을 토로했고 이 과정에서 그녀는 블록 단위의 연합체의 필요성에 대해 고민하기 시작한다. 그녀는 곧 전단지를 제작하여 그 지역의 한 교회에서 모임을 갖자고 이웃들을 초대하였다. 플래트랜드 이스트 49번가 블록 연합의 시발점이 된 이 모임에는 300명이 넘는 사람들이 참석하였다. 그때부터 제니스는 이 연합의 회장으로서 활동을 시작하게 된다.

이 연합이 만들어진 이후 그녀가 이룬 성과는 일일이 다 설명할 수 없을 정도로 많았다. 지역 주민들 사이에 새로운 유대관계가 형성되면서 서로의 문제에 대해서 관심을 갖기 시작하였다. 누군가가 제기한 문제는 반드시 조사하여 주민들의 피해가 없도록 조치해 나갔으며 대부분의 결정은 연합의 논의를 거쳐 절차에 따라 결정되었다.

제니스는 확신 있게 이야기한다. "지역사회의 문제를 해결할 수 있는 유일한 방법은 함께 해결하는 것입니다."

현재 레오나드와 다리오는 대학을 졸업하여 킹스 카운티(King's County)의 지방검사 사무실에서 일하고 있고 루티도 졸업 후 뉴욕 주 알바니(Albany)에 있는 대규모 환경 관련 법률회사에서 근무하고 있다.

어느덧 커티스도 중학생이 되었다. 제니스는 이제 더 이상 불안한 마음으로 동네를 걸을 필요가 없게 되었고 마을 사람들은 그녀에게 반갑게 인사하며 손을 흔들어 준다.

제니스는 이러한 결과가 가능했던 것은 서로 다른 점을 찾는 대신 공통점에 집중하였기 때문이라고 말한다.

그녀는 지역사회의 연합을 위하여 공동 목표의 필요성을 인식하였고 용기를 내어 이웃들에게 다가갔으며 공감대를 만들고 그 목표를 달성하기 위해 누구보다 앞장서서 열심히 일했다. 리더들에게 필요한 것은 소통 능력이다. 정확하지 않은 정보를 통해 정확한 결정을 내릴 수는 없다. 중요한 결정을 내리기 위해서는 정확한 정보가 필요하며 그 결정을 내리는 사람들이 내용을 정확히 이해할 수 있도록 소통해야 하며 그 과정도 충분히 납득할 수 있어야 한다.

리더들은 자신들의 어려움과 고난 그리고 그 난관을 극복한 과정을 공개하여 사람들에게 영감을 불어넣기도 하고 의도적으로 본인의 청렴함을 증명하여 본을 보이기도 한다.

벤자민 프랭클린(Benjamin Franklin)은 기회가 있을 때마다 더 나은 삶을 위한 제안과 함께 본인의 경험을 나누려고 하였다. 이러한 멘토링(mentoring)은 리더십에서 가장 중요한 부분이다.

영감을 불어넣는 리더, 베티 포드(Betty Ford) 이야기를 해보겠다. 그녀는 제너럴 포드(Gerald Ford) 전 대통령의 영부인이자 나의 고향 그랜드 래피즈(Grand Rapids)의 같은 주민이며 좋은 친구이다. 유방암 진단을 받아 제거 수술을 받은 사실을 오랫동안 숨기고 살던 베티는 어느 날 그 사실을 공개하기로 결심한다.

그녀가 영부인으로 있을 때 일이다. 정기검진을 통해 가슴에 작은 혹이 있다는 사실을 알게 된 그녀는 24시간이 지나기도 전에 수술대 위에 올라가게 되었다. 그녀가 마취에서 깨어났을 때 그녀는 의사들이 자신의 림프와 한쪽 가슴에서 암 조직을 발견했고 가슴이 제거되었음을 알게 되었다.

베티 포드는 자기의 상황을 비밀로 숨길 수도 있었지만, 자신의 특별한 위치가 수많은 여성들에게 격려와 용기를 줄 수 있다는 것을 알았다. 만약 그녀가 미국 대통령의 영부인이 아니었다면 기자들이 그녀를 취재하러 몰려드는 일은 없었을 것이기 때문이다.

그 당시만 해도 정기적으로 유방암 검사를 받는 여성들이 적었으며 유방암에 대해서 공개적으로 거론하는 일은 더더욱 드물었다. 베티는 용기를 내어 인터뷰를 하였다. 예상했던 것처럼 그 인터뷰는 많은 여성들에게 경각심을 불러일으켰고 결과적으로 수많은 여성들이 유방암 검사를 받기 시작하는 계기가 되었다. 이때 검사를 받은 사람 중에는 부통령의 부인인 해피 록펠러(Happy Rockefeller)도 있었는데 그녀 역시 암 조직이 발견되어 곧바로 유방 절제 수술을 받아 생명을 유지할 수 있었다. 베티 포드의 용기로 인하여 셜리 템플 블랙(Shirley Temple Black), 낸시 레이건(Nancy Reagan), 올리비아 뉴튼존(Olivia Newton-John)과 같은 유명 인사들 뿐만 아니라 수만 명의 여성들이 유방암 진단을 받고 치료를 받았다.

베티 포드는 여성들의 건강에 대한 대중들의 이목을 집중시키는 데 매우 큰 역할을 하였다. 그러나 수년간 약을 복용하는 과정에 약물 중독 증상이 있다는 사실을 공개하는 것은 더 큰 용기가 필요했다.

또 한 번 베티는 약물중독을 심각한 국가적 문제로 인식하게 하는 계기를 만들고 이 문제의 해결을 위해 전면에 나섰다. 그녀의 리더십과 용기는 의심의 여지없이 수많은 사람들의 생명을 구하였다.

"저는 항상 정직하려고 노력합니다." 그녀는 인터뷰를 통해 이렇게 말했다. "문제를 대충 숨기고 넘어가려고 하지 않았습니다. 제가 공직에 있는 한 일반 대중도 알 권리가 있다고 생각했고 저의 입장을 정확히 밝히고 싶었습니다."

그녀가 이러한 문제들을 음지에서 양지로 끌어냈기 때문에 사회적으로 약물중독 문제로 힘들어하고 있는 사람들이 손을 내밀어 도움을 청할 수 있게 되었다고 생각한다.

리더십에는 책임이 따른다. 그러나 많은 리더들이 그 사실을 이해하지 못한 채 리더십이 요구되는 자리에 올라가게 된다. 하나님으로부터 많은 것을 위탁받은 청지기라는 사실을 이해하지 못한 채 그리고 진정성이 부족한 상태로 중요한 선택을 해야 하는 자리에 앉게 된다. 그렇기 때문에 우리는 먼저 그들이 어떠한 가치관을 가지고 있는지 또 그들이 가진 비전이 무엇이고 그 비전을 위해 행동할 수 있는 사람인지 확인하는 것이 중요하다. 그 과정이 생략된다면 우리는 우리와 비전을 공유하지 않는 리더를 선출할 위험을 감수해야만 한다.

만약 당신이 그리스도인이라면 예수가 최고의 지도자라는 것을 믿을 것이다. 그의 리더십은 나를 지탱하는 강한 동기이며 도덕적 잣대이며 비판과 유혹을 이길 수 있게 하는 힘이다. 그의 섬김의 리더십은 내가 추구하는 궁극적인 리더십이다. 진정한 리더가 되기 위해서는 영적 성장을 위한 노력이 반드시 필요하다.

리더십이 발휘되는 곳에는 동일한 원칙이 적용된다. 리더는 전통을 남긴다. 자신들의 비전과 확신으로 감화된 사람들로 하여금 그들의 정신을 계승해 나갈 수 있게 한다.

훌륭한 리더들은 놀라운 일들을 가능케 한다. 그들은 하나님으로부터 부여받은 능력을 신성성 있게 발휘함으로써 사회의 자유를 디욱 공고히 하는 데 기여한다. 그들은 또한 우리에게 감동과 영감을 주어 우리도 모르는 우리 안에 잠자는 거인을 깨운다.

해리 트루먼(Harry S. Trueman) 대통령은 리더에 대해 이렇게 이야기했다.

"새로운 역사를 쓰십시오. 리더십이 없으면 사회는 정체됩니다. 용기와 능력을 가진 리더가 기회를 만났을 때 비로소 세상은 바뀝니다."

6

기회
Opportunity

Opportunity
미국식 [ɑːpərˈtuː-] 🔊 영국식 [ɒpəˈtjuːnəti] 🔊
[명사] 1.기회 2.찬스

284

Opportunity

미국은 기회의 상징이다. 매년 많은 사람들이 미국으로 유입되고 있는 이유도 미국이 제공할 수 있는 기회 때문일 것이다. 기회는 자유가 보장되는 만큼 늘어난다. 일부 공산국가를 제외하면 대부분의 나라에서는 쉽지는 않지만 본인의 노력 여하에 따라 상류층으로 이동할 수 있는 기회는 분명히 존재한다. 물론 기회가 곧 성공을 의미하는 것은 아니다. 부정적인 측면도 충분히 생각할 수 있다. 단지 나는 조금 더 좋은 상상을 하며 기회라는 가치를 다루어보고 싶다.

미국은 평등한 기회를 제공하는 나라이다. 그러나 최근 들어 평등한 기회라는 개념을 혼동하는 사람들이 많다. 어떤 사람들은 평등한 기회가 노력과 상관없이 무조건 동일한 몫을 나누는 것으로 잘못 이해하고 있다. 이러한 이유 때문에 평등이라는 이름하에 시행되었던 많은 프로그램들이 자유를 증진하기보다는 제한하는 경우가 많았던 것이다.

하나님이 모든 사람을 자신의 형상에 따라서 창조한 것은 사실이지만, 모든 사람이 동일한 재능과 능력을 가지고 태어나는 것은 아니다. 어떤 사람은 아름다운 목소리를 가지고 태어나는가 하면 또 어떤 사람은 뛰어난 운동신경을 가지고 태어난다. 하지만 그것보다 더 중요한 것이 그 재능을 어떻게 사용하기로 결정할 것인가이다.

능력이 똑같다 하더라도 공부를 싫어하는 학생은 열심히 공부하는 학생과 똑같이 좋은 성적을 거둘 수 없으며 직장에서 무책임하고 게으른 직원이 믿음직스럽고 성실한 다른 직원과 동일한 월급을 받고 똑같은 속도로 승진할 수는 없을 것이다. 안타깝지만 이 나라를 세운 우리 조상들은 처음부터 모든 것을 누릴 수 있는 자격을 모든 국민에게 부여할 생각이 없었다. '평등'한 성공을 보장해주는 것보다 우리가 누릴 수 있는 권리와 기회를 지켜내는 것이 훨씬 더 중요하다고 믿었던 것이다.

미국에서 더 이상 기회를 기대하지 말라는 이야기도 있지만 그것은 사실이 아니다. [포춘(Fortune)]지가 선정한 500대 기업의 최고 경영자 중 절반 이상이 중산층 이하 가정 출신이며 백만장자 중 80%는 상속을 통한 부자가 아닌 자수성가형 부자였다.

이러한 결과를 만들어낼 수 있는 기회는 누구나 접근이 가능하고 이용할 수 있는 것이어야 한다. 그리고 더 많은 사람들이 기회를 만날 수 있도록 그 기회를 확대해 나가야 할 것이다.

필라델피아(Philadelphia)의 데이비드(David)와 펠라카 페타(Falaka Fattah) 부부는 도심 저소득층 갱단들을 돕기 위해 고민하였다. 그들을 옭아매고 있는 환경이라는 무서운 함정에서 벗어나 새로운 삶을 누릴 수 있도록 돕기 위해서는 기회가 필요했다. 하지만 페타 부부는 정부를 향해 그 기회를 요구하지 않았다. 그들은 무려 4년 동안이나 외부 지원금 없이 200명의 소년들을 직접 돌보았다.

이들이 이런 일을 선뜻 할 수 있었던 것은 자녀를 사랑하는 부모의 마음이 있었기 때문이었다. 도심에 살고 있는 저소득층 아이들은 갱단에 가입하는 유혹에 너무 쉽게 노출되어 있었으며 페타 부부의 아들도 예외는 아니었다.

그들은 청소년기에 접어든 자신들의 아들 로빈(Robin)이 클라이머(Clymer) 갱단에 가입했다는 이야기를 처음 전해 들었을 때 충격으로 인해 말문이 막히고 눈앞이 캄캄했다. 그런데 얼마 지나지 않아 우연히 로빈이 갱단의 핵심인물이며 타 갱단의 주요 목표이고 암살 대상이라는 사실을 알게 되었고 아들을 잃을 수도 있다는 생각에 하늘이 무너져 내리는 것 같은 공포에 사로잡혔다. 갱단의 살인과 복수의 악순환이 멈추지 않는 한, 아들은 이미 죽은 목숨이나 다름없다는 사실을 인정할 수밖에 없었다. 여섯 명의 자녀들 중 유독 많은 사랑을 받은 아이가 가족을 뒤로하고 갱단에 가담했다는 사실은 페터 부부를 더욱더 고통스럽게 하였다.

펠라카는 그런 불상사가 일어나는 것을 반드시 막아야겠다고 결심하게 된다. 그리고 진지하게 고민하기 시작하였다. 당시 [우모자(Umoja : 스와힐리어로 가족 연합)]라는 아프리카계 미국인을 위한 잡지사에서 근무하고 있었던 그녀는 미국에서 생활하는 많은 아프리카계 미국인들의 고충에 대해서 배운 것은 많았지만 갱단의 생활에 대해서는 아무런 배경지식이 없었다. 반면, 남편 데이비드는 달랐다. 그는 젊은 시절에 갱단에 들어가 생활한 경험이 있었고 갱단의 유혹이 소외된 청소년들에게 얼마나 매력적으로 다가오는지 잘 알고 있었다. 그러나 세월이 지나 갱단의 모습도 많이 변했다. 주먹다짐으로 이빨이 부러지고 기껏해야 칼로 서로를 위협하던 모습은 사라지고 이제는 또래 청소년들을 향해 마구 반자동 소총을 쏘아대며 생사를 넘나드는 위험한 전쟁을 하고 있다.

펠라카와 데이비드는 힘든 결정을 내려야 했다. 결과적으로 아들이 생명을 잃을 수도 있는 중대한 결정이었다. 펠라카는 갱 문제를 해결할 수 있는 곳을 찾아 돌아다녔지만 행정기관이나 봉사단체에서는 아무런 해결책을 제시하지 못했다.

그녀는 많은 사람들을 만나며 이 문제에 가장 큰 관심을 가진 사람들이 누구인지 알게 되었다. 그것은 바로 자신처럼 갱단에 가담한 자녀를 두고 있거나 갱단 구역 내에 사는 사람들이었다. 그러나 그녀는 여전히 아이들이 왜 그런 세력 다툼에 소중한 목숨을 던지는지 그리고 왜 그런 험악한 생활에 끌리는지 이해할 수가 없었다. 그때 데이비드가 부인에게 말했다. "아이들처럼 갱단을 가족이라고 한 번 생각해 봐." 데이비드는 많은 아이들이 정상적인 가정에서 자라지 못해서 갱단에 가입하는 것임을 지적하였다.

펠라카가 대답했습니다. "가정이 문제라면, 어쩌면 해결책도 가정에서 찾아야 하지 않을까요?" 그녀는 말에는 일리가 있었다. 데이비드는 공감했지만 아내가 내뱉은 다음 제안에는 동의하기가 어려웠다. 펠라카는 황당한 제안을 하였다. "그럼 갱단과 함께 우리 집에서 살면 되겠네요. 그리고 진짜 가족이 어떤 것인지 경험할 수 있는 기회를 주면 되지 않을까요? 아마 그들 중 몇 명은 돌아올 수 있을지도 모르잖아요? 그렇게 하면 적어도 우리 아들은 구할 수 있을 거예요."

"제 정신이야?" 데이비드는 아내에게 화를 냈다. "죽고 싶어서 그래? 우리 모두 다 위험해질 수도 있단 말이야." 데이비드는 차근차근 설명을 이어갔다. 실제로 집을 내어준다는 것은 자기 집을 갱단 본부로 만드는 것이었으며 최악의 경우에는 비극적인 일이 발생할 수도 있었다. 그들에게는 돌보아야 할 다섯 명의 아이들이 더 있었고 집에는 여유 방도 없었다.

하지만 펠라카는 하나님에 대한 믿음과 신념으로 본인의 생각을 밀어붙였고 오랜 설득을 통해 남편의 승낙을 얻어냈다.

몇 주 후 크로우(Crow), 피위(Peewee), 버드(Bird)와 열 명이 넘는 다른 클라이머 갱단 멤버들이 페타 가족이 사는 프레지어(Frazier) 거리에 위치한 방 네 개짜리 집에 들어와 함께 살기 시작했다.

모든 것이 혼란스러웠다. 그들은 아침 늦게까지 일어날 생각을 하지 않았고 집안일은 신경 쓰지 않았다. 페타 부부가 그들에게 아르바이트라도 좀 구해 보라고 권유하였지만 그들은 일을 구할 수 없다고 불평하였다.

펠라카와 데이비드는 인내심을 가지고 이들을 양육한다면 아이들이 언젠가는 그들의 마음을 녹일 수 있을 것이라고 확신하였다.

어느 날 열린 가족회의에서 갱단의 한 명이었던 버드는 앞으로 자신과 다른 갱단 멤버들은 본인이 정한 규칙에 따라 살기로 했다고 발표하였다. 펠라카와 데이비드는 그 규칙이 어떤 것인지 궁금해하며 불안한 마음으로 버드의 말에 귀를 기울였다.

"술과 마약에는 절대로 손을 대지 않는다." 그가 말을 이어갔다.

"여자아이들을 데리고 방에 들어가서는 안 되며 싸움도 하지 않는다." 그는 잠시 머뭇거리다 말했다. "그리고 갱단끼리의 싸움도 더 이상은 안 한다…… 앞으로 영원히……"

베타 가족이 시작한 '우모자(Umoja) 집'을 통해 교화된 갱단 멤버는 현재까지 3,000명이 넘는다. 그들은 아이들에게 많은 기회를 주어 자립할 수 있는 길을 열어주었으며 아이들은 그 기회를 통해 사업가, 노동자, 목회자, 경찰, 교사, 공무원 및 미국 국회의원이 될 수 있었다.

'우모자 집'은 현재 24층 건물로 변해있으며 수십 명의 직원들이 아이들을 사랑으로 변화시켜가고 있다. 이들 직원들 중 일부는 자원봉사자들이며 이곳을 거쳐 간 많은 선배들이 정기적으로 이곳을 찾아와 그들의 뒤를 따르고 있는 후배들에게 상담을 통해 용기와 희망의 메시지를 전해주고 있다.

이 지역에서 갱단이 연루된 사건과 연간 사망자의 수가 급격하게 감소했다는 사실은 굳이 언급할 필요가 없을 것 같다. 그리고 또 하나의 반가운 소식은 그들의 아들 로빈이 아직도 살아있고 잘 지내고 있다는 것이다.

데이비드와 펠라카가 노력한 것은 갱단 단원들이 스스로 자립할 수 있는 기회를 제공하는 것이었다. 페타 부부가 그들에게 성장의 기반이 된 '가정'을 선물한 것도 사실이지만 그보다 더 중요한 것은 그들이 자립을 위한 능력을 개발할 수 있도록 기회를 제공해 준 것이라고 할 수 있다.

이번에는 금융 산업을 통하여 자유와 기회를 확대한 한 사람을 소개하려고 한다. 그의 이름은 존 해치(John Hatch)이다. 금융기관은 돈이 필요 없는 사람들에게만 대출을 해준다는 우스갯소리가 있는데 해치가 사람들에게 기회를 제공하기 위한 수단으로 금융 산업을 선택했다는 사실은 매우 아이러니 한 일이다. 그가 기회를 주기로 한 대상은 바로 제3세계의 극빈자들이다.

해치는 제3세계 개발 분야에서 오랜 경험과 실무를 쌓은 후 경제적으로 어려움을 겪고 있는 사람들에게 '소액 대출'을 통해 자금을 제공하여 자립할 수 있는 기회를 제공하는 것을 목표로 하는 국제 지원 프로그램을 직접 설립한 것이다. '소액 대출'이란 현지 사업의 운영을 돕기 위해서 직접 자금을 대출해 주는 방식을 말한다. 약자로는 핀카(FINCA), 풀어보면 국제 지역사회 지원재단(Foundation for International Community Assistance)이다.

외국인들에게 자유와 기회를 주고 싶다는 해치의 아이디어는 그의 가족에게는 별로 새로운 것이 아니었다. 존의 먼 친척 중에는 마이너 키스(Minor Keith)라는 사람이 있었는데, 그는 브루클린 출신의 자수성가한 사업가였다. 그는 19세기 말에 중앙아메리카 지역에 철도를 건설하였고 미 대륙에 바나나를 수입하기도 하였다. 그의 아버지 윈슬로우(Winslow)는 식물학과이자 대학 학장이었다. 그분의 조상 중에는 메이플라워(Mayflower) 호에서 처음으로 태어난 아기 페레그린 화이트(Peregrine White)와 플리머스(Plymouth) 이민자의 지도자였던 분도 있었다.

이처럼 대단한 배경을 가지고 있는 해치가 제3세계 외교대사가 된 것은 그리 놀라운 일이 아니었다. 대사의 자격으로 일 하면서 그는 지역사회 개발 프로그램에 해외 지원금이 낭비되고 있다는 사실을 알게된다. 안타깝게도 이러한 프로그램들은 그들이 돕고자 하는 사람들이 가진 개성과 전문성을 무시하는 것이었고 그때부터 그는 가난한 사람들을 도울 수 있는 더 효과적이고 빠른 방법에 대해 고민하기 시작하였다. 그 결과 그는 '마을 은행'이라고 알려진 개념을 내놓았고 그러한 방식은 결국 핀카(FINCA)로 발전되었다. 해치는 자신이 모아두었던 돈을 투자하여 핀카(FINCA)를 시작하였고 그 후 4년간 아시아, 라틴 아메리카 및 아프리카에 있는 500여개 이상의 마을에서 프로그램을 운영하게 된다.

핀카(FINCA)의 목적은 간단했다. 빈곤층 가정들의 경제적 자립능력을 돕는 것이다. 핀카(FINCA)는 바로 상품거래를 통해 이익을 만들어낼 수 있는 상품을 구입하는데 필요한 재원을 제공하는 마을은행을 마을 사람들이 직접 조직할 수 있도록 돕는다. 핀카(FINCA), 마을 은행은 담보 없이 적당한 금리로 50에서 300달러의 자영사업 지원 자금을 대출해주고, 3년 이내에 사람들이 자체적으로 300달러의 운영 자금을 모을 수 있는 혜택과 계획을 제공한다.

핀카(FINCA)가 제공하는 프로그램은 절대로 사람들에게 그냥 돈을 주지 않으며 대출을 통해서만 지원한다. 직접 돈을 주는 것이 장기적으로는 오히려 부정적인 결과를 초래한다는 사실을 알고 있었기 때문이었다. 마을 은행의 회원들은 자체 경영 위원회를 선출하고 자체 규정을 만들어 관리하며 대출금의 사용처를 감독하고 상환에 대한 연대 책임을 지게 된다.

그런데 마을 은행의 대다수는 여성들이 소유하고 운영하였다. 해치는 그 이유를 이렇게 설명하였다. "제3세계에 있는 빈곤 가정의 거의 절반은 여성의 소득에 의존하고 있습니다. 대출의 기회를 얻은 여성들은 상황에 대해 책임감을 가지고 열심히 돈을 모으는 유능한 관리자들입니다."

통계 자료도 해치의 말을 뒷받침하고 있었다. 놀라운 사실은 대출을 받은 사람들 중 95%가 빌린 돈을 갚았고 이 프로그램이 시행되고 있는 12개 국가 중 7개국에서는 상환 율이 100%였다.

처음에 많은 사람들이 의심스러워했던 이 프로그램은 현재 재단과 은행 및 정부, 봉사 단체, 교회 및 개인들이 제공해 준 기금으로 안정적으로 운영되고 있으며 3년 이내에 금융 소득만으로도 자체 운영이 가능하게 설계되어 있다.

얼핏 보면 이 프로그램은 경제적인 이유에서 시작된 것처럼 보이지만, 사실은 더 현실적인 배경이 있다는 것을 이해할 필요가 있다. 유니세프의 '세계 어린이 실태 보고서'에 따르면, 매일 4만 명에 이르는 5세 미만 어린이가 만성 영양실조와 질병으로 사망하고 있다. 그들은 심각한 가난의 희생양이며, 자유 시장원리를 무시한 정부의 경제정책과 그들과 상관도 없는 정치적인 이유로 인하여 죽어간다. 매주 단돈 5달러씩만 더 벌수 있어도 그들의 삶은 완전히 달라질 수 있다. 해치는 핀카(FINCA)의 마을 은행이 이러한 필요에 대한 해답이라고 확신한다. 위험한 상황들은 언제나 존재한다. 테러리스트들이 득실거리는 엘살바도르(El Salvador), 니카라과(Nicaragua) 그리고 페루에 이르기까지 해치가 생명의 위협을 느끼며 몸을 숨겨야 하는 경우도 많았지만 그는 소명의식을 가지고 이 일에 임하고 있다.

그가 받은 보상은 이미 그가 감수해야 하는 위험을 넘었다고 그는 말한다. 빈곤의 굴레에서 벗어나고자 발버둥치는 마을 사람들에게 있어서 핀카(FINCA)는 어쩌면 그들 생애 최고의 기회이며 마지막 기회인 것이다.

이 책에서 설명한 많은 가치들처럼, 기회 역시 암웨이 사업에서 중요하게 생각하는 가치이다. 사업의 특성상 어쩌면 가장 중요한 가치라고 말할 수 있을지도 모르겠다.

우리 회사가 성장하고 더욱더 커질수록 우리는 지역사회의 시민들에게 더 많고 다양한 취업 기회를 제공할 수 있다. 그리고 우리 회사는 특별히 장애가 있는 사람들을 위한 취업기회를 늘리기 위해 많은 노력을 하고 있다. 우리는 그들에게 자신의 능력 안에서 최선을 다해 일할 수 있는 기회를 준다.

또한 암웨이 회사의 독특한 사업방식을 통해 더 나은 삶을 위해서 열심히 일 하고 싶지만 능력이 없거나, 학력이 없거나, 자본이 없는 사람들이 도전할 수 있는 최고의 기회를 제공하고 있다. 뉴욕에서부터 캘리포니아에 이르기까지, 중국에서 한국에 이르기까지, 독재 국가였던 동독에서 서유럽에 이르기까지, 암웨이가 진출해 있는 100여 개 지역 및 국가 어디에서나 도전하고자 하는 용기만 있다면 누구나 도전할 수 있는 공평한 기회가 주어진다.

우리는 모두 특별하고 소중한 존재이며 무한한 잠재력을 가지고 태어났다. 우리 회사의 역할은 직원과 디스트리뷰터들이 그들이 가지고 있는 잠재력을 최대한 발휘할 수 있는 환경과 시스템을 만드는 것이다.

미국에서는, 기회와 자유라는 말이 동의어처럼 사용되고 있다. 우리는 우리 자신을 위한 기회를 계속 추구하는 동시에 다른 사람들을 위한 기회도 확대해 나가야 할 것이다. 그렇게 할 때 우리는 그들의 잠재력을 깨워 자립할 수 있도록 도울 수 있다.

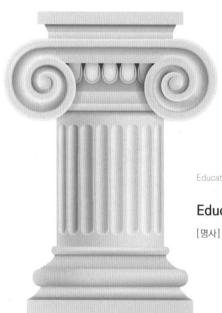

7

교육
Education

Education 에 대한 검색 결과 입니다.

Education   미국·영국 [ˌedʒuˈkeɪʃn]
[명사] 1.교육 2.훈련 3.교양

296

Education

우리는 모두 다른 재능과 능력을 가지고 태어난다. 그리고 교육이라는 시스템을 통해 내가 가진 선물을 개발하고 발전시켜나간다. 의심의 여지없이 인간은 교육을 통해 성장한다. 사실 기회는 우리가 그 기회를 내 것으로 활용할 수 있어야 의미가 있는 것이며 그러한 능력은 결국 교육의 정도에 따라 결정된다. 내가 여기서 말하는 교육이란 수학이나 물리를 배우는 것만을 의미하는 것은 아니다. 물론 수학이나 물리를 배우는 것이 중요하지 않다는 것은 아니지만 그것보다 더 중요한 교육이 있다고 믿기 때문이다. 내가 말하고자 하는 교육이 바로 아이들에게 옳고 그름을 가르치는 것이다. 어떤 사람들은 이러한 교육이 학교에서 이루어지는 것에 대해 반대하는 견해를 갖고 있는 사람이 있다는 것도 안다. 누군가에게 옳은 일이 다른 사람에게는 옳은 것이 아닐 수 있으니 그 누구도 다른 사람들에게 자신의 가치관을 강요할 권리가 없다고 생각하는 것이다. 하지만 나는 이 나라의 그리스도교 유산이 가르치는 기본적인 가치들을 가르치는 것이 자유의 정수를 이해하는 데 꼭 필요하다고 생각한다.

나는 보편타당한 판단 기준에 의해서 누구도 부인할 수 없는 옳고 그름이 존재한다고 믿고 있다. 특히 자유 및 행복 추구에 대한 기본 권리를 보장받은 나라에서 태어났다면 더욱 그러하다. 정직이나 신뢰와 같은 가치들이 자유를 지지하는데 필수적이며 노동이나 책임감과 같은 가치들이 우리가 자립하여 자유를 누리기 위해 중요한 역할을 한다는 것을 고려할 때, 그러한 가치들과 이 나라의 기초가 된 원칙들을 우리 아이들에게 가르치는 것은 너무나 중요한 과제이다.

앞에서 언급한 것처럼 교육은 읽고 쓰기 이상의 의미를 지닌다. 이러한 교육은 아이들이 급변하는 새로운 환경에 적응하고 도전하기 위해 필요한 것이지만 이 책에서 내가 언급하고 있는 가치들을 배울 수 있는 교과 과정은 많지가 않은 것이 현실이다. 이러한 고민이 나만의 것이 아니라는 사실은 내가 전국을 여행하면서 만난 많은 부모들을 통해 알 수 있었다.

교육과 관련된 또 하나의 중요한 과제는 삶을 통해 영감을 주고 그들이 가르치는 것을 실천하며 사는 훌륭한 교사들을 확보하는 것이다. 조지아 주 콜럼버스 WTVM-TV의 정오 뉴스 앵커인 딕 맥마이클(Dick McMichael)도 이 점에 동의할 것이다. 맥마이클은 운 좋게 밥 바르(Bob Barr)라는 음악 교사이자 밴드부 선생님을 만나면서 음악뿐만 아니라 삶에서 진정한 승자가 되는 방법을 배웠다.

맥마이클은 조지아 주 컬럼버스(Columbus)에 소재한 조단(Jordan) 상업 고등학교 3학년 재학 중에 처음으로 밥 바르 선생님을 만났다. 독학으로 드럼을 배운 맥마이클은 밴드부에서 베이스 드럼을 연주하기

성장하는 리더의 핵심가치

위해 자원하였다. 어느 날 바르 선생님이 밴드 지휘자 자리를 알아보기 위해 연습실을 찾아왔다. 당시만 해도 조단 고등학교 밴드부는 전국에서 최악의 밴드라고 소문이 자자했다. 그러나 그것은 당연한 일이었다. 시골 학교여서 변변한 악기도 없었고 악보를 볼 줄 아는 학생도 거의 없었으며 그 아이들을 지도해 줄 선생님도 없는 상태였기 때문이다. 맥마이클은 왜 바르 선생님이 그 밴드의 지휘자가 되고 싶어했는지 이해할 수 없었다. 그러나 바르 선생님은 아이들의 어설픈 연주를 마치 뉴욕 필하모니 연주를 듣는 것처럼 진지하게 듣고 있었다. 그들의 연주가 끝나자 선생님은 박수를 치며 환호해주었고 단원 한명 한명을 칭찬하며 격려해주었다. 그때 맥마이클은 다른 연주자들과 박자를 잘 맞춘다는 칭찬을 들었던 것으로 기억한다.

밴드부 단원들처럼 바르 선생님도 가난한 유년 시절을 보냈다. 그의 아버지는 선생님이 다섯 살 때 돌아가셨고 어머니는 호텔 청소부로 일하고 있었다. 여덟 살이 되었을 때 그는 세미놀레(Seminole) 인디언으로부터 트럼펫을 배웠고 동네 밴드 악단장이 그에게 튜바를 가르쳐주었고 나중에 신시내티(Cincinnati) 음악 학교에 장학금을 받고 입학할 수 있게 주선해 주었다. 재학 중에 바르 선생님은 전국 대회에서 최고상을 수상하며 인디애나폴리스 교향악단에 입단하였다. 하지만 선생님이 꿈이었던 그는 우여곡절 끝에 조단 고등학교의 선생님이 되었던 것이다.

바르 선생님은 어떤 일에도 적극적이고 열정적이었다. 학생들이 변할 수 있었던 이유는 그의 태도 때문이었다. "진짜 멋진 밴드가 되고 싶니?" 바르 선생님이 아이들에게 물었다. "그렇다면 전국 최고의 밴드가 될 때까지는 결코 만족해서는 안 된다. 그러면 너희들도 반드시 전국 최고가 될 수 있어."

바르 선생님은 다양한 방법을 동원하여 그의 믿음을 아이들에게 전하려고 노력하였다. 한 번은 선생님이 학생들에게 베토벤 교향곡 9번을 들려주었다. 그리고 베토벤이 이 교향곡을 작곡할 당시 청각을 상실한 상태였다고 설명하며 말했다. "우리 밴드에 청각 장애를 가진 사람이 없다는 것은 우리가 그만큼 더 큰 잠재력을 가지고 있다는 거야." 그 말을 들은 학생들은 바르 선생님에게 어떠한 핑계도 댈 수 없었다.

조단 고등학교 학생들 중 다수는 대학에 들어가거나 좋은 직장을 얻는다는 것은 상상조차 할 수 없는 환경 속에서 살고 있었다. 많은 아이들이 졸업 후 바로 부모들이 운영하는 공장에서 일하게 되어 있었다. 하지만 바르 선생님은 아이들이 꿈을 갖게 하고 싶었다.

"너희가 진짜 최고가 되고 싶다면 연습밖에는 길이 없다. 내일 아침 8시까지 이곳에서 모일 수 있겠지?"

비록 토요일이었지만 선생님은 밴드 단원들이 주말을 이용하여 집중적인 연습을 하게끔 하였다. 바르 선생님과 그의 아내 앤(Anne)은 아담한 벽돌집에 살고 있었고 곧 그 집은 밴드부 아이들의 아지트가 되었다. 아침이면 앤은 아이들을 위해 팬케이크를 구워주곤 하였다.

맥마이클은 바르 선생님이 자신에게 밴드 타악기 리더 자리를 맡긴 날을 생생히 기억하고 있다. "나는 드럼을 칠 줄 모르니 나대신 네가 아이들에게 드럼을 가르치는 것으로 하자." 그는 학생들에게 책임을 맡기고 그들이 그 책임을 잘 이행할 수 있도록 안내해주었다.

맥마이클은 아직도 선생님과 함께 한 그 1년을 자신의 유년시절 중 가장 행복했던 순간으로 기억하고 있다. 맥마이클은 수업이 시작되기 1시간 전에 도착하여 단원들을 가르쳤고 막히는 부분이 있으면 항상 선생님 사무실을 찾아 조언을 구했다. 그럴 때마다 선생님은 음악에 대한 조언보다는 인생에 대한 이야기를 많이 나눠주었다.

바르 선생님과 함께 했던 시간들은 그의 가르침을 받은 학생들에게는 잊을 수 없는 기억으로 남아있다. 그는 목표를 달성한 학생들에게는 언제나 따뜻한 미소나 윙크를, 목표를 달성하지 못한 아이들에게는 별도의 과제를 주었다.

1년이 지나자 밴드 단원은 17명에서 85명으로 늘어났다. 늘어난 학생들은 대부분 바르 선생님의 설득으로 밴드 단원에 가입한 아이들이었다. 선생님은 악기를 장만하기 위해서도 많은 노력을 하였다. 아는 사람에게 부탁을 하여 얻거나 빌리거나 혹은 지원을 받았다. 그런가 하면 단원들이 계속 밴드부에 남아 있게 하기 위해서 학생들의 집을 일일이 방문하였다. 결국 그는 주민들을 설득하여 유니폼과 연습실을 확보할 수 있었다.

단원 중 한 명인 존 헨리(John Henry)가 유니폼에 어울리는 구두를 사려고 했지만 7달러 50센트가 없어서 망설이고 있을 때에도 선생님은 선뜻 구두를 선물해 주었다. 밴드 단원 중 연습에 빠지는 학생이 있으면 다른 학생을 시켜서 이유를 알아오게 하였다. 선생님의 철저한 관리 덕분에 아이들은 더 이상 문제를 일으키지 않았다. 사실 빡빡한 연습 일정 때문에 문제 학생들도 더 이상 문제를 일으키지 않게 되었다. 말썽을 부릴 시간이 없었기 때문이다. 다시 생각해보니 학생들이 좋아하는 선생님을 실망시키지 않고 기쁘게 해드리기 위해 노력하느라고 바빴던 것 같기도 하다.

맥마이클이 졸업하고 4년이 지났을 때 조단 공고 밴드부는 조지아 주를 대표하여 뉴욕 시에서 열리는 전국 밴드 대회에 참가하였고 그 대회에서 우승을 차지하였다. 그 순간 바르 선생님의 밴드부는 전국 최고의 밴드였다.

시간이 지나 선생님은 돌아가셨고 대부분의 단원들을 더 이상 악기를 연주하지 않지만, 바르 선생님의 가르침은 단원들의 삶에 큰 영향을 주었고 계속해서 주고 있다는 것에는 의심의 여지가 없다. 마이클은 유명한 뉴스 앵커가 되었고 존 헨리는 훈장을 받은 군인이 되었다. 타악기 연주자였던 짐 플레처(Jim Fletcher)는 인문학 선생님이자 콜럼버스 교향악단의 단원이 되어 있고 트럼펫을 불던 지미 크로스(Jimmy Cross)는 앨라배마 주 피닉스(Phoenix) 시에 있는 사우스 트러스트 내셔널 뱅크(South Trust National Bank)의 회장이 되었다. 라롤드 래그란드(Larold Ragland)는 워싱턴 DC에 있는 내셔널 심포니 오케스트라에서 바순을 연주하고 있으며 바르 선생님으로부터 트럼펫을 배운 롭 조지(Rob George)는 세계 최대의 면화 진 주류 제조업체인 러머스 인더스트리(Lummus Industries) 사의 회장이 되었다.

우리 아이들은 학교, 교회, 청소년 단체 또는 다른 다양한 방법들을 통해 나름대로 자유의 원칙들을 배우고 있다. 하지만 가장 효과적인 방법은 그들에게 훌륭한 조언자가 되어주고 좋은 모범이 되어 줌으로써 나아갈 방향을 제시하는 것이라고 생각한다.

가끔 의도하지 않았으나 누군가가 우리를 존경하거나 본받고 싶은 대상으로 삼는 경우가 있다. 이유는 다양할 수 있다. 우리의 소유, 재능, 경험, 업적이 부럽거나 외모 또는 인상에서 호감을 느꼈거나 우리의 생활방식이 마음에 들어서 일 수도 있고 어떤 경우에는 우리와 유사한 부분이 있어 우리를 자신들의 모델로 선택했을 것이다. 그러한 사람들은 본인들이 직면한 문제에 어떠한 결정을 내려야 하는지, 인생의 도전에 어떻게 대처해야 하는지, 심지어는 어떻게 옷을 입고 행동해야 하는지에 대해서까지 우리에게 답을 구한다.

모방은 가장 순수하고 진솔한 칭찬이라는 말이 있다. 모방은 가장 일반적이고 자연스러운 학습 방법이다. 자녀가 있는 부모라면 아이들이 자신들의 행동을 모방할 수 있다는 사실을 인식해야 한다. 이것이 무엇을 의미하는지 그리고 어떤 결과를 가져올 수 있는지 정확히 이해한다면 정신이 번쩍 들어야 정상이다. 우리의 좋은 면들을 모방한다면 다행이겠지만 우리의 가장 숨기고 싶은 부분들을 모방하게 될 것이라는 점을 생각해 볼 때 우리는 우리가 가진 책임에 대해서 다시한번 고민해 봐야 할 것이다.

아이들은 누구든지 본인이 원하는 사람을 모델로 삼아 따라 할 가능성이 있다. 그 대상이 역사책에 나오는 인물일 수도 있고 어깨너머로 바라볼 수 있을 만큼 그들의 생활과 직접적으로 연관되어 있는 사람일 수도 있다. 그리스도인이라면 다 같은 생각을 가지고 있겠지만 나에게 있어서도 가장 큰 모방의 대상은 역시 예수 그리스도이다. 또한 나의 부모님도 나에게 인생을 어떻게 살아야 하는지 행동으로 보여주신 훌륭한 모델이다.

요즘 아이들의 모델은 탤런트, 영화배우 그리고 스포츠 스타들이 대부분이다. 그러나 불행하게도 그들 중 대다수는 그들의 생활이 아이들에게 얼마나 큰 영향을 줄 수 있는지를 깨닫지 못한다.

그러한 책임의식에 대해 진지하게 생각한 한 사람을 소개하려고 한다. 그의 이름은 대럴 월트립(Darrel Waltrip)이다. 그는 팬들에게 자신이 어떤 모습으로 비춰지고 있는지 그리고 어떤 영향을 줄 것인지에 대해 고민하는 사람이다. 자동차 경주에서 여러 차례 우승을 차지한 유명한 레이서(Racer)였던 월트립은 불과 몇 년 전까지만 해도 우승하는 것 이외에는 아무런 관심이 없었던 사람이었다. 그의 태도를 바꾼 사건이 있었다.

37세 월트립은 누적 상금액 100만 달러를 돌파하며 윈스턴(Winston) 컵 대회에서 이미 두 번이나 우승한 상태였다. "데이토나(Daytona), 탈라데가(Talladega), 샬럿(Charlotte), 그 어떤 경기에서도 저에게 도전장을 내밀 수 있는 선수는 없었습니다."그는 자신만만했다.

얼마 후 데이토나 500의 새 시즌 첫 번째 시합이 열렸고 시속 300km로 코너를 돌아 나오는 과정에서 앞차와의 충돌을 피하기 위해서 핸들을 틀었고 차는 방향을 잃고 회전하다 그대로 튕겨나가 버렸다. 그가 죽지 않은 것은 정말 기적이었다.

죽음의 문턱에서 그는 많은 생각을 하게 된다. 자신이 어떤 사람인지 그리고 어디를 향해 가고 있는지 조용히 스스로에게 질문하였다. 그리고 깨달았다. 자신이 뛰어난 선수일지는 모르지만 적어도 자신의 아내와 자신의 일거수일투족을 지켜보고 있는 팬들에게 있어서 그는 훌륭한 리더가 아니었다.

그 일을 계기로 그의 삶을 대하는 태도는 완전히 바뀌었다. 그의

성장하는 리더의 핵심가치

결단은 그의 삶 전체에 영향을 미쳤을 뿐만 아니라 그를 좋아하고 따르던 많은 팬들에게도 큰 영향을 주었다.

가장 먼저 교회에 나가기 시작했고 교제와 봉사를 통하여 영적인 회복을 해 나갔다. 그는 자신과 아내 스티비(Stevie)를 위해서 안정적인 가정환경을 만들기 위해 노력했으며 1년 뒤, 첫 번째 딸 제시가(Jessica)가 태어났고 곧바로 둘째 사라(Sarah)가 태어났다.

월트립의 변화는 팬들이 먼저 알아차렸다. 그 일이 일어난 후부터 그는 경쟁 레이서들과 관중들을 존중하고 예의 바르게 대했다.

그러던 중 그는 한 맥주 회사가 자신의 경주용 자동차를 후원하고 있다는 사실을 알게 되었고 그 문제로 고민하기 시작한다. 자신의 자녀가 월트립의 팬이라고 하며 그를 비난하는 여성의 목소리를 듣게 된 것이다. "부끄러운 줄 아세요. 굳이 아이들한테 술에 대한 좋은 이미지를 심어줘야겠어요?" 그녀의 말이 맞았다. 그의 옷에 붙어 있는 맥주 회사의 멋진 로고와 글귀들이 그런 메시지를 전달하고 있었다. 그는 움직이는 맥주 광고판이었다.

얼마 후 월트립은 그가 몸담고 있던 팀을 떠나 새로운 팀과 계약을 체결하였다. 그는 자기 차를 직접 구입하였고 후원사를 선택할 수 있는 입장에 서게 되어 더 이상 맥주를 광고하지 않았다. 또한 월트립은 매주 일요일 아침에 레이서들과 레이서의 가족들을 위한 예배 프로그램을 진행하는데 큰 기여를 하였다.

그가 데이토나 500 경주에서 승리한 것이 삶을 대하는 태도의 변화 때문이었는지는 알 수 없지만, 그는 선량한 사람도 1등을 할 수 있다는 사실을 자신과 자신의 팬들에게 입증한 것은 확실하다.

멘토가 반드시 유명하거나 잘 알려진 사람일 필요는 없다. 개인이나 소수를 대상으로 상황에 맞는 구체적인 조언과 피드백(feed back)을 주기 위해서는 오히려 가까운 지인이 좋을 수도 있다. 좋은 멘토는 기본적으로 조급하지 않다. 도움을 줄 대상을 오래 관찰하며 그들의 옆을 지킬 수 있어야 한다. 그들이 필요할 때 의지할 수 있어야 하고 조금 더 많은 시간과 정성을 쏟아 깊이 있는 조언을 하며 그들의 삶에 긍정적인 영향을 줄 수 있어야 한다. 상황에 따라서는 응원단장이 되어야 할 때도 있다.

여러 가지 측면을 고려해볼 때 부모는 자녀의 좋은 멘토가 될 수 있는 가장 좋은 위치에 있는 사람들이다. 나의 아버지 역시 나의 가장 좋은 멘토였다. 하지만 아버지 말고도 좋은 조언자들이 많이 계셨다. 제이 밴 앤델(Jay Van Andel), 나의 장인 에드 프린스(Ed Prince) 그리고 목사이자 나의 아버지의 오랜 친구인 빌리 지올리(Billy Zeoli) 등이 그러한 조언자들이다. 나는 이들을 통해 조금 더 효과적인 의사소통 방법, 행동하기 전에 생각하기, 옳은 일을 실행하기 위해 용기를 내는 법 등 다양한 삶의 지혜를 얻었다.

나는 내 동생 더그(Doug)가 나를 멘토로 생각해 주는 것에 감사함을 느낀다. 내가 십 대 후반쯤 되었을 때 그는 어린이 미식축구 팀에서 선수로 뛰고 있었고 나는 몇 년간 그의 개인 코치였다. 그러한 경험을 통해 우리는 둘도 없는 친구가 되었고 많은 세월이 지난 지금도 우리는 사업을 함께 하고 있으며 그는 아직도 종종 나에게 다가와 조언을 구한다.

멘토는 집안 식구 중에서 찾을 수도 있고 밖에서 찾을 수도 있다.

사우스캐롤라이나(South Carolina) 주 콜롬비아에서 변호사로 성공을 거둔 데이비드 벨톤(David Belton)의 경우에는 어머니와 다섯 명의 누나들이 그의 유년시절 조언자로서 큰 역할을 했지만 그의 진정한 멘토는 마운트 버논 사우스사이드 보이즈 클럽(Mount Vernon Southside Boys Club)의 직원이었던 빌리 토머스(Billy Thomas)였다. 빌리는 작은 체구의 조용한 성격의 소유자였다. 그의 어머니는 청소부로 일하시며 가족을 부양하고 있었고 데이비드와 가족은 뉴욕시 외곽에 있는 한 주택단지에서 자랐다. 이런 환경에서 남자아이가 배울 수 있는 것은 마약과 범죄뿐이었다.

그러나 데이비드는 다른 아이들과는 달랐다. 그가 여섯 살이 되었을 때 어머니는 그를 보이즈 클럽에 데리고 갔고 데이비드의 표현을 빌리자면 그는 그곳에 '기저귀 차고 들어가 양복 입고 나왔다'고 한다.

보이즈 클럽은 학교와 집 사이에 있었기 때문에 데이비드와 동네 남자아이들은 매일 그곳을 피해갈 수가 없었다. 그곳에 가면 게임도 하고 운동도 할 수 있었기 때문에 아이들은 그곳을 좋아했다. 그들은 빌리 토머스와 그의 동료들이 뭔가 다른 뜻을 가지고 있다는 것을 잘 모르고 있었다. 빌리와 그의 동료들은 아이들에게 바른 정신과 다양한 기술을 가르치기 위해서 그곳에 일하고 있었다. 그들은 농구나 탁구 혹은 체스의 기술만이 아니라 인생에서 성공하는 기술을 알려주고 싶었다.

빌리는 언제나 아이들을 위해 그 자리를 지켰다. "유혹에는 '아니요.', '싫습니다.'라고 말할 줄 아는 사람이 되어야 한다." 이렇게 1시간쯤 일장연설을 하고 떠나가는 사람들과는 달랐다. 그렇게 아이들과 함께 한 시간이 쌓여갈수록 마음의 벽도 허물어지고 더 깊은 이야기를 나눌 수 있는 관계가 되었다. 아이들도 성장하면서 그가 가르치려고 하는 것이 무엇인지 좀 더 이해할 수 있게 되었다.

데이비드는 빌리의 일관성과 변함없는 모습을 지켜보았다. 아이들이 운동 경기를 할 때도 어려운 도전을 함께 해결할 때도 데이비드와 그의 친구들을 가르쳤다. 빌리는 가끔 일을 할 때 아이들에게 역할을 주며 책임감을 배우도록 하였다. 아이들이 직책에 맞는 역할을 잘 수행하지 못하면 그 즉시 그 역할과 그에 수반되는 모든 특권들을 박탈하기도 하였다.

하지만 빌리는 잘못된 행동은 절대 용납하지 않았으며 클럽의 아이들은 모두 스스로 질서를 지키도록 교육받았다. 누군가가 부정행위를 했다고 모두 다 같이 따라서 부정행위를 하는 것은 옳지 않다는 말을 하였다. 그 말을 듣고 데이비드가 불공평하다고 항의하자 그는 이렇게 말했다. "앞으로 살다보면 속임수를 쓰는 사람들을 여럿 만나게 될 거다. 그러면 화내지 말고 더 열심히 일하기 바란다. 그 대신 그런 속상한 경험들을 절대로 잊지 말고 더 좋은 방향으로 활용해야 한다." 그는 이어갔다. "그리고, 더 강한 사람이 되어야 한다. 아무도 너를 막을 수 없을 만큼 좋은 사람이⋯⋯."

데이비드는 그러한 조언들을 마음에 새기고 중요한 순간에 적용하였다. 고등학교를 졸업하기 위해 꼭 필요한 과학 과목의 학점을 딸 때도 그랬고, 사우스캐롤라이나 변호사 시험에 합격하였을 때에도 그랬다. 데이비드는 보이즈 클럽에서 빌리 토머스와 함께한 시간들이 자신의 인생에 너무나 큰 영향을 주었기 때문에 그 가르침을 이어가지 않을 수 없다고 말한다.

30년이 지난 지금 데이비드는 현재 550만 명의 아이들을 돌보는 단체인 보이즈 앤 걸스 클럽(Boys and Girls Club)의 전국 위원회 위원과 사우스캐롤라이나 주 컬럼비아 미드랜드(Midlands)의 보이즈 앤 걸스 클럽의 회장직을 맡고 있다. 빌리 토머스는 여전히 데이비드의 삶의 숭요한 부분으로 자리하고 있다. 데이비드가 지적하듯이 빌리 토머스와 같은 멘토가 줄 수 있는 경험과 전통은 그 어떤 선물과도 바꿀 수 없는 것이다.

이와 같이 멘토가 되는 것도 중요하지만 멘토링은 가장 강력하고 효과적인 교육수단이다.

교육을 이야기하면 아이들을 떠올리기 쉽지만 아이들 못지않게 어른들도 교육이 필요하다. 특히 진정성과 자립능력을 키워야 할 필요성이 있는 사람들에게는 교육이 큰 도움이 될 수 있다. 밥 코트(Bob Cote)는 덴버(Denver)에서 노숙자들과 빈곤에 시달리는 사람들을 위한 프로그램을 운영하고 있다. 한때는 그도 매우 궁핍한 상황에 처해있었기 때문에 더욱더 이 문제에 대해서 고민을 많이 하였다. 그의 철학은 단순하면서도 강력한 것이었다. 어려운 사람들이 '손을 내미는 대신 손을 움직이게 하자' 다시 말해서, 구걸하는 손에 먹을 것과 입을 것을 그냥 건네는 대신 스스로 자립할 수 있는 길을 열어주자는 것이었다.

190cm 키에 120kg가 넘는 거구 밥 코트의 겉모습은 인상적이다. 콜로라도 덴버의 험한 동네에 살던 그는 젊은 시절, 길거리 운동선수였으며 권투로 선수 생활을 한 경험도 있었다. 그러던 어느 날 갑자기

그는 영업으로 업무를 바꾸고 결국 그 분야에서 성공을 거두었다. 몇 년 후 그는 여자 친구와 함께 다시 덴버로 돌아왔고 잔디관리 회사를 창업하여 또 성공을 거두게 된다.

하지만 그 성공은 오래가지 못했다. 여자 친구와 헤어지고 술을 마시기 시작하면서 그의 인생은 나락으로 빠져들었다. 알코올 중독 1년 만에 그는 덴버의 뒷골목으로 내몰리게 될 만큼 망가져 있었다. 노숙자 신세가 된 코트는 스스로 본인은 주변에 누워있는 노숙자와는 다르다고 자기 최면을 걸어보았지만 소용이 없었다.

어느 날 오후 그는 자신과 같은 거리에 있는 노숙자 빌리 파머(Billy Palmer)의 죽음을 목격하게 되었다. 그때 마치 번개에 맞은 것처럼 이런 생각이 들었다. '당장 변화하지 않는다면 발밑에 쓰러져 있는 이 사람 같은 신세가 되는 것은 시간문제다.' 그는 즉시 자신의 보드카 술을 바닥에 쏟아버리고 다시는 술을 마시지 않겠다고 결심한다.

제정신이 돌아온 코트는 라리머(Larimer) 거리 옆 낡은 건물에 살 곳을 마련하였다. 그는 자신이 처한 상황에서 벗어나고 싶었으며 다른 사람들도 이러한 불행에서 구해주고 싶었다. 코트는 두 달 동안 그곳에 사는 다른 아홉 명의 알코올 중독자들과 마약 중독자들의 행동을 관찰한 끝에 한 가지 계획을 구상하게 된다. 그렇게 만들어진 조직이 바로 [스텝 13]으로 알려진 단체이다. 많은 사람들은 코트가 익명의 알코올 중독자들 단체로 유명한 12단계 프로그램을 모방하여 이름을 지은 것이라고 오해하지만 그가 그런 이름을 짓게 된 데는 다른 뜻이 있었다. 예수와 그의 사도들이 총 열세 명이었으며 미국 국기에도 열세 개의 줄무늬가 있다는 점에서 생각해낸 이름이었다. 코트는 여러 가지 프로그램들을 시도했지만 실패하고 죽기만을 기다리는 갈 곳 없는 사람들을 위해 이 단체를 만들었다. 이 단체의 가장 특이한 점은 그들이 직접 단체를 운영한다는 것이었다.

[스텝 13]의 규칙은 간단했다. 마약과 술은 절대 입에 대지 않고 직업을 구하기 위해서 열심히 노력해야 하고 침대는 제공되지만 잘 성리하지 않는 순간 자리는 뺏기며 알코올 중독자들 모임에 매주 2회 참석해야 하고 금지약물을 사용하면 바로 퇴출되는 것이었다.

일반적인 보호소 프로그램과 [스텝 13]이 가장 다른 점은 그들에게 강한 책임의식을 심어주는 것이었다. 그는 공짜 식사와 같은 지원은 자립심을 떨어뜨린다는 것을 알고 있었기 때문에 공짜를 없앴다. 이곳에 사는 사람들은 매일 5달러의 임대료를 내야 했고 자기가 먹을 음식을 직접 요리해야 했다. 메시지는 분명했다. 그것은 바로 '누구나 스스로를 돌볼 능력을 가지고 있다.'는 것이었다.

처음으로 프로그램을 시작한 아홉 명의 참가자들 중, 일부는 성공하였고 일부는 실패하였다. 일부 사람들은 그곳을 떠났고 어떤 사람들은 소문을 듣고 [스텝 13]을 찾아오기도 했다. 규정을 어긴 사람들은 마약 및 알코올 중독 치료시설 및 법 집행기관으로 넘겨졌다. 가장 놀라운 사례는 40여 군데 시설을 전전하며 재활에 실패한 한 남자였다. 코트는 규칙을 정하기는 했지만 그 남자의 경우는 예외로 하고 직업을 찾을 때까지 그를 받아주기로 했다. 그는 감사한 마음에 열심히 일을 알아보러 다녔고 어렵게 식당 설거지 일을 하게 되었고 나중에는 관리용역 임시직으로 일하게 된다. 그 남자, 잭 윌리엄스(Jack Williams)는 현재 자기가 다니던 회사를 인수하여 운영하고 있다. 그는 자신의 과거를 잊지 않고 코트의 프로그램 참가자들을 많이 고용하고 있다.

놀라운 것은 [스텝 13] 프로그램은 한 번도 정부의 지원금을 받으려 한 적도 없고 받은 적도 없다는 것이다. 코트는 그러한 정부의 지원을 받는 프로그램들에 대해서 여전히 회의적이다. 그러한 프로그램을 운영하는 다수가 스스로 운영할 능력이 있음에도 불구하고 납세자의 돈에 점점 더 중독되어 간다고 생각하기 때문이다.

코트는 정부의 지원 대신 개인들의 기부와 가끔 기적처럼 제공되는 후원금으로 시설을 운영하고 있다. 한 번은 도로 경계석에 돌진하여 박살이 난 차 속에서 술에 취한 한 남자를 발견했다. 다행히 그는 다친 곳은 없었다. 그는 의사였고 가진 돈이 없었다. 코트는 [스텝 13]에 머물 것을 권했으나 그는 거절했고 주변 모텔에 묵게 해주면서 대신 방값을 지불하였다. 수년 뒤 뜻하지 않게 코트는 1만 달러짜리 수표를 받게 되었는데 알고 보니 그 의사가 사망하면서 그 돈을 코트의 프로그램에 기부한 것이었다. 그와 같은 기적들은 계속 일어나고 있으며 [스텝 13]은 지금도 운영 중이다.

코트는 길거리에서 끼니를 때우기 위해 구걸하는 대다수 사람들이 사실은 밥에 관심이 없다고 주장한다. 그렇게 구걸해서 얻은 돈은 모두 술과 마약을 사는데 다 사용한다는 것이다. 그의 주장에는 근거가 있었다. 그는 '무료 식사 제공'이라고 적힌 무료 식권을 인쇄하여 나눠준 적이 있었다. 그 식권 뒷장에는 원하면 직장도 구해주고, 살 곳도 마련해 줄 수 있다고 적혀 있었다. 하지만 놀랍게도 5년간 9만 장의 식권이 인쇄되었지만 24명만이 그 식권을 들고 [스텝 13]을 찾았다고 한다. 그 24명 중에 직업을 갖기를 원하거나 코트의 프로그램에 참여하는 데 동의한 사람은 단 한명도 없었다.

노숙자들의 진짜 문제는 가난이 아니라 중독임을 짐작할만한 증거는 많다. 노숙자들을 위해 일하는 사람들조차도 그러한 현실을 별로 인정하려 하지 않는다. 코트는 노숙자 문제를 해결하기 위해서는 반드시 이들에 대한 정확한 정보가 필요하다고 믿고 있지만 정보보호 등의 많은 이유로 이들의 정보를 수집하는 것이 금지되어 있다. 하지만 코트는 여전히 데이터의 필요성을 피력하고 있다. 믿을 만한 데이터가 있어야 노숙자가 발생하는 진짜 이유를 알 수 있고 그래야만 이 문제에 정확하게 대처할 수 있는 방법을 찾을 수 있기 때문이다.

[스텝 13]은 여전히 덴버의 노숙자들에게 자립과 자유로 향하는 길을 안내해주고 있다. [스텝 13]이 운영되어 온 지난 12년 동안 2,000여 명 이상이 이곳을 거쳐 갔고 이들 중 약 3분의 1에 해당하는 사람들이 프로그램을 통해서 자립하거나 중독에서 벗어나 정상적인 생활을 하게 되었다. 코트가 문제에 대처하는 원칙은 명확하다. "멋대로 행동하면 쫓겨나지만 인생을 바꾸고 싶다면 끝까지 도와드립니다."

인류애
Brotherhood

Brotherhood 에 대한 검색 결과 입니다.

Brotherhood

미국식 [-əərh-] 🔊   영국식 [ˈbrʌəəhʊd] 🔊

[명사] 1.의형제간 2.형제의 인연 3.협회

Brotherhood

이 나라를 세운 조상들은 [독립 선언문]을 통해 "모든 사람들은 평등하게 창조되었다"고 선언하였다. 앞에서 설명한 것처럼, 우리의 조상들은 "네 이웃을 내 몸과 같이 사랑하라"는 예수의 말이 '인류애'를 의미한다는 것을 이해하였다. 따라서 이 위대한 나라의 공식적인 시작을 알리는 그 문서가 '인류애의 도시'라는 뜻을 지닌 필라델피아에서 서명된 것은 매우 적절한 일이었다.

나는 인류애에 대한 나의 생각을 책의 마지막 부분에서 다루고자 한다. 인류애는 앞의 장에서 다룬 모든 가치들을 한데 묶는 역할을 하기 때문이다. 인류애가 없으면 우리는 정직하게 살기 힘들며 동정심을 느끼거나 헌신할 수 없다. 또 인류애가 없으면 우리는 자선활동을 하거나 리더십을 발휘할 수도 없다. 자유를 지지하고, 자유를 누리고, 자유를 보존하기 위해서는 우리의 다양성을 화합으로 이끌 수 있는 인류애가 반드시 필요하다.

내가 생각하는 인류애란 인종과 피부색 또는 언어나 종교에 관계없이 모든 남녀의 자유와 권리를 존중하는 것이다.

모든 사람들은 '하나님이 창조한 세계 안에서 하나'이기 때문에 우리는 같은 인간이고 그 사실을 바꿀 수도 부정할 수도 없다. 우리 안에는 많은 다양성이 존재하지만 서로 잘 어울려 지내기 위해서 각자가 가진 개성을 버려야 하는 것은 아니다. 우리가 서로 비슷한 부분을 찾으려고 노력하고 동시에 서로의 다른 부분을 존중할 수 있다면 서로 공감할 수 있는 영역은 넓어질 것이다. 우리가 개개인의 인간성을 존중하고 각자의 존엄성을 인정한다면 우리가 가진 차이는 아무런 문제가 되지 않는다.

정보 고속도로와 초음속 여행 그리고 범세계적인 뉴스 네트워크의 시대에, 인류애를 넓힐 수 있는 기회는 그 어느 때보다 많아졌다. 역사상 이렇게 많은 사람들이 희망과 열정과 영감을 쉽게 주고받았던 적이 있었는지 생각해보라. 우리는 옆 동네, 다른 도시, 다른 주, 심지어는 지구 반대편에서 있어나는 일까지 TV, 인터넷을 통해 실시간으로 생생하게 볼 수 있는 시대에 살고 있다.

그렇지만 불행하게도 진정한 인류애의 의미를 혼동하는 사람들이 많다. 인류애를 느끼려면 내가 가지고 있는 기준 또는 국가로 말하면 애국심과 자국의 이익을 포기해야 하는 것일까? 그렇게 생각하지 않는다. 진정한 인류애는 우리가 믿는 것을 지지하는 동시에 다른 사람도 그렇게 할 수 있는 권리를 인정하는 것이다.

인류애는 가장 위대한 비전이며 다양성을 인정하는 나라에서는 반드시 필요한 것이다. 북부 캘리포니아 주 리치몬드(Richmond) 외곽지역에서 장미 농장을 운영하고 있는 두 농부 프랜시스 에비(Francis Aebi)와 그의 이웃 타마키 니노미야(Tamaki Ninomiya)의 이야기를 통해 우리는 인

성장하는 리더의 핵심가치

류애가 무엇인지 이해할 수 있다. 2차 대전이 막 시작되던 때의 이야기이다. 그 당시 캘리포니아를 포함한 미국 전역은 전쟁의 공포에 휩싸여 있었으며 진주만 폭격을 감행한 일본에 대한 적대심으로 인하여 일본계 미국인에 대한 인종차별이 공공연하게 행해지고 있었고 수천명의 일본계 미국인들이 자유와 재산을 빼앗기고 포로수용소에 수감되었다.

프랜시스와 타마키는 그 뿌리가 달랐다. 프랜시스는 스위스 태생이었고 타마키는 일본에서 온 이민자 집안에서 태어났다. 전쟁이 시작될 당시 두 가족은 모두 샌프란시스코(San Francisco)에서 꽃을 키우고 유통하면서 큰 부자는 아니었지만 주변에서 성공했다는 소리를 들을 만큼 잘 사는 편이었다. 두 가족은 각각 근사한 집과 예쁜 온실을 가지고 있었고 일곱 명의 자녀를 두고 있었다. 그들이 재배한 장미는 타 농장에서 키운 장미보다 오래 산다는 소문 때문에 명성이 자자했다.

1941년 12월 7일 진주만 폭격으로 모든 미국인의 삶은 크게 바뀌었고 캘리포니아에서 살고 있는 일본계 미국인들의 삶에도 큰 변화가 생겼다. 일본에 의해 시작된 전쟁은 상업 활동에 대한 강력한 제재, 상상할 수도 없는 비난, 심지어 투옥을 의미하는 것이었다.

두 가족의 농장이 있던 콘트라 코스타(Contra Costa) 지역에서 들리는 소식은 온통 우울한 것뿐이었다. 한 일본인이 소유한 자동차가 17번 도로에서 전복되었고 일본인 소유의 온실이 공격을 당했다는 소문이 돌았고 조만간 일본인들은 모두 강제 소환되어 포로수용소로 보내질 것이라는 소문도 있었다.

상황은 악화되고 긴장이 고조되고 있는 시점에 프랜시스가 타마키의 집을 방문하였다. 그는 자신이 재산을 보호해 줄 수 있으니 필요할 때 언제든지 부탁하라고 했다.

진주만 습격이 있고 10주 후, 프랭클린 루즈벨트 대통령은 군사지역 중 지정한 일부 지역 내에 민간인들의 출입을 허용하지 않는 법을 만들었고 결국 이 명령 때문에 12만 명의 일본인들이 캘리포니아에 있는 집을 버리고 수용소 신세를 지게 되었다.

이번에는 타마키가 프랜시스의 집을 찾아갔다. 그는 자기 집에서 가장 소중한 보물을 가지고 그를 만나러 갔는데 그것은 다름 아닌 정교하게 만들어진 일본 전통 인형이었다. 타마키는 그 인형을 프랜시스에게 선물했다.

프랜시스는 그 인형을 받을 수 없다고 했지만 타마키는 상황이 좋아질 때까지만 보관해 달라고 부탁했다. 그리고 한 달 후 타마키가 다시 왔다. 이번에는 자신의 은행 통장을 가지고 왔다. 그로부터 한 달도 채 지나지 않은 어느 추운 금요일 점심때쯤 검은색 승용차가 타마키 집 앞에 멈춰 섰고 정장을 입은 네 명의 남자들이 차에서 내리더니 타마키를 차에 태우고 사라졌다.

바로 그날 임신 중이던 타마키의 아내와 다섯 명의 자녀들은 캘리포니아 주 중부 리빙스턴(Livingston)에 있는 친구네 집으로 떠났다. 그들은 그곳에서 타마키가 무사하게 돌아오기만을 기다리는 수밖에 없었다.

그러나 일본인 민간인 철수 명령에 따라서 일본인 혈통을 가진 모든 사람들은 또다시 그곳을 떠나야 했다. 3개월 후 니노미야 가족은 수천 명의 다른 일본인들과 함께 콜로라도 주 그라나다(Granada)로 보

성장하는 리더의 핵심가치

내졌다. 그들은 나무 막사에 배정되었고 그 막사 둘레에는 철조망이 쳐져 있었으며 무장한 군인들이 그들을 감시하였다.

경쟁자였던 장미 농장을 망가지게 놔둘 수도 있었지만 프랜시스 에비는 타마키의 농장을 유지하기 위해 최선의 노력을 다했다. 그러나 그가 맡은 농장은 니노미야 가족의 농장만이 아니었다. 카와이 가족과 수지하라 가족의 농장도 같이 관리하고 있었다.

관리해야 하는 농장이 늘어남에 따라 일도 늘고 책임도 늘었지만 더 큰 고민은 연료의 배급이었다. 연료를 배급받기 위해서는 야채를 재배해야 했다. 그나마 자신의 묘목을 지키기 위해서는 장미들을 밀어내고 오이와 토마토를 심어야 했다. 자신의 땅으로 시작한 야채 재배는 결국 타마키와 카와이 가족의 농장으로까지 확장되었지만 다행히 끝까지 장미 묘목들은 살려둘 수 있었다.

잠깐이면 끝날 것으로 생각했던 농장관리는 결국 몇 년 동안이나 이어졌고 나중에는 일손이 부족하여 에비의 가족까지 합류하여 농장 일을 해야만 했고 아이들은 학교에 가기 전 아침과 주말에 온실에서 일했고 프랜시스도 하루에 18시간씩 일을 하였다.

가끔 수용소로부터 타마키의 소식을 전해 듣기는 했지만 자세한 상황은 알 수가 없었다. 결국 전쟁은 끝났다. 수용소에 감금되어 있던 사람들이 집으로 가게 될 것이라는 반가운 소식이 마을에 설치된 확성기를 통해 울려 퍼졌다.

프랜시스는 편지로 니노미야의 농장이 여전히 잘 유지되고 있다는 소식을 전한 적이 있었다. 하지만 타마키는 그 말을 의심했다. 많은 일본계 미국인들의 집은 약탈당하거나 불에 타 없어졌기 때문이다.

타마키는 자신의 집이 만약 아직도 남아 있다면 살 수 없을 정도로 망가져 있을 거라는 상상을 하며 집으로 향했다.

타마키가 가족과 함께 기차를 타고 역으로 들어가면서 가장 먼저 본 것은 그들을 기다리는 에비 가족의 모습이었다. 둘은 서로를 알아보지 못할 만큼 야위고 지친 모습이었다.

니노미야 가족은 정든 집을 다시 볼 수 있다는 생각에 들떠있었다. 에비의 트럭에 몸을 실은 타마키는 얼마 지나지 않아서 17번 도로를 지나 그리웠던 집 앞에 도착했다. 타마키가 차에서 내리자 그의 자녀들과 타마키의 아버지 지로(Jiro)가 그를 따라 차에서 내렸다.

집을 둘러보며 가장 먼저 눈에 들어온 것은 그의 농장이었다. 장미와 함께 오이와 다른 야채들이 심어져 있는 것 말고는 3년 전과 별로 달라진 것이 없을 정도로 잘 관리되어 있었고 온실의 유리창은 깨진 곳 하나 없이 햇빛에 반짝거리고 있었다.

니노미야는 현관문을 열며 집안의 물건들이 모두 그들이 떠날 때와 같은 자리에 놓여 있는 것을 보고 놀라지 않을 수가 없었다. 식당 테이블 위에는 한 송이 장미가 화병에 꽂혀 있었고 그 옆에는 니노미야가 맡겼던 통장과 일본 인형이 놓여 있었다. 타마키는 프랜시스와 악수를 나누며 감사의 눈물을 흘렸다.

이제 86세가 된 프랜시스는 아직도 장미를 재배하고 있으며 그의 손자들과 일본인 이웃들의 손자들 역시 장미를 키우고 있다. 그가 행동으로 보여준 인류애와 동정심은 그의 장미 묘목들만큼이나 아름다운 열매를 맺었다.

인류애는 세계가 직면한 크고 작은 문제들을 풀 수 있는 열쇠이다.

사람들이 이웃에 대해서 동정심을 느끼지 못하는 한, 인권이 존중되고 보호되지 않는 한, 그리고 사람들이 다른 사람들을 계속 악한 존재로 여기는 한, 세상의 다툼은 멈추지 않을 것이고 사람들은 알지 못하는 질병과 기근으로 죽게 될 것이며 수백만의 사람들은 억압 속에서 고통받게 될 것이다.

나는 이 책을 인류애에 대한 나의 생각으로 마무리한다. 인류애의 정신이 미국과 전 세계에 제대로 인식되기 전까지는 그 누구도 진정한 자유를 얻을 수 없다.

인류애는 조금 더 높은 차원의 동정심을 요구한다. 자유와 인권에 기초하여 세워진 미국의 국민들은 인류애를 향한 위대한 도전을 위해서 리더십을 발휘하고 좋은 본보기가 되어 전 세계 사람들에게 자유의 진정한 가치를 알리는 일에 앞장서야 한다.

우리가 우리에게 주어진 자유와 권리를 잘 관리하고 보호한다면 더 많은 사람들이 이러한 가치의 중요성을 인식하고 그들 역시 자신들의 자유와 권리를 지켜나갈 것이다. 또 우리가 배운 가치들을 가는 곳마다 몸소 실천하고 보여줄 수 있다면 진정한 자유가 얼마나 우리의 삶을 윤택하게 하는지 증명할 수 있을 것이다.

이러한 비전이 미래를 향한 우리 모두의 비전이 되기를 바란다.

    지난 2백여 년 동안, 자유를 찾아 본토를 떠난 수많은 개인과 가족들이 미국 대륙을 밟았다. 미국은 언제나 더 많은 자유를 얻기 위해서, 그리고 그 얻은 자유를 지키기 위해서 몸부림쳐 왔다. 초기 이민자들은 죽음을 무릅쓰고 이곳에 들어왔고 폭정의 사슬로부터 풀려나 종교의 자유를 누리게 되었다. 이 나라를 세운 우리의 조상들은 목숨을 걸고 [독립 선언문]에 서명을 하였고, 남북 전쟁을 통해 지배 계층의 탄압과 과도한 세금으로부터 벗어날 수 있는 자유를 얻었으며, 헌법에 시민들의 자유와 권리를 보호할 수 있도록 명시하였다. 또한 노예제도를 종식시키고 모든 시민의 평등한 권리를 위하여 투쟁하였다.

    이 책을 마무리하려니 자유의 여신상에 새겨져 있는 문구가 생각이 난다. '자유를 열망하는 지치고 가난하고 고난받는 이들을 내게 보내소서. 비참하게 거절당하고 갈 곳 없이 버려진 영혼들을 내게 보내소서. 나는 황금 문 옆에서 등불을 환하게 비추며 이들을 기다릴 것

입니다.'

미국의 기초가 된 가치가 바로 이 '황금 문'이다. 하지만 일부 무책임하게 자유를 누리기만 한 사람들로 인하여 '문'이 오염되고 변색된 것은 아닌지 우려가 된다.

이 책을 통해 강조하였듯이 우리가 원하는 것을 마음대로 한다고 자유를 얻을 수 있는 것은 아니다. 옳은 선택을 할 수 있어야 한다. 그러기 위해서 우리에게 필요한 것이 정직, 신뢰, 공정과 동정심, 용기, 겸손, 이성 그리고 자기절제인 것이다.

자유를 누리는 것도 결코 쉬운 일이 아니다. 그러기 위해서 필요한 것이 긍정, 헌신, 주도성과 일, 인내, 책임, 협력 그리고 관리능력이다. 또한 자유를 보존하고 이어가기 위해서는 격려, 용서, 봉사, 자선, 리더십과 기회, 교육 그리고 인류애가 필요하다.

초기 미국인들이 자유를 위해 투쟁한 것처럼 오늘날 우리도 그 투쟁을 멈춰서는 안 된다. 이 투쟁은 우리 사회의 근간을 보존하기 위한 것이기도 하다. 결코 입법부나 정치인들의 결의만으로는 이길 수 없는 싸움이며 우리가 속한 사회 전 분야에서 다양한 형태로 실천을 통해 이겨야 하는 싸움이다.

나는 우리의 위대한 나라가 앞으로도 계속 올바른 방향성을 제시하며 세계를 리드해 나갈 수 있는 무한한 잠재력을 가지고 있다는 확신은 있지만, 미국의 기본적인 진정성을 위협하는 인간성의 위기에 직면해 있다는 사실을 부인하지는 않겠다.

우리 후손들도 우리 조상들이 그렇게 원했던 그 자유, 그리고 우리가 누리고 있는 이 자유를 누리게 하고 싶다면 우리는 더 좋은 본보기가 되어 그들을 가르쳐야 한다. 다음 세대의 지도자들이 될 젊은이들에게 자유를 누리며 살아가기 위해 필요한 가치관을 심어주며 올바른 기초를 만들어 가야 할 것이다.

이러한 이유로 나는 이 책을 읽는 독자들에게 도전의 메시지를 던진다. 리더의 핵심가치를 회복하라! 용기를 내어 당장 실천해보자. 먼저 미소를 지어보라. 그리고 당신이 달성한 성취는 겸손히 내려놓자. 열심히 일하라. 친구나 직장 동료들에게 짧은 감사의 메시지를 보내보자. 지역사회를 돕기 위해 봉사하자. 어린이들을 양육하라. 그리고 그들의 가족이 되어주자. 할 수 있는 일은 무궁무진하다. 중요한 것은 행동하려고 노력하는 것이고 그보다 더 중요한 것은 그 결심을 계속 지켜나가는 것이다.

나는 영원한 낙관주의자이다. 나는 믿는다. 우리가 [황금 문]의 빛을 되살릴 수 있다는 사실을. 그리고 이 문의 빛은 또 다시 자유를 찾는 사람들의 등대가 될 것이다.

이곳 '약속의 땅'에서 우리 선조들의 꿈을 보존하고 자유를 지켜나가는 것이 바로 나의 꿈이자 신념이다. 이 책을 통하여 당신도 나와 같은 꿈을 꾸게 되기를 간절히 기도한다.

로날드 레이건 대통령의 취임 연설 중 일부분을 나누며 내 이야기를 마치려고 한다.

"우리는 영웅이 되는 꿈을 꿀 권리가 있습니다. 나 자신을 믿고, 내 능력을 믿고, 하나님이 함께 하신다는 것을 믿는다면 우리는 위대한 행동을 할 수 있고 우리 앞을 가로막는 어떠한 문제도 해결해 나갈 수 있습니다."

성장하는 리더의 핵심가치

성장하는 리더의 핵심가치

1판 1쇄 찍음 2019년 11월 14일
1판 3쇄 펴냄 2021년 12월 10일

지 은 이 딕 디보스
옮 긴 이 김한석
펴 낸 이 배동선
         마케팅부/최진균
펴 낸 곳 아름다운사회
출판등록 2008년 1월 15일
등록번호 제2008-1738호
주   소 서울특별시 강동구 성내로 16, 3층 303호(성내동, 동해빌딩)
대표전화 (02)479-0023
팩   스 (02)479-0537
E-mail assabooks@naver.com

ISBN : 978-89-5793-200-1 03320

값 13,000원